DONAT DE CHAPEAUROUGE
EINFÜHRUNG IN DIE GESCHICHTE
DER CHRISTLICHEN SYMBOLE

DONAT DE CHAPEAUROUGE

EINFÜHRUNG
IN DIE GESCHICHTE
DER CHRISTLICHEN SYMBOLE

WISSENSCHAFTLICHE BUCHGESELLSCHAFT
DARMSTADT

Einbandgestaltung: Neil McBeath, Stuttgart.

Die Deutsche Bibliothek – CIP-Einheitsaufnahme
Ein Titeldatensatz für diese Publikation ist bei
Der Deutschen Bibliothek erhältlich.

Das Werk ist in allen seinen Teilen urheberrechtlich geschützt.
Jede Verwertung ist ohne Zustimmung des Verlages unzulässig.
Das gilt insbesondere für Vervielfältigungen,
Übersetzungen, Mikroverfilmungen und die Einspeicherung in
und Verarbeitung durch elektronische Systeme.

4., verbesserte Auflage 2001
© 1984 by Wissenschaftliche Buchgesellschaft, Darmstadt
Gedruckt auf säurefreiem und alterungsbeständigem Papier
Printed in Germany

Besuchen Sie uns im Internet: www.wbg-darmstadt.de

ISBN 3-534-01831-1

INHALT

Bibliographische Vorbemerkung VII

Einleitung 1
  A. Zur Geschichte des Begriffs „Symbol" 1
  B. Die bildlichen Symbole in der christlichen Kunst 7

I. Symbole aus frühchristlicher Zeit 13
  A. Aus der Antike übernommene Symbole 13
    Orans 13, Kreuz 18, Nimbus 21, Handschlag 24, Griff ans
    Handgelenk 26, Hand 27, Rechts und Links 31, Sitzen und
    Stehen 38, Fußtritt 40, Proskynesis 44, Erniedrigung auf
    Erdboden 46, Barfüßigkeit 50, Blick zum Himmel 52,
    Lorbeerkranz 54, Stab/Zepter 56, Globus 59, Schiff 62,
    Vogel 66
  B. Rein christliche Symbole 68
    Lamm 68, Fels 71, Bock 73, Drache 74, Hirsch 74, Zahl
    Acht 75

II. Symbole aus dem Mittelalter 78
    Adler 78, Löwe 81, Affe 83, Schlange 84, Hund 86, Kranich
    88, Weinstock und -traube 88, Ähre 89, Mond 91, Schlüssel 91,
    Schwert 93, Handschuh 95, Mantel 95, Schuh 96, Doppel-
    kopf 98, Dreikopf 99, Händefalten 101, Nacktheit 102, Zwerg
    105, Schwarz 106, Quadrat 107

III. Symbole aus dem späten Mittelalter und der Neuzeit 111
    Dreieck 111, Kreis 112, Kubus 114, Kugel 115, Eckstein 116,
    Anker 117, Blitz 118, Caduceus 120, Fasces 120, Sanduhr 122,
    Laute 122, Maske 123, Krug 125, Flöte 127, Kerze 128, Seifen-
    blase 129, Glas 130, Obelisk 131, Regenbogen 132, Pferd 133,
    Esel 134, Eule 135, Fisch 136, Schmetterling 137, Ölzweig 138,
    Palme 139, Efeu 140, Sonnenblume 141, Figur auf der Blume
    142, (Freiheits-)Hut 144, Auge 145

Zusammenfassung 147

Register der Orts- und Personennamen 149

Abbildungsnachweis 157

Abbildungen 159

BIBLIOGRAPHISCHE VORBEMERKUNG

Die einschlägige Literatur wird jeweils am Ort in den Fußnoten aufgeführt. Auf eine Gesamtbibliographie konnte daher verzichtet werden.

Abkürzungen:

Emblemata: Arthur Henkel–Albrecht Schöne: Emblemata. Handbuch zur Sinnbildkunst des XVI. und XVII. Jahrhunderts, Stuttgart 1967.

LCI: Lexikon der christlichen Ikonographie, 1–4, Rom u. a. 1968–1972.

Münze: John P. C. Kent–Bernhard Overbeck–Armin U. Stylow: Die römische Münze, München 1973.

PL: J. P. Migne: Patrologiae cursus completus. Series latina, Paris 1850 ff.

PG: J. P. Migne: Patrologiae cursus completus. Series graeca, Paris 1850 ff.

RAC: Reallexikon für Antike und Christentum, Stuttgart 1950 ff.

RDK: Reallexikon zur Deutschen Kunstgeschichte, Stuttgart 1937 ff.

Schiller: Gertrud Schiller: Ikonographie der christlichen Kunst, 1–4, Gütersloh 1966–1980.

Volbach: W. F. Volbach: Frühchristliche Kunst, München 1958.

EINLEITUNG

A. Zur Geschichte des Begriffs „Symbol"

Das griechische Wort tò sýmbolon[1] ist ein Neutrum und heißt auf deutsch Vertrag oder Kennzeichen. Das Substantiv hängt mit dem Verbum symbállein zusammen, welches als „zusammenfügen" übersetzt werden kann. Daraus ergibt sich schon, daß ein Symbol aus zwei Hälften besteht, die zusammenpassen müssen. Dementsprechend läßt Platon[2] in seinem ›Symposion‹ (S. 191 D) Aristophanes sagen, daß die Menschen von Zeus zerschnitten und in Mann und Frau geteilt worden seien: „Jeder von uns ist also ein Stück von einem Menschen, da wir ja, zerschnitten wie die Schollen, aus einem zwei geworden sind. Also sucht nun immer jedes sein anderes Stück." Was hier mit „Stück" übersetzt ist, heißt im Griechischen Symbolon. Während bei Platon die ursprüngliche Bedeutung des Wortes durchscheint, ist bei Euripides[3] „Symbol" schon der Ausdruck für Kennzeichen. Denn in der ›Medea‹, Vers 613, bietet Jason der heimatlosen Medea an, ihr Zeichen (Symbole) für seine Gastfreunde mitzugeben. Solche Bruchstücke dienten beim Zusammenfügen als Beweis früherer Beziehungen.

In der christlichen Welt hat das Wort „Symbolum", wie es lateinisch heißt, früh den Namen für das Glaubensbekenntnis[4] gegeben. Angeblich haben die Apostel selbst noch, bevor sie sich trennten, ein solches Symbolum verfaßt, das deshalb das „apostolische" heißt. Wichtig für das Selbstverständnis der alten Kirche ist, daß ein solches Symbol weder als Geheimtext noch als unangemessen gegenüber seinem auf Gott bezogenen Inhalt gegolten hat. Augustinus sagt nämlich einfach[5]: „Der katholische Glaube ist in einem Symbol für die Gläubigen aufgeschrieben." Und der wenig ältere Tyrannius Rufinus erklärt das Wort Symbol, nachdem er von den

---

[1] Lexikon der Alten Welt, Zürich–Stuttgart 1965, Sp. 2954–2956. Der kleine Pauly, Lexikon der Antike, 5,.München 1975, Sp. 443.

[2] Platon: Werke in acht Bänden, griechisch und deutsch, hrsg. v. G. Eigler, 3. Band, bearb. v. D. Kurz, Darmstadt 1974, S. 274–275

[3] Euripide, I, par Louis Méridier, Paris 1970, S. 145.

[4] A. Hahn: Bibliothek der Symbole und Glaubensregeln der Alten Kirche, ³1897, Nachdruck: Hildesheim 1962.

[5] PL 40, 181: Est autem catholica fides in Symbolo nota fidelibus.

2   Einleitung

Aposteln als seinen Autoren berichtet hat [6]: „Symbol ist nämlich griechisch
und heißt sowohl Kennzeichen wie Zusammentragen. Dies bedeutet es,
weil mehrere zu einer Sache beitragen."
    Neben den Symbolen im Sinne von „Glaubensbekenntnis" kennt die
Kirche aber auch Sakramente in dieser Bedeutung. So definiert das Triden-
tiner Konzil in seiner 13. Sitzung von 1551 [7]: „Die heiligste Eucharistie hat
dieses mit den übrigen Sakramenten gemein, daß sie ein Sinnbild (symbolum) einer heiligen Sache und ein sichtbares Zeichen einer unsichtbaren
Gnade ist." Mit dieser Gegenüberstellung irdischer und überirdischer
Dinge knüpft der Text an Formulierungen des Mittelalters an, wie sie etwa
bei Richard von St. Viktor [8] anzutreffen sind, der das Symbol „eine Sammlung sichtbarer Gestalten zur Wiedergabe unsichtbarer Gestalten" genannt
hat. Konkreter bezeichnet das Konzil von Trient 1562 [9] Brot und Wein als
Leib und Blut Christi, die als „Symbole" von Christus den Aposteln übergeben worden seien.
    Einen Rückgriff auf die antiken Symbole bewerkstelligt schließlich
Filippo Beroaldo 1508 in seinem Buch über Symbole [10]. Darin wird zwar

---

[6] PL 21, 337: Symbolum enim Graece et indicium et collatio, hoc est quod plures
in unum conferunt. Vgl. M. Schlesinger: Geschichte des Symbols, Berlin 1912, S. 20.
    [7] Des . . . Concils von Trient Canones und Beschlüsse . . ., deutsch und lateinisch
v. W. Smets, Bielefeld ⁵1858, S. 57: . . . symbolum esse rei sacrae, et invisibilis
gratiae formam visibilem.
    [8] PL 196, 687: collectio formarum visibilium ad invisibilium demonstrationem.
    [9] Concil von Trient, a. a. O. (Anm. 7), S. 110. Noch heute wird von Katholiken
einzig Christus als vollkommenes Symbol anerkannt. Vgl. K. Rahner: Zur Theologie des Symbols (1959), in: Schriften zur Theologie, IV, Einsiedeln u. a. 1963,
S. 295, der zu der Einsicht kommt, „in welchem radikalen Sinn die Menschheit Christi wirklich die 'Erscheinung' des Logos selbst, sein Realsymbol, im eminentesten
Sinn ist". Und Photina Rech: Inbild des Kosmos. Eine Symbolik der Schöpfung, I,
Salzburg–Freilassing 1966, S. 22, schreibt: „Kraft der hypostatischen Union ist der
Emmanuel in seiner echten menschlichen Natur das Ursymbol schlechthin, das reale
und vollkommene Symbol des unsichtbaren Vaters: 'Wer mich sieht, sieht den Vater'
(Joh. 14, 9). Hier ist vollendete Identität von Bild und Wirklichkeit, die Wesensein-
heit von göttlichem Urbild und menschlichem Abbild in der unvermischten und un-
geteilten Ganzheit einer Person: das symbolum symbolorum." Zur Situation im
Mittelalter vgl. J. Chydenius: The theory of medieval symbolism, Helsingfors 1960
(Societas scientiarum Fennica, Commentationes humanarum litterarum, XXVII, 2).
    [10] K. Giehlow: Die Hieroglyphenkunde des Humanismus in der Allegorie der
Renaissance, Jahrbuch der kunsthistorischen Sammlungen des allerhöchsten Kaiserhauses 32, 1915, S. 134. Beroaldo definiert das Symbol als collatio mit der Begründung: quod plures in unum conferunt. Das entspricht wörtlich dem Text von Tyrannius Rufinus.

A. Zur Geschichte des Begriffs „Symbol"   3

auch das christliche Symbol als „Zusammentragen" definiert, weil „mehrere zu einer Sache beitragen". Doch kennt Beroaldo darüber hinaus auch Symbole als Erkennungszeichen, besonders im Kriege. Noch deutlicher bezieht er sich auf die heidnische Überlieferung, wenn er von pythagoreischen Symbolen und von ihrem Gebrauch in den Mysterien spricht. Damit ist das Wort „Symbol" aus dem bloß theologischen Gebrauch in den profanen übergeleitet. Gleichzeitig wird der Tatsache Rechnung getragen, daß seit dem 15. Jh. Humanisten in weitem Umfang antike Schriftquellen ausbeuten, um der Kunst ihrer Zeit Symbole zur Verfügung zu stellen, die jahrhundertelang in Vergessenheit geraten waren.

Bis ins 18. Jh. werden Symbole in Text und Bild verbreitet und sakral wie auch profan genutzt. Sowohl die Erfinder wie die Betrachter von emblematischen [11] und ikonologischen [12] Werken verwenden viel Scharfsinn darauf, aus einem allgemein bekannten Fundus von Symbolen immer neue Kombinationen zu erstellen und begreiflich zu machen. Daß dieses Verhalten den Gebildeten allein von Vorteil ist, weil sie Symbole zu entschlüsseln wissen, wird erst von Aufklärern erkannt. Denn nun wird von dem Bild verlangt, daß es sich selber „ausspricht" [13], und das heißt, daß der Betrachter ohne Kommentar den Sinn begreifen muß. Dazu ist nötig, den Vorrat an Symbolen zu verkleinern oder abzubauen, damit die Bilder jedermann durch bloße Anschauung versteht.

Obwohl die Kunst in vielen hundert Jahren ein breites Spektrum von Symbolen in Benutzung hatte, zieht Herder 1769 einen Trennungsstrich zwischen dem Kunstwerk und der (!) Symbole [14]: „Ein Kunstwerk ist der Kunst wegen da; aber bei einer Symbole, sie sei der Religion, oder der Politischen Verfassung, oder der Geschichte gewidmet, ist die Kunst dienend, eine Helferin zu einem anderen Zwecke." Die Aufklärer-Parole „L'art pour l'art" [15], die der Kunst Freiheit von den Zwängen der kirchlichen wie

[11] A. Henkel–A. Schöne: Emblemata, Handbuch zur Sinnbildkunst des XVI. und XVII. Jh., Stuttgart 1967. W. S. Heckscher–K.-A. Wirth: Emblem, RDK V, Stuttgart 1967, Sp. 85–228.

[12] J. Bialostocki: Iconografia e Iconologia, Enciclopedia universale dell'Arte VII, 1958, Sp. 163–177. E. Kaemmerling: Ikonographie und Ikonologie. Theorien – Entwicklung – Probleme, Köln 1979. G. Werner: Ripas 'Iconologia'. Quellen – Methode – Ziele, Utrecht 1977 (Bibliotheca Emblematica, VII).

[13] R. Unterberger: Aussprechen, Goethe-Wörterbuch 1, 1978, Sp. 1250–1255.

[14] J. G. Herder: Werke, ed. Suphan, III, Berlin 1877, S. 419. Vgl. B. A. Sørensen: Symbol und Symbolismus in den ästhetischen Theorien des 18. Jh. und der deutschen Romantik, Kopenhagen 1963, S. 45.

[15] D. de Chapeaurouge: „Das Auge ist ein Herr, das Ohr ein Knecht", Wiesbaden 1983, S. 86–119.

4   Einleitung

fürstlichen Bildungssprache bringen und damit der Wegbereiter für eine
bürgerlich-republikanische Kunst sein wollte, bekämpfte die Symbole als
nichtkünstlerisch. Auch die Französische Revolution verdammte zwar
Symbole nicht grundsätzlich, erfüllte sie jedoch mit neuem Sinn. So darf
man wohl behaupten, daß um 1800 die Periode zu Ende geht, in der Symbole der Antike wie des Christentums von Künstlern und Betrachtern allgemein verstanden wurden, weil die Gebildeten denselben Wissenskanon
anerkannten.
    Im frühen 19. Jh. beginnt die Wissenschaft damit, die in Vergessenheit
geratende und teils schon unverständliche Sprache der Bilder historisch zu
erklären. So hilfreich die Bemühungen auch waren, so wirkte doch ver-
hängnisvoll, daß gleich zu Anfang eine falsche Theorie entstand, die immer
wieder nachgesprochen wird. Denn Friedrich Creuzer konstruierte für die
„Symbolik" (1810) eine „Unentschiedenheit zwischen Form und Wesen"
des Symbols[16]: „Denn bedeutsam und erwecklich wird das Symbol eben
durch jene Inkongruenz des Wesens mit der Form, und durch die Überfülle
des Inhalts in Vergleichung mit seinem Ausdruck." Diese Geringschätzung
des Symbols gegenüber der Hochschätzung des Symbolisierten übernahm
Creuzers Freund Hegel in seine Ästhetik[17], wo das Symbol in einer „bloßen, für sich unselbständigen äußeren Form" lediglich in der exotischen
Kunst vor den Griechen, die „Vorkunst" genannt wird, auftreten darf.
    Demgegenüber schreibt zur gleichen Zeit (1820) der alte Goethe noch
ganz in griechisch-heidnischer Manier von dem Symbol[18]: „Es ist die
Sache, ohne die Sache zu sein, und doch die Sache; ein im geistigen Spiegel
zusammengezogenes Bild, und doch mit dem Gegenstand identisch." Dieselbe Position vertritt 1819 in seinen › Vorlesungen über Ästhetik‹ der Philosoph Karl Wilhelm Solger[19]: „Das Symbol ist die Existenz der Idee selbst;
es *ist* das wirklich, was es bedeutet, ist die Idee in ihrer unmittelbaren Wirk-

---

[16] F. Creuzer: Symbolik und Mythologie der alten Völker, besonders der Griechen, I, Leipzig–Darmstadt 1810, § 30, S. 68. Vgl. Sørensen, a. a. O. (Anm. 14),
S. 270.
[17] G. W. F. Hegel: Ästhetik, hrsg. v. F. Bassenge, Berlin 1955 (Zweiter Teil, erster Abschnitt). Vgl. J. Hoffmeister: Hegel und Creuzer, Deutsche Vierteljahrs-
schrift für Literaturwissenschaft und Geistesgeschichte 8, 1930, S. 260–282, zum
Symbol S. 269–270.
[18] Goethe: Nachträgliches zu Philostrats Gemälde, Weimarer Ausgabe, Abteilung I, Band 49, S. 141–142.
[19] K. W. F. Solger: Vorlesungen über Aesthetik, hrsg. v. K. W. L. Heyse, Leipzig
1829, S. 129. Zu Goethe und Solger vgl. Sørensen, a. a. O. (Anm. 14), S. 114 und
281. Vgl. auch C. Müller: Die geschichtlichen Voraussetzungen des Symbolbegriffs
in Goethes Kunstanschauung, Leipzig 1937 (Palaestra, 211).

A. Zur Geschichte des Begriffs „Symbol"   5

lichkeit. Das Symbol ist also immer selbst wahr, kein bloßes Abbild von
etwas Wahrem." Man nennt die Position Goethes und Solgers die klassi-
sche, die Creuzers und Hegels die romantische. Damit ist aber nicht viel
gesagt. Wichtiger ist, daran zu erinnern, daß nicht nur im Griechischen das
Symbol aus zwei Hälften, also gleichwertigen Stücken, besteht, sondern
daß auch das christliche Glaubensbekenntnis als Symbolum gilt, weil es
Unsichtbares durch Sichtbares sinnfällig macht und beschreibt. Von einer
Unangemessenheit des Textes dem Inhalt gegenüber hört man nirgends.
Insofern ist die Creuzer-Hegelsche Definition zurückzuweisen, weil sie in
unzulässiger Weise das Verhältnis von Idee und Erscheinung[20] auf die
Beziehung von Symbolisiertem und Symbol überträgt.

Da sich nun nicht nur die Theologie, sondern auch die Ästhetik mit Symbolen zu befassen hatte, kam es zu Mißverständnissen in der Nomenklatur.
Zwar konnte Johann Adam Möhler sein 1832 erscheinendes Buch ›Symbolik‹[21] nennen, doch mußte er im Untertitel definieren, was hier speziell
„Symbol" genannt wird: „Darstellung der dogmatischen Gegensätze der
Katholiken und Protestanten nach ihren öffentlichen Bekenntnisschriften." War hier „Symbol" noch ganz im alten Sinn gemeint, so ist das Buch
von Wolfgang Menzel, das ›Christliche Symbolik‹ heißt (1854), modern
ausgerichtet. Im Vorwort werden als Themen genannt[22]: „Alle Sinnbilder
in der heiligen Schrift, im Dogma und Cultus, in der Legende, in der Bau-
kunst, Sculptur, Malerei und Poesie der Kirche." Damit ist im Herderschen
Sinn das Symbol ein Objekt der Kunstgeschichte geworden, das historisch
erklärt werden muß und das nichts mit dem Glaubensbekenntnis-Symbol
mehr zu tun hat.

Gerade bei Menzel läßt sich erkennen, daß hier nun der Standpunkt des
Autors die Sicht auf die Kunst der Vergangenheit prägt. Denn Menzels Po-
lemik ist gegen „die Feinde Christi"[23] gerichtet, weil „sie jedes christliche
Symbol auf irgend ein heidnisches zurückzuführen und alles specifisch
Christliche in blossen Dunst und Wiederschein des Heidenthums aufzulö-
sen trachten." Der katholische Menzel bekämpft hier – ohne den Namen zu
nennen – den Protestanten Ferdinand Piper, der 1847 den ersten Band einer

---

[20] Vgl. dazu W. Benjamin: Ursprung des deutschen Trauerspiels (1928), revi-
dierte Ausgabe v. R. Tiedemann, Frankfurt a. M. 1963, S. 174–175.

[21] J. A. Möhler: Symbolik oder Darstellung der dogmatischen Gegensätze der
Katholiken und Protestanten nach ihren öffentlichen Bekenntnisschriften, hrsg. v.
J. R. Geiselmann, Köln–Olten 1958. Die Arbeit von G. Pochat: Der Symbolbegriff
in der Ästhetik und Kunstwissenschaft, Köln 1983, geht leider auf die sakrale Bedeutung von „Symbol" nicht ein.

[22] W. Menzel: Christliche Symbolik, Regensburg 1854, I, S. III.

[23] Menzel, a. a. O. (Anm. 22), I, S. IX–X.

›Mythologie und Symbolik der christlichen Kunst‹[24] publiziert und schon im Titel das antike Erbe hervorgehoben hatte. Leider hat auch heute noch Menzels Position ihre Anhänger, und so ist zu betonen, daß Symbole weder von Gott geschaffen noch vom Himmel gefallen sind. Vielmehr schrieb bereits Lessing[25], „daß dergleichen Vorstellungen schon willkürlich sind und ein jeder gleiches Recht hätte, sie so oder anders anzunehmen", wonach „sich der Spätere dieses Rechtes begebe und dem ersten Erfinder folge".

Im 20. Jh. sind es gerade katholische Forscher gewesen, die für christliche Symbole das heidnische Erbe erkannt und die Art der Umformung beschrieben haben. Hier ist vor allem Franz Joseph Dölger zu nennen, der mit seiner Zeitschrift ›Antike und Christentum‹ von 1929 bis 1950 bahnbrechend gewirkt und das Fundament gelegt hat für das von Theodor Klauser herausgegebene ›Reallexikon für Antike und Christentum‹.

Will man nun aus der Geschichte des Begriffs „Symbol", die ja ebenso widersprüchlich wie lehrreich ist, ein Fazit ziehen, muß man zunächst alle Definitionen ausscheiden, die sich am Verhältnis von Idee zu Erscheinung orientieren. Gerade das Beispiel Platons zeigt doch, daß Idee und Symbol schon bei ihm nichts Gemeinsames haben. Deshalb ist es nicht verständlich, wenn Schlesinger 1912 in seiner umfangreichen ›Geschichte des Symbols‹ den „philosophischen Symbolbegriff aller Zeiten" in einem Satz von Windelband ausgedrückt findet, der gerade diese Gemeinsamkeit herstellt[26]: „Die Symbole, wie wir eidola übersetzen dürfen, sind, ihrem Wesen entsprechend, unvollkommen, den Urbildern wohl mehr oder weniger ähnlich, aber nicht gleich."

Umgekehrt darf man allerdings auch nicht in den Fehler verfallen, Symbol und Symbolisiertes identisch zu sehen. Dies entspräche einem Denken, das auch in der Sprache das Wort für wesensgleich mit dem von ihm gemeinten Begriff hielte. Insofern kann man Susanne Langer zustimmen, wenn sie schreibt[27]: „Symbole sind nicht Stellvertretung ihrer Gegenstände, sondern Vehikel für die Vorstellung von Gegenständen ... Wenn wir über Dinge sprechen, so besitzen wir Vorstellungen von ihnen, nicht aber die Dinge selber, und die Vorstellungen, nicht die Dinge, sind das, was Symbole direkt 'meinen'."

---

[24] F. Piper: Mythologie und Symbolik der christlichen Kunst, I, 1, Weimar 1847. Die zweite Hälfte des ersten Bandes erschien 1851, der zweite Band ist nie erschienen.

[25] G. E. Lessing: Wie die Alten den Tod gebildet (1769), Sämtliche Schriften, hrsg. v. K. Lachmann, 11, Stuttgart 1895, S. 8.

[26] Schlesinger, a. a. O. (Anm. 6), S. 85–86.

[27] Susanne K. Langer: Philosophie auf neuem Wege. Das Symbol im Denken, im Ritus und in der Kunst, o. O. 1965, S. 69.

Im landläufigen Sinne unterstellt man den Symbolen gern, sie bedeuteten etwas Göttliches. Dieses Vorurteil stammt offenbar noch aus der Zeit, als Symbol mit Glaubensbekenntnis gleichgesetzt wurde. In Wahrheit steht von den Symbolen in der christlichen Kunst nur ein winziger Bruchteil für eine göttliche Person. So verkörpert das Dreieck die Dreifaltigkeit, so will die Orans den Frommen zum Gekreuzigten machen. Die große Masse der Symbole stellt Eigenschaften oder Verhaltensweisen dar, die man auch Abstraktionen nennen könnte. Als Beispiele seien der Anker für die Hoffnung oder die Laute für die Eintracht erwähnt.

Warum diese Symbole jeweils mit ihrem bestimmten Sinn belegt worden sind, wird bei der Behandlung der einzelnen Sinnbilder gezeigt. Schon hier ist aber darauf hinzuweisen, daß die meisten Symbole für den heutigen Menschen unverständlich geworden sind. Aus dem bloßen Augenschein ist die Erklärung nicht zu gewinnen. Es bedarf der historischen Forschung, um zu verstehen, warum gewisse Bilder eine bestimmte Bedeutung erlangt haben. Allgemein darf man behaupten, daß eine Vereinfachung, eine Abkürzung erfunden wurde, um einen sonst nur in Worten darstellbaren Inhalt veranschaulichen zu können.

Damit ist schon zum Ausdruck gebracht, daß die Bildsprache der Symbole nicht nur von den Erfindern, sondern vor allem von den Betrachtern lebt, die das fragmentarisch Gezeigte zum Ganzen ergänzen. Ebenso wie Symbole nur in einem bestimmten Zeitraum existieren, bedürfen sie auch einer Gesellschaft[28], die ihre Botschaft versteht.

B. Die bildlichen Symbole in der christlichen Kunst

In dieser Darstellung sollen diejenigen Symbole behandelt werden, die aus der Zeit zwischen dem 3. und dem frühen 19. Jh. stammen. Diese Abgrenzung ergibt sich daraus, daß christliche Kunst im 3. Jh. aufkommt und im frühen 19. Jh. endet. Die von Kaiser Konstantin vollzogene Erhebung des Christentums zur Staatsreligion und die Französische Revolution, die Anfang und Ende der Periode als politische Marksteine bezeichnen, sind damit noch einbezogen. Man kann den Zeitraum als geschlossen bezeichnen, weil durchgehend kirchliche Kunst produziert und tradiert wurde, wenn auch in unterschiedlichem Ausmaß und mit wechselnden Schwerpunkten. Dabei kann man noch engere Perioden unterscheiden.

---

[28] J. H. Emminghaus: Bildhaftes Symbol, Lexikon für Theologie und Kirche, Band 9, Freiburg ²1964, Sp. 1209: „das gestiftete Zeichen setzt aber das Vorverständnis einer Gemeinschaft voraus."

So setzt bereits zur Zeit der ersten Christen ein Schub von Erfindungen oder Übernahmen aus der heidnischen Kunst ein. Die Mehrzahl dieser Symbole konnte ihre Lebenskraft auf Dauer bewahren. Im Mittelalter wird manches aus der frühchristlichen Periode aufgegeben, anderes neu in Bildern ausgedrückt. Mit dem 14. und vor allem dem 15. Jh. tritt eine Fülle neuer Symbole in Erscheinung, für deren Aufkommen vor allem die Humanisten mit ihrem Rückgriff auf antike Quellen verantwortlich zu machen sind. Dabei tritt auch erstmals ein Übergewicht profaner gegenüber sakralen Symbolen zutage. Die im 16. Jh. einsetzende Tradition emblematischer und ikonologischer Bücher trägt weniger zu einer Erweiterung des Symbolvorrats als zur Vervielfachung von Kombinationsmöglichkeiten bei.

Symbole sind zwar in ihrer Bedeutung klar benennbar, können aber trotzdem Gegenteiliges verkörpern. Ein wichtiges Beispiel hierfür ist der Löwe, der dank seiner Macht und Stärke sowohl Christus wie den Teufel bezeichnen kann. Nur aus dem Zusammenhang läßt sich erschließen, welche Bedeutung jeweils in Frage kommt. Außerdem kann ein Symbol seine Bedeutung ändern, wenn es von einer neuen Benutzerschicht in Dienst genommen wird. So verkörpert die Oransfigur im Heidnischen die Pietas, also die Frömmigkeit, während sie im Christlichen konkreter die Haltung des Gekreuzigten meint. Ebenso symbolisiert das gleichschenklige Dreieck zunächst die Trinität, während es in der Französischen Revolution die Gleichheit (der drei Stände) zum Ausdruck bringen soll. Es kommt also nicht nur auf den innerbildlichen Kontext, sondern auch auf die Entstehungzeit an, um die richtige Deutung zu finden. Wer dagegen „ewige Bilder und Sinnbilder" [29] postuliert, geht historisch in die Irre.

Es war schon davon die Rede, daß Symbole nur verständlich sind, solange Betrachter die Bilder aufzunehmen wissen. Dies setzt ein Vorverständnis beider Gruppen auch dann voraus, wenn heute keine Texte mehr vorhanden sind, die uns den Sinn von bildlichen Symbolen erklären. Dabei brauchen die Texte nicht aus dem gleichen Zeitraum wie die Bilder zu stammen. So erklärt sich z. B. die einzelne Hand in der Kunst als ein Zeichen der göttlichen Allmacht, wie sie die Bibel beschreibt. Umgekehrt ist das einzelne Auge, das seit dem 17. Jh. in vielen Kirchen gezeigt wird, nicht in der Bibel belegt, sonder ägyptischen Ursprungs. Dafür ist aber der Krug, der als zerbrochener Krug Berühmtheit erlangt hat, im 17. Jh. aus Salomos Hohenlied entlehnt, wo der weibliche Schoß so genannt wird.

---

[29] Mircea Eliade: Ewige Bilder und Sinnbilder, Olten–Freiburg 1958. In dasselbe Horn stößt Julius Schwabe, der seit 1960 in Basel die Zeitschrift ›Symbolon‹ herausgibt. In Band 1, S. 8 schreibt er: „Die Entsprechung von Mensch und Kosmos durchzieht und beherrscht ja die gesamte traditionelle Symbolik."

B. Die bildlichen Symbole in der christlichen Kunst 9

Daraus ergibt sich schon, wie sehr die Entstehung symbolischer Bilder vom Zufall bestimmt wird. Die Aufklärer-Forderung, ein Bild müsse „durch sich selbst verständlich sein"[30], ist durchaus modern und gilt nicht für christliche Kunst. Denn ein Anker würde dem „unvoreingenommenen" Betrachter von heute eher als Symbol der Ruhe als der Hoffnung erscheinen. Nur auf der Folie einer Metapher, die menschliches Leben als Reise zu Schiff begreift, gewinnt auch der Anker die Hoffnungsbedeutung, indem er das glückliche Ende der Fahrt über das Meer dieser Welt markiert. Auch für den Zwerg, den man als freundlichen Helfer des Menschen vom Märchen her kennt, ergibt sich die alte Bedeutung als Sinnbild des Lasters nur deshalb, weil er in seiner Gestalt den Menschen beleidigt, der ein Bild Gottes zu sein hat.

Wenn auch das Symbol und das Symbolisierte insoweit einander entsprechen, als selbst noch von heute die Stimmigkeit einsehbar ist, bedarf es in einigen Fällen der Vorsicht, ob man gewisse Symbole in Geltung beläßt. Zu solchen „Symbolen" gehören die Bilder, die sich von selbst zu erkennen geben und nichts anderes darstellen sollen. Ich nenne etwa das Stiftermodell einer Kirche als kleines Abbild des wirkliches Baus, das Füllhorn als Gabenbehälter, den Krummstab des Bischofs als Stab eines Hirten, die Mauerkrone als Mauer der Stadt en miniature und den leeren Thron als Sitz eines Gottes. Dies sind also keine echten Symbole.

Des weiteren sind vom Symbol zu trennen die Attribute[31], die nur als Beigaben einer Figur in Erscheinung treten. Hierzu rechnen z. B. die Brille, die Augenbinde, das Goldene Vlies und anderes, obwohl sich mit diesen Objekten auch manchmal Symbolik verbindet. Entscheidend ist hier, ob diese Objekte auch einzeln und ohne Bezug auf eine bestimmte Person im Bilde erscheinen. Zumindest ist nötig, daß attributive Verwendung (wie etwa beim Nimbus) den Wiedergegebenen durch allgemeine Charakterisierung bezeichnet (so etwa als Spender des Lichts).

Selbst wenn die Bedeutung, die einem Symbol zuerkannt ist, als zufällig gilt, muß doch etwas Typisches Symbol und Symbolisiertes verbinden. Darum ist es verständlich, daß Christus den Wein zum Symbol seines

---

[30] J. J. Winckelmann: Versuch einer Allegorie, besonders für die Kunst (1766), in: Sämtliche Werke, hrsg. v. J. Eiselein, 9, Donaueschingen 1825, S. 20: „Die Allegorie soll folglich durch sich selbst verständlich sein, und keiner Beischrift vonnöthen haben."

[31] Erwin Panofsky hat zu Recht darauf hingewiesen, daß die Funktionen von Attributen und Symbolen häufig zusammenfallen ("these two functions frequently coincide"), wobei er folgende Definition verwendet: "motifs either serving to characterize the properties of a person or personification (attributes) or independently expressing abstract ideas in visible form (symbols)" (Art Bulletin 41, 1959, S. 107).

Blutes gemacht hat und daß mit dem Kreis die Vollkommenheit sichtbar gemacht worden ist. Insofern sind Traube und Kreis als echte Symbole zu werten. Dagegen sind solche „Symbole" unecht, bei denen sich keine Beziehung zum Symbolisierten feststellen läßt. Wenn also aus typologischen Gründen (bei denen ein neutestamentlicher Text ein alttestamentliches Vorbild benötigt) Maria im Turme Davids und auch im Verschlossenen Garten [32] erkannt werden soll, nur weil Theologen Maria mit der im Hohenlied genannten Braut identifizieren, so darf man beides symbolisch als unecht bezeichnen. Entsprechend sind auch die vier Tiere, die in der Vision des Ezechiel aufgeführt werden und die dann im Laufe der Zeit „Symbole" der vier Evangelisten [33] geworden sind, ebensowenig als echte Symbole zu buchen wie die mit dem Heiligen Geist verbundene Taube [33a], weil die Beziehung ganz willkürlich ist.

Besonders bedeutsam ist schließlich die Trennung von Allegorie und Symbol. Die Allegorie [34] ist stets eine Handlung, jedoch das Symbol ein statisches Zeichen. Wenn etwa der Adler die Beute verteilt (womit seine Großmut bezeugt wird), die Zeit die Wahrheit enthüllt (wobei Vater Chronos ein Mädchen entkleidet), der Gute Hirte das Schaf auf den Schultern trägt (Christus den Gläubigen rettet), der Pelikan seine Jungen mit Herzblut nährt (also Christus durch seine Passion das ewige Leben bereitet), so sind dies Allegorien. Daran ändert auch nichts, daß etwa der Adler genau wie das Lamm in anderem Kontext als echte Symbole erscheinen. Symbole sind meist durch ein einziges Wort zu erklären, wogegen die Allegorien zu ihrem Verständnis einer Erzählung bedürfen. Deshalb sind Allegorien im folgenden gar nicht behandelt.

Es bleibt noch zu sagen, was alles im Lauf der Geschichte zu einem Symbol hat gemacht werden können. Dies sind natürliche wie erfundene Tiere, menschliche Körperteile, Gebärden und Haltungen, Kleidungsstücke ebenso wie Nacktheit, geometrische Figuren, Stoffe und Zahlen, Pflanzen und Naturerscheinungen, Gegenstände im weitesten Sinne und auch Relationen. Architektur ist nur einbezogen, soweit sie bildlich dargestellt ist. Daher sind die Bilder des Ecksteins und auch die von Brunnen in achteckiger Form aufgenommen, aber nicht etwa Kuppeln, Zentralbauten und dergleichen.

[32] Hoheslied 4, 4 und 4, 12.
[33] Ezechiel 1, 5–10. Vgl. U. Nilgen: Evangelistensymbole, RDK 6, München 1973, Sp. 517–572, speziell zur Umdeutung Sp. 517–518.
[33a] Tertullians Erklärung, die Taube als Tier der Einfalt (Matth. 10, 16) und Unschuld weise deshalb auf die Natur des Heiligen Geistes, weil dem Tier die Galle fehle, wirkt wenig überzeugend (PL 1, 1208–1209).
[34] J. Held: Allegorie, RDK 1, Stuttgart 1937, Sp. 346–365.

B. Die bildlichen Symbole in der christlichen Kunst 11

Nicht nur bedingt durch den Umfang der Studie, sondern vor allem aus sachlichen Gründen mußte ein Großteil vertrauter Symbole ausgeschieden werden. Ihre Bedeutung erschien noch zu schillernd, um schon plausibel erklärt werden zu können. Dazu gehören etwa der Feigenbaum, der Papagei, die Muschel und die Nelke. Außerdem war zu verzichten auf Dinge, bei denen der Status eines Symbols vorerst nicht erweisbar ist, jedenfalls nicht beim Stand der bisherigen Forschung. Hier wären zu nennen die Geste des Segnens, die Verhüllung der Hände, der Knoten, der Baum.

Zum Technischen ist zu bemerken, daß die Zitate der Bibel nach Luther erfolgen und daß in den Anmerkungen gewöhnlich nur *ein* Buch genannt ist, in dem das behandelte Kunstwerk auffindbar ist. Die Meinung der Forschung wird nicht referiert, weil meistens das hier vorgestellte Symbol nicht eigens berührt wird. Die Bilder sind jeweils historisch geordnet, wobei sich der Ort der Behandlung für jedes Symbol nach seinem ersten Erscheinen richtet. So werden im Neuzeit-Kapitel die alten Symbole, die weiter benutzt sind, nicht wieder behandelt. Der europäische Raum bildet den Rahmen, so daß byzantinische Bilder nur ausnahmsweise genannt sind.

I. SYMBOLE AUS FRÜHCHRISTLICHER ZEIT

Man hat lange Zeit geglaubt, die ersten Christen hätten sich geheimnisvolle Zeichen gegeben, um ihre heidnische Umwelt vom Verständnis abzuhalten. In Wahrheit stammen die Symbole, die wir heute christlich nennen, zum großen Teil aus der Antike, wobei nicht einmal die Bedeutung sich verändert hat. Dies ist auch deshalb ganz natürlich, weil Christen ja im heidnischen Milieu die Bildersprache ihrer Umwelt vor sich hatten und sie für ihre Zwecke anzuwenden suchten.

A. Aus der Antike übernommene Symbole

Orans

Ein besonders charakteristisches Beispiel ist die Orans[35], also die meist frontal dargestellte Figur mit erhobenen Armen. Schon das Femininum im Deutschen läßt erkennen, daß man „die" Betende als Personifikation genommen hat. Dies ist insofern richtig, als im Heidnischen die Pietas, die Frömmigkeit, damit gemeint sein konnte. So jedenfalls erscheint sie auf dem Sesterz[36] des Hadrian, wo durch die Beischrift klargestellt ist, daß sie die Pietas des Kaisers darstellt. Im allgemeinen wissen wir aus textlichen Belegen, daß die Gebärde im römischen Bereich den Betenden markierte. So sehen wir sie illustriert im vatikanischen Vergil[37], der erst um 420 ausgemalt ist. Laokoon, fast nackt, erhebt die Hände betend und stützt das eine Bein auf den Altar. Als frevelhafter Priester ist er den Schlangen ausgeliefert, doch sucht er durch Gebet und Aufblick die Himmlischen zur Einkehr zu bewegen.

[35] Th. Klauser: Studien zur Entstehungsgeschichte der christlichen Kunst, II. Heidnische Vorläufer des christlichen Oransbildes, Jahrbuch für Antike und Christentum 2, 1959, S. 115–145, und III. Schaftträger und Orans als Vergegenwärtigung einer populären Zweitugendethik auf Sarkophagen der Kaiserzeit, ebda. 3, 1960, S. 112–133.

[36] M. Bernhart: Handbuch zur Münzkunde der römischen Kaiserzeit, Halle 1926, Taf. 67, 7.

[37] J. de Wit: Die Miniaturen des Vergilius Vaticanus, Amsterdam 1959, S. 48–53, Taf. 8 (Cod. lat. 3225, pict. 13).

14   I. Symbole aus frühchristlicher Zeit

Die Christen haben die Gebärde übernommen, und zwar im selben Sinn des Betens. Soweit war auch in Zeiten der Verfolgung kein Anstoß an dem Bild zu nehmen. Doch wissen wir aus Texten früher Christen[38], daß die Gebärde enger noch auf Christus zielte. Oranten sind, so lernen wir, Gekreuzigte, die ohne Kreuz die Haltung ihres Gottes zeigen. In einer Zeit, in der es keine Kruzifixe gab, wird schon symbolisch auf den Kreuzestod verwiesen.

Minucius Felix[39] schreibt, die Gebärde sei „ein Zeichen des Kreuzes", und Tertullian[40] erklärt: „Wir aber, wir erheben nicht nur unsere Hände, wir breiten sie auch aus. Und so das Leiden des Herrn nachbildend und (in dieser Haltung) betend bekennen wir Christus." Hieronymus[41] bringt den hübschen Vergleich, daß der Schwimmer ebenso wie die Orans „in Form des Kreuzes fährt".

Diese Angleichung des Christen an Christus erklärt sich durch den Schöpfungsbericht der Bibel, worin der Mensch als „Bild Gottes" (1. Mos. 1, 27) bezeichnet wird. Paulus erläutert dies, indem er als Gottes Gebot von den Christen verlangt, „daß sie gleich sein sollten dem Ebenbilde seines Sohnes" (Römer 8, 29). Deshalb, so Paulus, „tragen wir allezeit das Sterben des Herrn Jesu an unserm Leibe, auf daß auch das Leben des Herrn Jesu an unserm Leibe offenbar werde". (2. Korinther 4, 10) Damit ist gesagt, daß nur derjenige Christ der Auferstehung teilhaftig wird, der auf dieser Welt dem Gekreuzigten nachlebt. Kürzer formuliert Paulus dies im 2. Brief an Timotheus 2, 11: „Sterben wir mit, so werden wir mitleben." Im Galaterbrief 2, 19–20 heißt es sogar „ich bin mit Christo gekreuzigt" und im Römerbrief 6, 6 wird dies dahingehend erläutert, „daß unser alter Mensch samt ihm gekreuzigt ist", wodurch er von der Sünde befreit wird. Dafür wird ihm versprochen (Vers 8): „Sind wir aber mit Christo gestorben, so glauben wir, daß wir auch mit ihm leben werden."[42]

---

[38] F. J. Dölger: Beiträge zur Geschichte des Kreuzzeichens, V. 9. Christusbekenntnis und Christusweihe durch Ausbreitung der Hände in Kreuzform, Jahrbuch für Antike und Christentum 5, 1962, S. 5–10.

[39] PL 3, 346 (Octavius, 29): crucis signum est, et cum homo, porrectis manibus, Deum pura mente veneratur.

[40] Übersetzung und Text (orat. 14) nach Dölger, a. a. O. (Anm. 38), S. 6: Nos vero non attollimus tantum, sed etiam expandimus, et dominicam passionem modulantes et orantes confitemur Christo. C. Sittl: Die Gebärden der Griechen und Römer, Leipzig 1890, Nachdruck: Hildesheim 1970, S. 174: hier sind die antiken (heidnischen) Schriftquellen zur Bedeutung der Orans zitiert, auf S. 198 die christlichen.

[41] PL 30, 638: homo natans per aquas, vel orans, forma crucis vehitur.

[42] Daß diese Auffassung antiken Ursprungs ist, zeigt H. Merki: Homoiosis theo. Von der platonischen Angleichung an Gott zur Gottähnlichkeit bei Gregor von Nyssa, Freiburg/Schweiz 1952 (Paradosis, VII).

A. Aus der Antike übernommene Symbole   15

Wenn also Christen sich selbst als Oranten darstellen ließen, nahmen sie im Bild die Haltung des Gekreuzigten ein. Dies wiederum sollte ihnen, Gleichheit von Bild und Person vorausgesetzt, die Auferstehung möglich machen. Daraus erklärt sich, warum gerade im frühchristlichen Bereich so viele Oranten auf Sarkophagen und in Katakomben erscheinen. Schon um 270 n. Chr. sieht man auf einem Sarkophag[43] eine stehende Orans neben einem sitzenden Philosophen, ohne daß dieses Paar allein als heidnisch oder christlich gedeutet werden könnte. Erst durch die beigefügten Szenen (Jonas in der Kürbislaube, Guter Hirt und Taufe Christi) wird die Zuweisung an einen christlichen Auftraggeber evident. Zugleich zeigt dieses Beispiel, wie geschickt die ersten Christen die Symbolsprache ihrer Umwelt aufzugreifen und umzudeuten wußten. Gleiches gilt für die Katakombenmalerei, wo auch schon am Ende des 3. Jh. eine Orantin[44] mit besonders großen Händen erscheint, um den eingeweihten Betrachter an das Kreuzigungsmotiv zu erinnern.

Über diese individuell gemeinten Figuren hinaus gibt es aber auch Oranten in biblischen Szenen. So erscheinen die drei Jünglinge im Feuerofen zu Anfang des 4. Jh. in der Priscilla-Katakombe[45] und bezeugen durch die Kreuzeshaltung, daß sie ihrer Erlösung gewiß sind. Nach Kapitel 3 des Propheten Daniel hatten diese Juden das goldene Bildnis Nebukadnezars nicht anbeten wollen, wofür der König sie ins Feuer hatte stecken lassen. Sie waren aber unversehrt daraus zurückgekommen. Zum Zeichen ihres fernen Wohnorts tragen die Männer auf dem Fresko die Kleidung der Barbaren, also Hosen und phrygische Mütze. Gerade diese Kopfbedeckung, mit der man auch, der Herkunft wegen, die Weisen aus dem Morgenland bedachte, wird noch ab 1789 symbolische Bedeutung finden.

Orantenhaltung hat der Schnitzer auch den leidenden Gestalten von Daniel und Susanna gegeben, die auf dem Elfenbeinkasten in Brescia[46] zu sehen sind. Nach dem Buch Daniel, Kapitel 6, war der Prophet in Ungnade gefallen, weil er zu Gott statt zu dem König Darius gebetet hatte. Deshalb war er zum Tode in der Löwengrube verurteilt worden. Doch hatte ihn ein Engel dort beschützt, so daß er unversehrt die Nacht zwischen den Löwen überleben konnte. Dem nackten Daniel gegenüber erscheint in ebenso frontaler Haltung Susanna, verschleiert und verhüllt bis zu den Füßen. Umgeben wird sie von zwei Bäumen, die ihren Klägern zum Verhängnis wurden. Die beiden Männer, lebhaft mit den Händen redend, versuchen zu

---

[43] Volbach, Taf. 4: Rom, S. Maria Antiqua.
[44] Volbach, Taf. 8 unten: Rom, Priscilla-Katakombe.
[45] Volbach, Taf. 9 oben.
[46] Volbach, Taf. 85–86: Museo civico. Es handelt sich um die Darstellungen auf dem unteren Streifen.

16   I. Symbole aus frühchristlicher Zeit

beweisen, Susanna habe Ehebruch begangen. Jedoch der Ort der Tat wird
von den Klägern unterschiedlich angegeben, so daß die Unschuld der Be-
klagten offenbar wird. Die „Geschichte von Susanna und Daniel" wird in
den Apokryphen der Bibel erzählt. Daniel und Susanna werden von dem
Schnitzer um 360–70 als Prototypen der Erlösung aus körperlichem oder
psychischem Martyrium dargestellt, also zu einem Zeitpunkt, als die Kreuzigung Christi noch nicht als christliches Bildthema existierte.

In der Mitte des 6. Jh. wird auch die Orans direkt mit dem Kreuz
konfrontiert, einem Kreuz allerdings, das die Person Christi nur in Gestalt
seines Kopfes zeigt. Dies ist der Fall auf dem Apsismosaik von Sant'Apollinare in Classe, Ravenna [47] (Abb. 1). Bildbeherrschend erscheint Apollinaris als Orans, riesig die Mitte markierend. Wegen der Kreuzigungshaltung
darf man ihn christusgleich nennen, und so erklärt sich, daß ihn die
12 Lämmer begleiten, die hier die Apostel bedeuten. Darüber wird Christi
Verklärung gezeigt, doch auch sie mit den Jüngern als Lämmern. Dieses
Symbol wird im folgenden näher erläutert.

Die Deutung der Oransgebärde als Kreuzigungshaltung bleibt auch für
das Mittelalter weiter bestimmend. So sagt Amalarius von Metz im 9. Jh. [48],
daß sich die Gläubigen als „Nachahmer dieses Todes" mit ausgebreiteten
Armen vor dem Kruzifix zu Boden würfen. Und im 12. Jh. heißt es bei
Honorius Augustodunensis [49], daß der Priester durch Ausbreiten der Arme
die Haltung des Christus am Kreuze bezeichne.

Entsprechend sind auch in der Kunst dieser Zeit die Oranten vertreten.
So ist in der Kirche S. Clemente in Rom der Titelpatron auf einem Fresko
aus dem Ende des 11. Jh. [50] zu sehen, und so werden die Seelen [51] von Heiligen wiedergegeben, die man zum Himmel emporfahren sieht. Im 11. Jh.
hat man zum Beispiel Maria im Münchner Perikopenbuch Heinrichs II.
oder den heiligen Liudger in seiner Vita der Berliner Staatsbibliothek als
Orans verewigt. Noch dem Spätmittelalter war die Gebärde verständlich,
denn auf Meister Bertrams Grabower Altar von 1379 (in Hamburg) [52] liegt

[47] Volbach, Taf. 173.
[48] PL 105, 1028: Si hujus mortis imitatores esse debemus, necnon et humilitatis
oportet esse. Unde prosternimur ante crucem.
[49] PL 172, 570: Per manuum expansionem, designat (presbyter) Christi in cruce
extensionem.
[50] H. Schrade: Malerei des Mittelalters, II: Die romanische Malerei. Ihre Maie-
stas, Köln 1963, S. 241.
[51] D. de Chapeaurouge: Die Rettung der Seele. Genesis eines mittelalterlichen
Bildthemas, Wallraf-Richartz-Jahrbuch 35, 1973, S. 33–36: dort die beiden folgenden Beispiele.
[52] A. Lichtwark: Meister Bertram, Hamburg 1905, Abb. S. 215.

A. Aus der Antike übernommene Symbole 17

Abel am Boden, die Hände orantenhaft hebend, weil Kain mit der Keule
den Bruder erschlägt. Hier ist zwar die Orans nicht mehr als frontale Figur
abgebildet, doch zeigt der gewählte Moment, daß auch Meister Bertram
noch wußte, wie machtvoll die Haltung den Sterbenden an den gekreuzigten Gott band.

Besonders beliebt scheint die Orans noch einmal um 1600 zu werden, als
man sich dank Cesare Baronio[53] verstärkt an die Aufbereitung des frühen
christlichen Erbes gemacht hat. Vor allem Caravaggio[54] ist hier zu erwähnen, weil er in ganz unterschiedlicher Weise die Orans gemalt hat, die bei
ihm aber nicht einen Sterbenden meint. Vielmehr zeigt der Maler den Saulus, der rücklings zu Boden gestürzt ist, erblindet die Arme erhebt und so
die Bekehrung zum Paulus vorwegnimmt, indem er den Kruzifix nach-
ahmt. Ganz anders ist auf der ›Grablegung Christi‹ im Vatikan rechts oben
die Haltung der Maria Magdalena gemeint, die als Orans zum Himmel
emporblickt. Sie bezeugt nicht den Willen zur Umkehr, sie ist schon zur
Nachfolge Christi bereit. Und schließlich wird auch noch der Jünger der
Londoner Emmaus-Szene als Christus Erkennender wiedergegeben, der
mit seiner Orans-Gebärde dem Meister sich angleicht. Genau so hat Rembrandt die Orans verstanden, denn auf seinem Hamburger Bild[54a] läßt er
Hanna die Kreuzigungshaltung vollführen, damit der Betrachter begreift,
daß die Prophetin schon deutlich im Christkind den künftigen Heiland erkennt. Und schließlich zeigt Goya den spanischen Märtyrer auf seiner ›Er-
schießung vom 3. Mai 1808‹ (in Madrid)[55] nicht nur mit den Wundmalen
Christi, sondern, noch deutlicher, auch mit der Orans-Gebärde, um so das
Martyrium passionshaft zu steigern und dadurch dem namenlos Sterbenden die Hoffnung auf Auferstehung zu sichern.

Das lange Fortleben der Orans-Gebärde und ihre stets sinnvolle Nut-
zung beweisen, daß hier die einmal gefundene (und in diesem Fall: auch
schriftlich fixierte) Bedeutung den christlichen Künstlern vertraut blieb.
Um so bedeutsamer bleibt deshalb der heidnische Ursprung. Die Meta-
morphose der Pietas zu dem Gekreuzigten läßt doch erkennen, wie sehr es

---

[53] R. Krautheimer: A Christian triumph in 1597, in: Essays in the history of art
presented to Rudolf Wittkower, II, London 1967, S. 174–178.

[54] R. Guttuso – A. Ottino della Chiesa: L'opera completa del Caravaggio, Milano
1967 (Classici dell'Arte, 6), Nr. 47: Bekehrung des Saulus, Rom, S. Maria del Popo-
lo; Nr. 53: Grablegung, Pinacoteca Vaticana; Nr. 37: Mahl in Emmaus, London,
National Gallery.

[54a] Katalog der alten Meister der Hamburger Kunsthalle, Hamburg ⁵1966,
Nr. 88, S. 129: Simeon im Tempel, um 1628.

[55] R. de Angelis: L'opera pittorica completa di Goya, Milano 1974 (Classici
dell'Arte, 74), Nr. 566, Taf. XLI–XLII (1814).

18   I. Symbole aus frühchristlicher Zeit

den frühen Christen darauf ankam, sich ihrer Umwelt zu assimilieren und
sich doch in Wahrheit von ihr abzulösen. Aus vorkonstantinischer Zeit ist
uns ein Rezept des Clemens von Alexandria erhalten, aus dem sich ergibt,
wie man Symbole als heidnisch und christlich zugleich sehen wollte[56]:
„Unsere Siegelbilder aber sollen sein eine Taube oder ein Fisch oder ein
Schiff mit geschwellten Segeln oder eine Leier, das Musikinstrument, das
Polykrates auf seinem Siegelring hatte, oder ein Schiffsanker, wie ihn Seleukos auf sein Siegel einschneiden ließ; und wenn einer ein Fischer ist, wird
er an den Apostel denken und an die aus dem Wasser (der Taufe) empor-
gezogenen Kinder."

Kreuz

Im Lichte dieser Rückversicherung beim heidnischen Denken leuchtet
nun eher ein, daß selbst ein scheinbar genuin christliches Symbol wie das
Kreuz in der Frühzeit von Christen als heidnisches Zeichen ausgelegt werden konnte. Man muß dazu wissen, daß im römischen Castrum, dem Feld-
lager, zwei Straßen sich rechtwinklig schneiden. Die eine heißt Cardo und
verläuft von Süden nach Norden; die andre führt von Osten nach Westen
und wird Decumanus genannt. Die Feldmesser kannten dieselben Begriffe,
wobei Decumanus als Hauptlinie galt, Cardo aber die Weltachse[57] meinte.
Natürlich ergibt dieses Schema gezeichnet ein Kreuz. Nun wird schon von
Paulus das Kreuz mit der Welt in Verbindung gebracht, denn er schreibt
(Galater 6, 14) von Christus, daß „durch ihn mir die Welt gekreuzigt ist und
ich der Welt". Dieses Paulus-Wort greift im 4. Jh. Basilius der Große[58] auf
und erklärt: „Denn vierfach geteilt sind die Stücke des Kreuzes, so daß jedes
auf die vier Teile der Welt gerichtet ist." Dieser griechisch geschriebenen
Formulierung setzt Hieronymus noch deutlicher auf lateinisch hinzu[59]:
„Selbst die Gestalt des Kreuzes, was ist sie anderes als die viereckige Form
der Welt?" Hieronymus ergänzt in Gedanken die Kreuzform zum Grund-

---

[56] Der Erzieher 3, 59. Übersetzung nach B. Brenk: Spätantike und frühes
Christentum, Berlin 1977 (Propyläen Kunstgeschichte, Supplementband 1), S. 17.

[57] H. Nissen: Orientation, Berlin 1906–1910, S. 82–84.

[58] PG 30, 557.

[59] PL 30, 638: Ipsa species crucis, quid est nisi forma quadrata mundi? Die beiden
Texte wurden kunsthistorisch erschlossen durch L. Kitschelt: Die frühchristliche
Basilika als Darstellung des himmlischen Jerusalem, München 1938, S. 79, und
G. Bandmann: Mittelalterliche Architektur als Bedeutungsträger, Berlin 1951,
S. 87. Zur späteren Entwicklung vgl. V. H. Elbern: Species crucis-Forma quadrata
mundi. Die Kreuzigungsdarstellung am fränkischen Kasten von Werden, Westfalen
44, 1966, S. 174–185.

A. Aus der Antike übernommene Symbole   19

riß der Stadt mit vier Ecken, zumal auch die Worte „quadratus" und „tetra-
gonos" (so heißt das entsprechende griechische Wort) nicht nur als „viereckig", sondern auch als „vollkommen" übersetzt werden können. Damit
ist die Kreuzform als Sinnbild der Welt von Christen für heidnische Ohren
erklärt.

Im 9. Jh. verändert Johannes Scotus den Text des Hieronymus so weit,
daß er offenbar den ursprünglichen Sinn nicht mehr trifft[60]: „Das quadratische Holz des Kreuzes enthält den Erdkreis", und 870[61] ist es ein Rhombus, in dem man aufgrund einer Beischrift die „viereckige Welt" (mundus
tetragonus) wiedererkennt und worin gar kein Kreuz mehr gezeigt wird.
Der kühne Versuch von Basilius und Hieronymus, das Kreuz als das
Schema der Welt auszugeben und somit dem Kreuz einen auch Heiden ver-
ständlichen Rang zuzuteilen, blieb ohne Folgen. Statt dessen wird seit frühchristlicher Zeit das Kreuz als „Symbol der Unsterblichkeit"[62] (Eusebius)
interpretiert. Für die Erklärung beschränkt man sich so ganz allein auf die
Kreuzigung Christi, die doch nach Paulus „den Juden ein Ärgernis und den
Griechen eine Torheit" (1. Kor. 1, 23) schien, und deutet das Werkzeug des
schmählichen Todes zum Zeichen des siegreichen Gottes, mit dem dieser
am Tage des Jüngsten Gerichts vom Himmel zurückkehren wird (Matth.
24, 30). Die Deutung des Kreuzes als Weltbild im heidnischen Sinne war
damit verworfen, das Kreuz blieb bis heute Symbol für die Überwindung
des Todes.

Gerade das leere Kreuz erscheint schon im 4. Jh. in der Kunst, weil die
christlichen Schriftsteller es „als größtes Symbol von Christi Macht und
Herrlichkeit"[63] ausgerufen hatten. Dabei ist bemerkenswert, daß zu diesem Zeitpunkt ja noch keine Darstellungen der Kreuzigung Christi existier-
ten, das Kreuz allein demnach als besonders aussagekräftig gegolten haben
muß. Dazu trug vor allem die Tatsache bei, daß man das Kreuz wie ein Tropaion zeigte, also wie das Siegeszeichen auf dem Schlachtfeld. So wird auf
einem Sarkophag[64] im Lateranmuseum (um 350) das Kreuz flankiert von
zwei Soldaten, die man heidnisch als Besiegte, christlich aber als Wächter
am Grabe Christi interpretieren konnte. Der Triumphalaspekt kommt

---

[60] PL 122, 1222: Ecce crucis lignum quadratum continet orbem. Vgl. B. Bronder:
Das Bild der Schöpfung und Neuschöpfung der Welt als orbis quadratus, Frühmit-
telalterliche Studien 6, 1972, S. 188–210.

[61] Clm 14000, fol 5r; Schiller 3, Abb. 686 (Münchner Codex aureus).

[62] Leben Konstantins I, 32: sýmbolon athanasías.

[63] E. Dinkler: Das Kreuz als Siegeszeichen, in: Signum Crucis. Aufsätze zum
Neuen Testament und zur Christlichen Archäologie, Tübingen 1967, S. 65 (mit
Berufung auf Justinus Martyr, Tertullian und Minucius Felix).

[64] Dinkler, a. a. O. (Anm. 63), S. 59: Sarkophag Lat. 171.

20   I. Symbole aus frühchristlicher Zeit

durch den Lorbeerkranz zum Ausdruck, der oben das Christogramm (die Anfangsbuchstaben des Namens Christi: chi und rho) umschließt und der vom Adler, dem Vogel Jupiters, gehalten wird. In den Zwickeln oberhalb des Bogens erscheinen noch die Köpfe von Sonne und Mond, die also den kosmischen Bezug des Ganzen unterstreichen.

Nun erinnert die Verbindung von Kreuz und Kranz mit eingeschlossenem Christogramm auffällig an das Labarum, jenes Feldzeichen Konstantins, das dieser nach Eusebius[65] am Himmel gesehen haben soll. Derselbe Eusebius[66] berichtet auch, Konstantin habe sein Standbild in Rom mit einer Lanze in Form eines Kreuzes ausstatten lassen. Diese Statue ist nicht erhalten, doch gibt es Vermutungen[67], sie schon auf das Jahr 315 zu datieren und die Reste einer Kolossalstatue im Kapitolinischen Museum mit ihr in Verbindung zu bringen[68]. Das Kreuz ist allerdings nicht mehr vorhanden.

Jedenfalls wird der Triumphalcharakter des Kreuzes durch diese Belege eindeutig gestützt. Auch das erste erhaltene Apsismosaik in Rom[69] aus dem Anfang des 5. Jh. (in S. Pudenziana) meint das Kreuz als das siegreiche der letzten Tage, das sich zwischen den Zeichen der Evangelisten über dem thronenden Christus erhebt. So erscheint wenig später am Triumphbogen von S. Maria Maggiore in Rom[70] auch das gemmengeschmückte Kreuz auf dem Thron, der als der „Stuhl seiner Herrlichkeit" (Matth. 25, 31) Christus bereitet ist. Und noch in der Mitte des 6. Jh. wird über dem betenden Apollinaris in Ravenna[71] (Abb. 1) das Kreuz im Himmel gezeigt, das in der Vierung den Kopf des Erlösers trägt.

Ganz mit den Worten der konstantinischen Zeit wird das Kreuz auch im 9. Jh.[72] als „Tropaion des ewigen Sieges" bezeichnet, als Einhard es auf seinen Triumphbogen setzte, damit es das „heidnische" Werk als Sockel benutze und so als das höherstehende im doppelten Sinne erscheine. Das Werk ist zugrunde gegangen, doch gibt eine ältere Nachzeichnung Auf-

---

[65] Leben Konstantins, I, 28: am Himmel erscheint das „Siegeszeichen des Kreuzes" (stauroú trópaion). In I, 31 wird das Labarum beschrieben.

[66] Leben Konstantins, I, 40; Kirchengeschichte, IX, 9, 10–11.

[67] H. Kähler: Konstantin 313, Jahrbuch des Deutschen Archäologischen Instituts 67, 1952, S. 1–30.

[68] C. Cecchelli: Il trionfo della croce. La croce e i santi segni prima e dopo Costantino, Roma 1954, S. 13–18, 40, 131, 134, 136.

[69] Brenk, a. a. O. (Anm. 56), S. 71–72, Abb. 15.

[70] Schiller 3, Abb. 557.

[71] siehe Anm. 47.

[72] C. Beutler: Statua. Die Entstehung der nachantiken Statue und der europäische Individualismus, München 1982, S. 102. Beutler plädiert für eine Frühdatierung um 800 (S. 113).

A. Aus der Antike übernommene Symbole   21

schluß, wenn auch gerade nicht für den Teil mit dem Kreuz. Schon seit
Theodosius II. (408–450) sind Münzen [73] verbreitet, auf denen das Kreuz
einen Globus bekrönt. Auch hier sind das Oben und Unten symbolisch
gemeint, denn das Kreuz gilt somit als Herrscher über den Kosmos. Von
hier nimmt die lange Reihe der Weltkugeln und Reichsäpfel [74] ihren Ausgang, die mit einem Kreuz geschmückt sind und dadurch die Herrschaft
Christi über den Erdball verkörpern. In späterer Zeit war den Obelisken
dasselbe Schicksal beschieden, indem sie als heidnische Zeichen vom Kreuz
überwunden, „besiegt" werden konnten. So zeigt Pisanello [75] auf einer Medaille von 1438 den byzantinischen Kaiser Johannes VIII. Palaiologos zu
Pferde neben einem Obelisken, der von einem Kreuz bekrönt wird. Und
entsprechend setzte Domenico Fontana [76] 1585/86, nachdem er den vatikanischen Obelisken auf den Petersplatz transportiert hatte, ein bronzenes
Kreuz auf die Spitze.

Nimbus

Das nächste Symbol ist der Nimbus [77], der wie schon die Orans ganz
deutlich vom Heidnischen herkommt. Ursprünglich ist er in Griechenland
mit Lichtgottheiten verbunden, so daß er den Träger als Licht ausstrahlend
bezeichnet. So sieht man den Sonnengott auf dem Halsfeld eines apulischen
Volutenkraters [78] in Karlsruhe (um 350–300 v. Chr.) sein Viergespann len-
ken und den Kopf des Helios von einem Nimbus mit sonnenartigen Strahlen umgeben. Doch gleichzeitig wird auch schon den Menschen, die nach
ihrem Tod zu den Sternen erhoben sind, der Nimbus verliehen. Denn auf
einem apulischen Teller im Tarenter Museum [79] ist nicht nur Andromeda
nimbiert, sondern auch eine Verstorbene, die in einer Ädikula steht. Für
beide gilt somit der Rang des Verstirnten, zumal schon im 5. Jh. Aristo-

[73] LCI 2, 1970, Sp. 577.
[74] P. E. Schramm: Sphaira – Globus – Reichsapfel. Wanderung und Wandlung
eines Herrschaftszeichens von Caesar bis zu Elisabeth II., Stuttgart 1958.
[75] B. Degenhart: Antonio Pisanello, Wien 1941, Abb. 97.
[76] G. Rühlmann: Die Nadeln des Pharao. Ägyptische Obelisken und ihre Schick-
sale, Dresden 1968, S. 41–42.
[77] M. Collinet-Guérin: Histoire du nimbe des origines aux temps modernes, Paris
1961: nur als Materialsammlung nützlich. E. H. Kantorowicz: The king's two bo-
dies, Princeton 1957, S. 78–86. W. Weidlé: Nimbus, LCI 3, 1971, Sp. 323–332.
[78] Antike Vasen. Eine Auswahl aus den Beständen des Badischen Landesmuseums, Karlsruhe 1954, Nr. 29.
[79] K. Schauenburg: Perseus in der Kunst des Altertums, Bonn 1960, S. 64–67
(hier auch der Hinweis auf Aristophanes' „Frieden", V. 832–841).

22   I. Symbole aus frühchristlicher Zeit

phanes den Glauben an zu Sternen gewordene Menschen voraussetzt. Fortan bleibt der Nimbus so doppeldeutig wie hier, weil der Nimbierte Glanz ausstrahlend, aber auch Glanz empfangend gemeint sein kann. Im Römischen wird die griechische Tradition fortgeführt, wie man im Haus des Apoll[80] in Pompeji sehen kann. Hier sind alle Gestirngötter nimbiert, also nicht nur Apoll, sondern auch Venus und der Abendstern. Seit konstantinischer Zeit wird solche Verklärung den Angehörigen des Kaiserhauses zuteil, ohne daß von christlicher Seite dagegen Einspruch erhoben würde. Vielleicht schon 321[81] sind auf einem Deckengemälde im Trierer Kaiserpalast Konstantins Mutter Helena, Kaiserin Fausta und eine junge Frau des Herrscherhauses durch Nimben ausgezeichnet worden. Später erscheinen auf Medaillons[82] die Kaiser Konstantin II. und Valentinian ebenso mit Nimben wie Kaiser Theodosius I. auf seinem Missorium[83] von 388 in Madrid. Noch im 6. Jh. werden Kaiser Justinian und Kaiserin Theodora in San Vitale[84] in Ravenna durch rot gerahmte Nimben aus ihrem Hofstaat herausgehoben.

Ebenfalls im 4. Jh. beginnt die Auszeichnung Christi durch den Nimbus. So wird er auf den Mosaiken in der Kirche Sta. Costanza[85] in Rom als thronender Weltherrscher ebenso wie bei der Gesetzesübergabe an Petrus und Paulus entsprechend dargestellt. Auch auf dem schon erwähnten Mosaik in S. Pudenziana aus dem frühen 5. Jh.[86] sieht man ihn mit einem goldenen Nimbus. Selbst der Schnitzer des Münchner Elfenbeins (um 400) versieht ihn auf der Wiedergabe seiner Himmelfahrt[87] (Abb. 2) mit Hilfe zweier eingeritzter Kreise mit einem Nimbus. Bemerkenswert bleibt, daß der Kreuznimbus für Christus nicht vor dem frühen 5. Jh. belegbar ist. Als frühestes Beispiel für seine Verwendung ist das Fragment eines Sarkophags in Berlin[88] zu erwähnen, wo – wie auch später noch oft – an der plastischen Wiedergabe einer Lichterscheinung kein Anstoß genommen wird. Auch zeigt die Einfügung des Kreuzes in den eigentlich doch lichterfüllt zu den-

---

[80] K. Schefold: Pompejanische Malerei, Sinn und Ideengeschichte, Basel 1952, S. 134–135, Taf. 37 (VI, 7, 32, Datierung um 65–70 n. Chr.).

[81] M. R.-Alföldi: Helena nobilissima femina. Zur Deutung der Trierer Deckengemälde, Jahrbuch für Numismatik und Geldgeschichte 10, 1959/60, S. 79 bis 90.

[82] Münze, Abb. 666 und 702, datierbar ca. 339–340 bzw. 364–367 n. Chr.

[83] Volbach, Taf. 53.

[84] Volbach, Taf. 166–167.

[85] Volbach, Taf. 33.

[86] Volbach, Taf. 130.

[87] Volbach, Taf. 93.

[88] Volbach, Taf. 73.

A. Aus der Antike übernommene Symbole 23

kenden Nimbus, daß man den Glanz mehr anzudeuten als vorzustellen
suchte. Später konnte der Kreuznimbus auch den beiden anderen Personen
der Trinität zuteil werden, wie das Krönungsevangeliar[89] des Königs Wratislaw von 1086 in Prag beweist. Hier sind bei der Taufe Christi nicht nur
der Täufling, sondern auch der Kopf Gottvaters und die Taube des Heiligen
Geistes entsprechend nimbiert.

Seit dem 5. Jh. werden in der Kunst auch Engel – so in der römischen
S. Maria Maggiore[90] – und vor allem Heilige nimbiert dargestellt. Im
ravennatischen Mausoleum der Galla Placidia erscheint der heilige Laurentius[91] mit demselben goldenen Nimbus wie Christus. Auf dem Mosaik in S.
Maria Maggiore ist über den Engeln die Trinität in Gestalt der drei Männer
zu sehen, die Abraham im Hain Mamre erblickte. Nicht nur sind die
Männer nimbiert, sondern der mittlere ist auch von einer durchsichtigen
Mandorla umschlossen. Offenkundig soll dadurch die Wirkung des Nimbus gesteigert, der Gott im ganzen als Lichtwesen charakterisiert werden.
Doch umschließt eine Mandorla auch den Moses mit seinen Gefährten[92]
auf der Flucht vor der Steinigung, die man im Langhaus derselben Kirche
erblicken kann. Und hier ist die Mandorla sicherlich Schutz durch den
Gott, dessen Hand über Moses am Himmel erscheint. So bleibt danach
offen, ob man mit der Mandorla[93] einen vergrößerten Nimbus gemeint hat
oder nur schirmende Hülle.

Erst im frühen 14. Jh. hat sich ein Künstler die Mühe gemacht, den Nimbus als Stück seines Trägers zu zeigen und damit dem Eindruck
entgegenzuwirken, als sei dieser Lichtschein nur sichtbar, um den Betrachter die Heiligen wiedererkennen zu lassen. Solche Verkümmerung des
Nimbus vom Symbol zum Attribut war deshalb gegeben, weil man im Mittelalter den Nimbus stets bildparallel wiedergab. Erst Giotto entschloß
sich, auf einigen Fresken der Paduaner Arenakapelle den Nimbus dann in
Verkürzung zu malen, wenn sich die verklärte Person im Profil zeigt. So
sieht man die Nimben entsprechend verkürzt auf der Auferweckung des

---

[89] LCI 4, 1972, Sp. 251, Abb. 2.

[90] W. Braunfels: Die heilige Dreifaltigkeit, Düsseldorf 1954 (Lukas-Bücherei zur
christlichen Ikonographie, VI), S. XVII–XVIII, Taf. 1.

[91] Volbach, Taf. 146, das Christus-Mosaik auf Taf. 147.

[92] Volbach, Taf. 128.

[93] O. Brendel: Origin and meaning of the mandorla, Gazette des Beaux-Arts
1944, 1, S. 5–24. W. Messerer: Mandorla, LCI 3, 1971, Sp. 147–149. W. Weber:
Symbolik in der abendländischen und byzantinischen Kunst. Von Sinn und Gestalt
der Aureole, Basel 1981: diese materialreiche Studie disqualifiziert sich selbst, weil
auf S. 7 Nimbus und Aureole als „okkulte Phänomene", auf S. 8 als „die hellseheri-
schen Phänomene" angesprochen werden.

24   I. Symbole aus frühchristlicher Zeit

Lazarus[94], und zwar nicht nur bei Christus und dem Auferweckten, sondern auch bei den liegenden Schwestern. Genauso wird auch bei der Flucht nach Ägypten[95] der Nimbus Marias gedreht, um ihn nicht als Folie erscheinen zu lassen, sondern als zugehörig zum Kopf.

Gut 100 Jahre später sind es die Maler der Niederlande und Italiens, die ihren Heiligen den Nimbus verweigern, weil sie in ihm nicht mehr übernatürliches Licht, sondern konventionelle Attrappe erkennen. Dies gilt ebenso für Jan van Eyck[96] wie für Fra Filippo Lippi[97]. Dagegen hilft sich Robert Campin mit einer anderen Lösung. Er setzt seine Londoner Madonna so vor einen Ofenschirm, daß dieser als Nimbus erscheint, und läßt die Maria in Aix[98] von der Sonne umrahmen und dadurch den natürlichsten Nimbus erhalten. Der Holländer Rembrandt verfährt ganz genauso: Auf seiner Radierung von 1654[99] plaziert er Maria direkt vor das Fenster, durch das man die Sonne erblickt, so daß hier der Kopf der Madonna natürlich nimbiert wird. Doch sind solche Lösungen Ausnahmen geblieben. Noch im frühen 16. Jh. konnten deutsche Maler ihre Nimben ebenso golden wie bildparallel ins Bild setzen, als hätte es nie einen Giotto oder van Eyck gegeben (Strigels Heilige Familie und Wolgemuts Anna Selbdritt, beide in Nürnberg)[100].

Handschlag

Ebenso wie der Nimbus stammt auch das Symbol des Handschlags[101] aus der Antike, und auch hier ist keine Bedeutungsverschiebung festzustellen. Denn im heidnischen wie im christlichen Darstellungsbereich meint die Gebärde das Versprechen der Treue. Dies setzt voraus, daß die Partner als

[94] G. Vigorelli–E. Baccheschi: L'opera completa di Giotto, Milano 1977 (Classici dell'Arte, 3), Taf. XXVII.

[95] Vigorelli–Baccheschi, a. a. O. (Anm. 94), Taf. XXIII.

[96] Hier genügt der Hinweis auf seine Madonnendarstellungen: R. Brignetti–G. T. Faggin: L'opera completa dei van Eyck, Milano 1968 (Classici dell'Arte, 17), Taf. I, XXXIV, XLIII, XLVII, IL, LIX.

[97] R. Oertel: Fra Filippo Lippi, Wien 1942, S. 17, Abb. 35: Madonna im Museum von Tarquinia, 1437.

[98] Weidlé, a. a. O. (Anm. 77), Sp. 330.

[99] A. Bartsch: Le peintre-graveur, Wien 1803–1821: Rembrandt Nr. 63.

[100] Germanisches Nationalmuseum Nürnberg. Führer durch die Sammlungen, München 1977, Nr. 245 und 167.

[101] Sittl, a. a. O. (Anm. 40), S. 310–316. B. Kötting, RAC 3, 1957, Sp. 881–888. L. Reekmans: La 'dextrarum iunctio' dans l'iconographie romaine et paléochrétienne, Bulletin de l'Institut historique belge de Rome 31, 1958, S. 23–95.

A. Aus der Antike übernommene Symbole 25

gleichberechtigt[102] erscheinen. So ist es gemeint, wenn Philostrat in den
›Eikones‹[103] schildert, daß Poseidon als Gott dem Sterblichen Pelops „die
Rechte drückt". Und ebenso gibt Kaiser Claudius auf einem Aureus[104] von
41 n. Chr. einem Prätorianer die Hand, um dieser Truppe für ihre Treue zu
danken. Im gleichen Sinne genügen auf einem Aureus[105] von 69 zwei ineinander verschlungene rechte Hände, um „die Treue der Heere" zu Kaiser
Vitellius zu bezeugen. Dasselbe Symbol erscheint 238[106], um die Eintracht
der Kaiser Pupienus und Balbinus zu verkörpern, die als „gegenseitige
Liebe" in der Beischrift genannt wird.

Auf Sarkophagen wird schon in heidnischer Zeit gern ein Ehepaar gezeigt, das diese Geste der „dextrarum iunctio" vollführt. Dabei ist umstritten[107], ob nun der Abschied vom Partner oder symbolisch die Treue zum
andern gemeint ist. Als dritte Figur[108] verbindet die beiden Hymenäus als
Hochzeitsgott, aber häufiger Concordia als Eintracht, so daß wohl die
„ewige Treue" im Bilde besiegelt sein soll. Dieser „Mittelsmann" wird im
Christlichen[109] durch den Vater der Braut oder durch Christus selbst
ersetzt.

Daß den Christen die Gebärde vertraut war, bezeugt Paulus in seinem
Brief an die Galater (2.9), wo er von den Aposteln berichtet. Bei seinem
Eintreffen in Jerusalem „gaben sie mir und Barnabas die rechte Hand".
Augustinus wie Tertullian[110] nennen dies ein „Zeichen der Eintracht" und
der „Übereinstimmung". Trotzdem wird der Handschlag in der Kunst des
Mittelalters selten gezeigt. Wenn er wieder vorkommt (wie auf dem Grabmal
eines unbekannten Ehepaars in Löwenberg[111] aus der Mitte des 14. Jh.), ist
er im Sinne des Treueversprechens zu deuten.

[102] R. Brilliant: Gesture and rank in Roman art. The use of gestures to denote
status in Roman sculpture and coinage, New Haven/Conn. 1963 (Memoirs of the
Connecticut Academy of Arts and Sciences, XIV), S. 19 geht etwas zu weit, wenn er
behauptet, daß der Handschlag "physically unites two different beings, whose status
vis à vis one another is democratically effected".

[103] Philostratos: Die Bilder, griechisch-deutsch, hrsg. v. O. Schönberger, München 1968, S. 167 (I, 30).

[104] Münze, Abb. 176.

[105] Münze, Abb. 219.

[106] Münze, Abb. 447.

[107] Sittl, a. a. O. (Anm. 40), S. 314–315 ist für die symbolische, Reekmans,
a. a. O. (Anm. 101), S. 28 für die ereignishafte Deutung.

[108] Reekmans, a. a. O. (Anm. 101), S. 34–35.

[109] Reekmans, a. a. O. (Anm. 101), S. 78–83.

[110] Zitiert bei F. J. Dölger, Antike und Christentum 5, 1936, S. 52–56.

[111] A. Grzybkowski: Die Dextrarum iunctio auf dem Grabmal in Löwenberg,
Zeitschrift für Kunstgeschichte 47, 1984, S. 59–69.

26 I. Symbole aus frühchristlicher Zeit

Erst im 16. Jh. greift man auf das Zeichen zurück, und nun mit direktem Bezug auf die imperiale Antike. Auf einem nicht mehr erhaltenen Monument auf dem Brenner[112] gab es ein Bronzerelief von 1530, das als „Bild habsburgischer Einmütigkeit" gilt. Es zeigte den Handschlag zwischen den Brüdern Kaiser Karl V. und König Ferdinand I. Vermutlich war diese Darstellung der Ausgangspunkt für Rubens' gut 100 Jahre spätere Wiedergabe[113] der Begegnung des Kardinalinfanten Ferdinand mit König Ferdinand von Ungarn. Vor allem dank der Emblemata des Andrea Alciato, die zuerst 1531 erschienen, ist dann der Handschlag zwischen Männern als Sinnbild der Eintracht[114] bekanntgeworden. Sogar die stilisierte Form der bloßen Hände gibt es wieder, denn auf einer Medaille von 1599[115] wird der Kopf der Roma begleitet von einer dextrarum iunctio, die als Zeichen der Treue figuriert.

Griff ans Handgelenk

Eine weitere Handgebärde gewinnt symbolische Bedeutung erst durch den Sinn, den man ihr zu einer bestimmten Zeit verliehen hat. Denn genauso wie der Handschlag bloße Begrüßung sein kann, ist auch der Griff ans Handgelenk[116] zunächst nur Gewaltanwendung. Erst die Tatsache, daß er – zumindest im christlichen Bereich – nur als Hilfeleistung vorkommt, macht ihn zum Symbol. Der Ergriffene wird dadurch zum Erlösten, der Greifende ist der Erlöser. Die Gebärde stammt schon aus der griechischen Kunst, wo man in ihr „etwas Herrisches und Gewaltsames"[117] sieht. Der Griff ans Handgelenk taucht in der christlichen Kunst bereits im 4. Jh. auf, und zwar auf dem Elfenbeinkasten in Brescia[118]. Hier ist es der

---

[112] R. Baumstark, Kunstchronik 26, 1973, S. 180.

[113] Gemälde in Wien, Kunsthistor. Museum: Abb. 2 bei Baumstark, a. a. O. (Anm. 112).

[114] Emblemata, Sp. 1013. Vgl. K.-A. Wirth: „Fidei Simulacrum", RDK 8, 1984, Sp. 834–876.

[115] RDK 7, 1981, Sp. 467, Abb. 6: Medaille auf Justus Lipsius, wiedergegeben auf einem Stich von 1732.

[116] W. Loeschcke: Der Griff ans Handgelenk. Skizze einer motivgeschichtlichen Untersuchung, Festschrift für Peter Metz, Berlin 1965, S. 46–73.

[117] Sittl, a. a. O. (Anm. 40), S. 279–280 behauptet, daß „in der Erfassung des Handgelenkes nichts Herrisches oder Gewaltsames" liege. Dagegen vertritt G. Neumann: Gesten und Gebärden in der griechischen Kunst, Berlin 1965, S. 59 aber zu Recht die Meinung, der Griff sei „das Zeichen des Besitzergreifens, welches durch den Vorrang der einen Figur etwas Herrisches und Gewaltsames hat".

[118] Volbach, Taf. 88.

A. Aus der Antike übernommene Symbole 27

Heiland, der mit seiner Rechten die Tochter des Jairus am Handgelenk
faßt, um die schon Tote aufzuerwecken. Ebenso deutlich wird das gewalt-
same Ziehen zum Akt der Hilfeleistung auf dem Münchner Elfenbein
(Abb. 2) um 400 [119], wo dem zum Himmel steigenden Christus die Hand
von Gottvater ans Handgelenk greift. Dieselbe Gebärde erscheint rund
600 Jahre danach im kölnischen Sakramentar von St. Gereon [120], wo auch
von Gottvater nicht mehr als die hilfreiche Hand im Bild gezeigt wird.

Im Mittelalter ist es besonders die Szene der Höllenfahrt Christi, bei der
die Gebärde begegnet. Dabei kann Christus als Retter den Adam hinter sich
herziehen, wie in der Beneventaner Exultetrolle aus dem Ende des
10. Jh. [121], er kann sich jedoch auch hilfreich zu ihm hinabbeugen, wie in
einer Reichenauer Handschrift aus dem Anfang des 11. Jh. [122]. Des weiteren sieht man, daß Christus den Adam am linken Handgelenk hochzieht
und selber die Linke benutzt, weil er in der Rechten die Kreuzfahne trägt
und sie mit dem Schaft in den Rachen des Luzifer stößt. So zeigt es der Maler des Arundel-Psalters am Ende des 13. Jh. [123], während rund 100 Jahre
später Meister Bertram [124] seinen Christus die Linke des Adam mit der
Rechten ergreifen läßt. Der Sinn der Gebärde ist immer derselbe: gewalt-
sam befreit hier der Gott seinen Schützling. Wie sehr aber sonst in der
Kunst das Rechts und das Links Bedeutung besitzen, wird noch im folgenden näher erläutert. Bei den soeben besprochenen Werken ist nur das Greifen selber symbolisch, so daß auch der Engel auf Konrad Witz' Genfer
Petrus-Altar [125] den Apostel getrost mit der Linken am Handgelenk aus
einem Kerker herausführen kann.

Hand

Neben den beiden Händen, die sich freundlich oder feindlich begegnen,
ist es im Mittelalter aber vor allem die einzelne Hand, die immer wieder,
meist aus einer Wolke herabstoßend, gezeigt wird. Es ist die Hand Gottes [126], die allgemein als Vertretung Gottvaters erscheint. Man hat sie als
göttliche Stimme [127] gedeutet, weil vielfach die biblischen Texte, die man

---

[119] Volbach, Taf. 93.
[120] Schiller 3, Abb. 477 (Paris, Bibliothèque Nationale, Cod. lat. 817, fol. 72 r).
[121] Schiller 3, Abb. 133 (Vatikan, Bibliotheca Apostolica Vaticana, Cod. lat. 9820).
[122] Schiller 3, Abb. 139 (Hildesheim, Dombibliothek, Ms. 688, fol. 57 r).
[123] Schiller 3, Abb. 153 (London, British Museum, Ms. Arundel 83, fol. 132).
[124] Schiller 3, Abb. 160 (Hannover, Niedersächsische Landesgalerie).
[125] J. Gantner: Konrad Witz, Wien 1942, Abb. 56.
[126] LCI 2, 1970, Sp. 211–214: Hand Gottes.
[127] LCI 2, 1970, Sp. 212.

28   I. Symbole aus frühchristlicher Zeit

illustrierte, das Eingreifen Gottes entsprechend vermerken. Darüber hinaus wird die Hand angesprochen „schlechthin als Symbol der schöpferischen Kraft Gottes, seines Schutzes und seines verkündenden Wortes"[128]. Zuletzt ist „die ganze Person"[129] Gottes darin gesehen worden, sicher zu Recht. Die Hand vertritt den Gott, verkörpert seine Macht.

Befremdlicherweise erscheint das Symbol in der christlichen Kunst nicht zuerst bei biblischen Szenen, die nach dem Text ein entsprechendes Bild hätten erwarten lassen, sondern zur Verherrlichung eines Kaisers. Kaiser Konstantin hat sich nämlich schon zu Lebzeiten auf einem Wiener Goldmedaillon[130] so darstellen lassen, daß er in der Mitte erscheint, während die göttliche Hand aus dem Himmel den Kranz auf ihn senkt. Die kleineren Söhne begleiten den Herrscher, die Inschrift verweist auf „die Freude der Römer". Noch kühner ist nach seinem Tode die Himmelfahrt dargestellt worden, wie Eusebius berichtet[131]: „Es wurde sogar auf Münzen sein Bild geprägt; die Vorderseite stellte den Seligen mit verhülltem Haupte dar, während die Rückseite zeigte, wie er, nach Art eines Wagenlenkers auf einem Viergespann fahrend, von einer Hand, die sich ihm von oben herab entgegenstreckt, aufgenommen wird." Erhaltene Münzen[132] bestätigen diese Beschreibung.

Tatsächlich begegnet die göttliche Hand auf heidnischen Kaisermünzen noch nicht. Aus dem römischen Umkreis kann also die Darstellung nicht inspiriert sein, wohl aber aus dem jüdischen. Denn schon in die Mitte des 3. Jh. datiert man die Fresken aus Doura-Europos[133], die in verschiedenen

---

[128] O. Homburger: Eine unveröffentlichte Evangelienhandschrift aus der Zeit Karls des Großen (Codex Bernensis 348), Zeitschrift für schweizerische Archäologie und Kunstgeschichte 5, 1943, S. 158. Die in diesem Aufsatz vorgestellte Miniatur auf fol. 8 v des Cod. 348 der Berner Stadtbibliothek zeigt ungewöhnlicherweise eine aufrechte Hand Gottes über den Evangelistensymbolen. P. Bloch hat sie mit Christus identifiziert (Das Apsismosaik von Germigny-des-Près, Karl der Große. Lebenswerk und Nachleben, III, Düsseldorf 1965, S. 232–261).

[129] M. Kirigin: La mano divina nell'iconografia cristiana, Città del Vaticano 1976 (Studi di antichità cristiana, XXXI), S. 63 u. 88–89 (theologische Dissertation von 1944, die für den Druck nur oberflächlich verbessert wurde). Vgl. auch K. Groß: Menschenhand und Gotteshand in Antike und Christentum, Stuttgart 1985.

[130] A. Alföldi: Insignien und Tracht der römischen Kaiser, Mitteilungen des Deutschen Archäologischen Instituts, Römische Abteilung 50, 1935, S. 55–56 m. Abb. 6.

[131] Leben Konstantins IV, 73. Deutsch v. J. M. Pfättisch, Kempten–München 1913 (Bibliothek der Kirchenväter, IX), S. 189.

[132] A. Grabar: La Main de Dieu, Cahiers archéologiques 14, 1964, S. 55 mit fig. 2.

[133] Kirigin, a. a. O. (Anm. 129), S. 53–54.

A. Aus der Antike übernommene Symbole 29

Szenen mit Abraham, Moses, Elias und Ezechiel das Eingreifen Gottes in Gestalt seiner Hand wiedergeben. Dabei wird vom biblischen Text das Motiv nicht gefordert, das für den Künstler mithin nur die Gegenwart Gottes bezeugt. Andererseits ist im Alten Testament [134] von der Hand Gottes vielfach die Rede. „Mächtig", „allmächtig" und „siegreich" erscheint sie in Texten, in denen sie auch den Gläubigen hilfreich, den Feinden verderblich bezeugt wird. Daß dies nicht allein literarischer Topos, sondern im weiteren Umkreis der Juden auch sichtbares Bild war, erkennt man auf einem Relief [135] vom Obelisken Tiglatpilesers I. aus der Zeit um 1100 v. Chr. Aus Ninive stammend (und heute im British Museum in London), zeigt es den König von Assur, dem die Gefangenen huldigen. Über dem Herrscher sieht man zwei Hände, die aus einer Sonnenscheibe herausragen. Die eine Hand trägt Pfeil und Bogen für den König, die andere ist ihm flach entgegengestreckt, um ihn zu segnen. Damit ist erwiesen, daß die Hand als Symbol Gottes aus dem Alten Orient stammt. Konstantin muß, auf welchem Wege auch immer, entsprechende Werke der Heiden oder der Juden gesehen haben. Erstaunlicherweise ist seine Verwendung des Bildes zum Ruhme des Herrschers vereinzelt geblieben. Die Christen bevorzugten nach ihm die alt- und die neutestamentlichen Szenen, auf denen die Hand nun die göttliche Macht offenbar macht.

Abrahams Opfer zu hindern, erscheint die Hand Gottes um 400 auf einem Elfenbein in Berlin [136], im 6. Jh. auf einem Mosaik in Ravenna [137]. Die Berufung des Moses wird auf der Lipsanothek in Brescia [138] durch die riesige Hand dargestellt, im 6. Jh. in der Wiener Genesis [139] Adams Vertreibung aus dem Paradies durch die Hand Gottes befohlen. Gottes Hand nimmt wohlgefällig das Opfer Abels und Melchisedeks an (Mosaik in S. Vitale in Ravenna) [140] und erscheint segnend über dem opfernden Melchisedek auf dem Klosterneuburger Altar [141] (1181). Auf der Hildesheimer

---

[134] Kirigin, a. a. O. (Anm. 129), S. 58 u. 62 (Psalm 136, 12. Weisheit Salomos 11, 17 und 10, 20 und 5, 17. Psalm 18, 36; 21, 9; 44, 3).

[135] A. Parrot: Assur. Die mesopotamische Kunst vom XIII. vorchristlichen Jahrhundert bis zum Tode Alexanders des Großen, München 1961 (Universum der Kunst, 2), S. 35 m. Abb. 40 c. Die Beziehung zwischen der assyrischen und der christlichen Hand Gottes bereits erkannt von H. Schrade: Der verborgene Gott, Stuttgart 1949, S. 218 m. Abb. 39 u. 40.

[136] Volbach, Taf. 95.

[127] Volbach, Taf. 159.

[138] Volbach, Taf. 88 oben.

[139] H. Gerstinger: Die Wiener Genesis, Wien 1931, Taf. 1 und 2.

[140] Volbach, Taf. 160.

[141] LCI 3, 1971, Abb. auf Sp. 242.

30   I. Symbole aus frühchristlicher Zeit

Bronzetür[142] (Abb. 3) sieht man Gott in Gestalt einer ausgestreckten Hand
das Opfer Abels akzeptieren.

Aus dem Neuen Testament ist es die Taufe Christi, die erstmals Gottvaters Erscheinen in Gestalt seiner Hand provoziert. Im Osten sind solche
Darstellungen seit dem 6. Jh.[143] bekannt, im Westen gibt es sie nicht vor
dem 9. Jh.[144]. Auch die Verklärung wird auf dem ravennatischen Mosaik
von S. Apollinare in Classe[145] (Abb. 1) durch die Hand Gottvaters berei-
chert, ohne daß dazu der biblische Text genötigt hätte. Wenn seit dem
9. Jh. sogar bei der Kreuzigung Christi die Hand seines Vaters über dem
Toten gezeigt[146] wird, so ist dies wohl weniger als Bestätigung des Sieges[147] oder Einverständnis mit dem Opfer[148] zu deuten, sondern menschlicher als Erhörung von Jesu Gebet: „Vater, ich befehle meinen Geist in
deine Hände" (Lukas 23, 46).

Nicht auszuschließen ist, daß die Hand Gottes bis zur Jahrtausendwende
deshalb besonders oft dargestellt wurde, weil man dadurch das Bilderver-
bot (2. Mos. 20, 4) umgehen konnte und keine ganzfigurige Wiedergabe
Gottvaters zu wagen brauchte. Als man seit dem 11. Jh. solche Skrupel
nicht mehr kannte[149], kam die Hand Gottes in der Kunst aber nicht außer
Gebrauch. Vielmehr sieht man sie nun sogar bei der Verkündigung an
Maria zum erstenmal[150], darüber hinaus auch auf Reliefs von Taufen durch
Johannes und Petrus (Taufbecken des Rainer von Huy in Lüttich[151],
1107–1118). Der Bischof Udo von Hildesheim († 1114) ließ auf sein Grabmal[152] zwischen die Evangelistensymbole das Lamm Gottes setzen, das

[142] H. Swarzenski: Monuments of Romanesque Art, London ²1974, fig. 107:
1015.

[143] Schiller 1, Abb. 356 (Rabula-Codex in Florenz, Bibl. Laurenziana, Cod.
Plut. 1, 56, fol. 4 b).

[144] Schiller 1, Abb. 366 (Elfenbein der Liuthargruppe in Antwerpen, Museum
Mayer van den Bergh).

[145] Volbach, Taf. 173.

[146] Zum Beispiel auf dem Elfenbein, das heute auf dem Deckel des Perikopen-
buchs Heinrichs II. montiert ist: München, Bayer. Staatsbibliothek, Cod. lat. 4452:
Schiller 2, Abb. 365.

[147] Schiller 2, S. 123.

[148] Kirigin, a. a. O. (Anm. 129), S. 181.

[149] A. Krücke: Über einige angebliche Darstellungen Gott-Vaters im frühen
Mittelalter, Marburger Jahrbuch für Kunstwissenschaft 10, 1937, S. 5–36.

[150] Landesmuseum Münster. Kunst und Kulturgeschichte. Eine Auswahl, Münster 1968, S. 118–119: Relief aus Walroßzahn, 2. Hälfte des 11. Jahrhunderts.

[151] Ausstellungskatalog: Rhein und Maas. Kunst und Kultur 800–1400, Köln
1972, Nr. G 1.

[152] RDK 6, 1973, Sp. 536 mit Abb. 17 auf Sp. 544.

A. Aus der Antike übernommene Symbole 31

den Kreuznimbus trägt und das von der göttlichen Hand den Segen empfängt. Und noch bei der Neuschöpfung des konstantinischen Apsismosaiks in Alt-St. Peter [153] hat man nicht auf die Hand Gottes verzichtet, die über dem thronenden Christus erscheint (unter Papst Innozenz III., 1198–1216).

Über diese gewissermaßen traditionellen Anlässe hinaus hat man es im Mittelalter aber auch gelegentlich gewagt, einen ausgezeichneten Menschen – sei er Heiliger oder Herrscher – unmittelbar mit der Hand Gottes zu konfrontieren. Auf dem karolingischen Goldaltar in Mailand [154] ist es zwar nur die Seele des Ambrosius, die in Gestalt eines Kopfes zu der segnenden Hand Gottes getragen wird. Aber im Aachener Ottonenevangeliar [155] wird um 990 König Otto III. wie ein Christus, von Evangelistensymbolen umgeben, von der riesigen Hand Gottes gekrönt. Und noch am Ende des 12. Jh. ist es Wilhelm II., der sich auf einem Mosaik im Dom von Monreale [156] als königlicher Stifter der Kirche darstellen läßt, der von der Hand Gottes gesegnet wird.

Fast immer ist es die rechte [157] Hand Gottes, die Segen wie Fluch austeilt. Auch beim Griff ans Handgelenk und natürlich beim Handschlag wird die Rechte bevorzugt. Dies ist nur natürlich, denn schon die Antike verabscheut das Linke und lobt alles Rechte [158]: „In der Antike wird Rechts mit allem identifiziert, was groß, stark, ehrenvoll, gut oder göttlich ist, während Links synonym für alles Geringe, Schwache, Niedrige, Böse und Dämonische gebraucht wird."

Rechts und Links

Außer der rechten und linken Hand ist es vor allem die rechte und linke [159] Seite, die in der Kunst als symbolisch gilt. Hierbei muß man beachten, daß die Seitenverteilung nicht vom Betrachter, sondern vom Gott oder

---

[153] St. Waetzoldt: Die Kopien des 17. Jh. nach Mosaiken und Wandmalereien in Rom, Wien–München 1964 (Römische Forschungen der Bibliotheca Hertziana, XVIII), Abb. 490.

[154] de Chapeaurouge, a. a. O. (Anm. 51), S. 28 m. Abb. 8.

[155] E. G. Grimme: Das Evangeliar Kaiser Ottos III. im Domschatz zu Aachen, Freiburg–Basel–Wien 1984, S. 15–16.

[156] Kirigin, a. a. O. (Anm. 129), S. 208.

[157] Kirigin, a. a. O. (Anm. 129), S. 106–107 und 212 vermutet, daß die gelegentlich vorkommende linke Hand Gottes im christlichen Bereich ohne Bedeutung ist.

[158] O. Nussbaum: Die Bewertung von rechts und links in der römischen Liturgie, Jahrbuch für Antike und Christentum 5, 1962, S. 158.

[159] LCI 3, 1971, Sp. 511–515: Rechts und links.

32   I. Symbole aus frühchristlicher Zeit

vom Mächtigsten aus einsetzt, der im Bild gezeigt wird. Man rechnet also
nicht von der Bildmitte [160] aus, sondern stellt sich die Hauptperson wirklich präsent vor. Von ihr aus bewertet man rechts oder links. Im christlichen Kultus verteilt man die Seiten der Kirche [161] entsprechend vom
Standort des Bischofs, mithin von der Apsis aus. Danach ist dann rechts die
bevorzugte Seite, von der aus der Priester das Evangelium verliest, während
von der linken Seite „nur" die Episteln (also die Briefe des Neuen Testaments) gelesen werden dürfen. Der in die Kirche Eintretende und auf die
Apsis Zuschreitende hat logischerweise die Evangelienseite zur Linken, die
Epistelseite zur Rechten. Er muß sich also umdrehen, um die „richtige"
Position einzunehmen.

Diese Bewertung ist ständig im Kopf zu behalten, wenn man das Rechts
und das Links in der christlichen Kunst als Symbol auch ernst nehmen will.
Die wichtige Stelle, an der Christus das Jüngste Gericht meint (Matth.
25, 33: „und wird die Schafe zu seiner Rechten stellen und die Böcke zur
Linken"), ist schon um 300 auf einem Sarkophagdeckel in New York [162]
veranschaulicht worden. Hier nehmen die Bilder des Jüngsten Gerichts
ihren Anfang, wobei seit dem 9. Jh. [163] die Seligen und die Verdammten die
Schafe und Böcke ersetzen. Bestimmend bleibt stets, daß Christus als Gott
die Achse markiert, von der zur Rechten die Guten, zur Linken die
Schlechten sich finden.

Wenn nun das Kreuz als Symbol die Christusgestalt ersetzt, gilt auch hier
das Rechts und Links vom Kreuz aus. Auf dem schon erwähnten Sarkophag aus der Mitte des 4. Jh. im Lateranmuseum [164] sind es die Wächter am
Kreuz, die sich schon hier frappant unterscheiden: der eine zur Rechten des
Kreuzes blickt wachsam empor, der andre zur Linken bleibt schlafend zu-
sammengekauert. Der eine zur Rechten ist so als Erlöster bezeichnet, der
andere aber wird ewig verdammt.

Wichtig wird dann vor allem, wer rechts und wer links vom Gekreuzig-
ten auftreten darf. Hier ist schon die Holztür bedeutsam, die um 430 für
S. Sabina in Rom [165] geschaffen wurde. Wo Christus als Riese bis in den
Giebel des Hauses hinaufreicht, da reichen die Schächer ihm knapp bis zum
Brustkorb. Der rechte jedoch ist als Guter besonders bezeichnet, denn über
ihm sieht man im Giebel ein Fenster. Damit ist andeutungsweise gesagt,

[160] Wie fälschlich im LCI 3, 1971, Sp. 512 behauptet.
[161] Nussbaum, a. a. O. (Anm. 158), S. 168.
[162] LCI 1, 1968, Sp. 314–315: hier auch weitere Beispiele des 6. und 9. Jh.
[163] B. Brenk: Tradition und Neuerung in der christlichen Kunst des ersten Jahr-
tausends. Studien zur Geschichte des Weltgerichtsbildes, Wien 1966, S. 118–120.
[164] Dinkler, a. a. O. (Anm. 63), S. 59.
[165] Schiller 2, Abb. 326.

A. Aus der Antike übernommene Symbole   33

daß er „heute mit mir im Paradiese sein" wird, wie Jesus ihm versprochen
hatte (Lukas 23, 43). Dieser Postierung der Schächer entspricht die Platz-
verteilung für Maria und Johannes, wie sie erstmals auf der Malerei eines
Kästchens im Vatikanischen Museum[166] zu finden ist. Früher ins 6. Jh. datiert, scheint sich heute eine jüngere Ansetzung ins 7. bis 8. Jh.[167] durchzu-
setzen. Hier steht Maria zur Rechten des Sohnes, Johannes zur Linken.
Diese Bevorzugung der Mutter vor dem Lieblingsjünger wird jahrhundertelang beibehalten, bis Roger van der Weyden beide auf die rechte Seite
versetzte[168], um auf der linken Platz für die Stifter zu schaffen.

Schon dieses Beispiel beweist, daß „zur Linken" nicht der stehen muß,
der schlecht oder bösartig ist. Vielmehr kann die Seitenverteilung ein Zeichen des Rangunterschieds sein, so daß dann der „Rechte" der Höherstehende ist. Auf Kreuzigungsbildern erscheinen zur Rechten von Christus
auch häufig[169] die Kirche als Frau und die Sonne als Büste, zur Linken entsprechend Synagoge und Mond. Man glaubte im Mittelalter[170], daß der
Mond sein Licht von der Sonne erhalte, so daß ihm der schlechtere Platz
zukam.

Auch biblische Stellen hat man entsprechend verwertet, wobei allerdings
eine Umdeutung notwendig war. So heißt es in Psalm 110, 1: „Der Herr
sprach zu meinem Herrn: 'Setze dich zu meiner Rechten, bis ich deine
Feinde zum Schemel deiner Füße lege.'" In der Illustration des Utrecht-
Psalters[171] (um 830) sind aus diesen „Herren" Gottvater und Christus
geworden, wobei der am Kreuznimbus kenntliche Sohn zur Rechten des
Vaters sitzt und arianische Ketzer als „Feinde" am Boden liegen. Im 12. Jh.
erfand man in Weiterentwicklung des Hohelied-Themas von Sponsus und
Sponsa das heilige Brautpaar Christus–Maria. Zur Darstellung von Mutter
und Sohn berief man sich auf ein vorzügliches Beispiel, und zwar auf die
Bathseba mit ihrem Sohn Salomo. Von diesen heißt es in 1. Könige 2, 19:
„Und der König . . . setzte sich auf seinen Stuhl. Und es ward der Mutter
des Königs ein Stuhl gesetzt, daß sie sich setzte zu seiner Rechten." Ent-

---

[166] LCI 3, 1971, Sp. 513.

[167] Schiller 2, S. 102–103, Abb. 329.

[168] E. Panofsky: Early Netherlandish Painting, Icon Edition, New York 1971,
S. 266–267, fig. 322.

[169] Zum Beispiel auf einem Elfenbein der Metzer Schule aus dem frühen 10. Jh.
(Paris, Bibliothèque Nationale. Ms. lat. 9453): Schiller 2, Abb. 371.

[170] H. von Eicken: Geschichte und System der mittelalterlichen Weltanschauung,
Stuttgart 1887, S. 381 und 401 mit Texten von Papst Innozenz III. und Kaiser Friedrich II.

[171] Utrecht, Universitätsbibliothek, Ms. 32, fol. 64 v (LCI 1, 1968, Sp. 529,
Abb. 8).

34   I. Symbole aus frühchristlicher Zeit

sprechend ist auf dem Mosaik in der Apsis von S. Maria in Trastevere in
Rom, wo das Thema nach 1138[172] zum erstenmal auftaucht, das thronende
Brautpaar so wiedergegeben, daß Christus die Mutter, die Nimbus und
Krone trägt, zu seiner Rechten postiert hat. Dabei ist die Sponsa hier auch
noch die Kirche, mit der sich der christliche König aufs neue vereinigt,
nachdem es Papst Innozenz II. gelungen war, die Herrschaft des Gegen-
papstes zu brechen.

Daß solche Verteilung auf rechts oder links dem historischen Wandel
genauso gehorcht wie alles von Menschen Fixierte, beweist das Deesis-
Thema. Hierbei wird der thronende Christus von Maria und Johannes umgeben, allerdings in Byzanz nach den Regeln des höfischen Zeremoniells.
Daher sieht man Maria zur Linken des Sohnes erscheinen, und im 10. Jh.
folgen auch westliche Bilder[173] dem Schema des Ostens. Erst allmählich wird
hier die Verteilung der Seiten nach dem Vorbild der Kreuzigung bindend,
und Maria erhält nun die Stelle zur Rechten. So sind auf dem Dom-Lettner
in Mainz[174] von der Hand des Naumburger Meisters (1243 geweiht) die
Figuren nach westlichem Beispiel geordnet: zur Rechten des thronenden
Christus beim Jüngsten Gericht[175] kniet verschleiert Maria, zur Linken
bittflehend Johannes. Im Gegensatz zur Kreuzigung handelt es sich hier
aber nicht um Johannes den Jünger, sondern um Johannes den Täufer.

Marias Bevorzugung rührt von ihrer Rolle als Mutter des göttlichen
Christus her, nicht von ihrer Stellung als Frau. Denn als solche gebührte ihr
nach christlicher Wertung genauso die schlechtere Stelle, wie sie der Eva im
Verhältnis zu Adam zukommt. So sieht man in San Marco (Venedig) auf
dem Mosaik aus dem 12. Jh.[176], wie Gott die Schlange verflucht und unter
ihm Adam und Eva knien. Selbst im Status der Sünde gebührt aber Adam
die Seite zur Rechten, während Eva zur Linken erscheint. Dementsprechend sind es auf Stifterbildern immer die Männer, die rechts von Christus

---

[172] U. Nilgen: Maria Regina – Ein politischer Kultbildtypus? Römisches Jahrbuch für Kunstgeschichte 19, 1981, S. 1–33.

[173] LCI 1, 1968, Sp. 497.

[174] H. von Einem: Der Mainzer Kopf mit der Binde, Köln–Opladen 1955 (Ar-
beitsgemeinschaft für Forschung des Landes Nordrhein-Westfalen, Geisteswissenschaften, 37), S. 34–35, Abb. 36.

[175] Auf den Darstellungen des Jüngsten Gerichts ist dies die normale Verteilung.
Mit der Neuzeit setzen auch die Bilder des Herkules am Scheideweg ein, auf denen
der Held zwischen Tugend (zu seiner Rechten) und Laster (zu seiner Linken) zu ent-
scheiden hat. Vgl. als bekanntestes Beispiel das Gemälde von Annibale Carracci in
Neapel von ca. 1596: P. J. Cooney–G. Malafarina: L'opera completa di Annibale
Carracci, Milano 1976 (Classici dell'Arte, 87), Nr. 86.

[176] LCI 1, 1968, Sp. 57, Abb. 3.

A. Aus der Antike übernommene Symbole   35

den Ehrenplatz halten. Der Portinari-Altar des Hugo van der Goes[177] in
den Uffizien aus den 1470er Jahren verteilt die Geschlechter nach dem übli-
chen Schema: da Christus als Kind die Mitteltafel beherrscht, sind zu seiner
Rechten nur Männer zu sehen. Vor den heiligen Antonius und Thomas
knien der Stifter Tommaso Portinari und seine Söhne. Zur Linken von
Christus sind es die Stifterin und ihre Tochter, die vor die heiligen Maria
Magdalena und Margareta gesetzt sind. Ebenso zeigt Holbein der Ältere
auf einem Votivbild von 1508[178] in Augsburg den Weinhändler Schwarz
mit seinen vielen Söhnen zur Rechten Gottvaters, die Frauen und Töchter
zur Linken. Dabei sind auch Christus zur Rechten und Maria zur Linken
Gottvaters postiert, um ihren Rang dadurch kenntlich zu machen und um
auch die Sterblichen gleichen Geschlechts zu beschützen. Und noch das
›Tischgebet‹ des hugenottischen Abraham Bosse[179] von ca. 1635, das den
Hausvater und seine Familie wie Christus und die 12 Apostel beim
Abendmahl versammelt zeigt, verteilt Männer und Frauen genau zur Rechten und zur Linken des Vaters.

Wenn man erst die Feinheiten wiedererkennt, mit denen die Künstler
Personen nach rechts oder links hin gesetzt haben, versteht man auch besser
den Sinn manches Bildes. Zum Beispiel wird deutlich, daß ein Mosaik aus
dem Ende des 8. Jh.[180] Papst Leo III. bevorzugt, weil er nur zur Rechten
des Petrus erscheint. Der Kaiser (damals noch König) Karl d. Gr. zur Linken ist deutlich im Nachteil, was sich durch den Ort dieses Bildes erklärt.
Es befand sich in der Residenz der Päpste, im römischen Lateran. Genauso
parteiisch hat Andrea Orcagna im Florenz des Trecento ein Altarbild[181]
gemalt, auf dem Christus dem rechts von ihm knienden Thomas von Aquin
ein Buch, dem links von ihm knienden Petrus die Schlüssel verleiht. Die
Zurücksetzung Petri war möglich und nötig, weil Thomas als Dominikaner
in der Kirche seines Ordens, in S. Maria Novella, besonders geehrt werden
sollte. Auch Cesare Ripa verdeutlicht in seiner Beschreibung von ›Autorität
oder Macht‹ 1603[182] den Vorrang der geistlichen Macht durch die rechte

---

[177] K. Arndt: Hugo van der Goes. Der Portinari-Altar, Stuttgart 1965 (Werkmonographien, 105).

[178] Ausstellungskatalog: Hans Holbein der Ältere und die Kunst der Spätgotik,
Augsburg 1965, Nr. 44.

[179] A. Blum: L'œuvre gravé d'Abraham Bosse, Paris 1924, Nr. 1048.

[180] P. E. Schramm: Die deutschen Kaiser und Könige in Bildern ihrer Zeit
751–1190, Neuauflage München 1983, S. 36–38, Kat Nr. 7, Abb. S. 277–282.

[181] M. Meiss: Painting in Florence and Siena after the Black Death, Princeton
1951, S. 10, Abb. 1.

[182] Ausstellungskatalog: z. B. Stühle. Ein Streifzug durch die Kulturgeschichte
des Sitzens, Gießen 1982 (Werkbund-Archiv, 8), S. 36 mit Abb. auf S. 84.

36   I. Symbole aus frühchristlicher Zeit

Hand, in welcher die thronende Frau die Schlüssel erhebt, während das
Zepter der weltlichen Macht von der linken geführt wird. Selbst Shakespeare[183] entspricht dieser Regel, indem er zur Rechten des Throns die
geistlichen Herren, zur Linken die weltlichen Platz nehmen läßt. Doch
Hobbes vertritt 1651 das gegenteilige Schema. Sein Leviathan[184], der riesige Staatsmann, führt in der Rechten das Schwert, in der Linken den Stab
eines Bischofs. Damit hat die weltliche Macht vor der Geistlichkeit Vorrang.

Zuletzt gilt die Symbolik von rechts und links natürlich auch für die
rechte und linke Hand. Der Segensgestus, bei dem es umstritten[185] ist, ob
er wirklich segnend oder nur Hoheit verkörpernd gemeint ist, wird nur mit
der Rechten vollführt. Die Geste bedeutet ursprünglich das Sprechen[186],
das sie auch auf christlichen Bildern vielfach veranschaulicht. Sehr selten
sind rechte und linke Hand Gottes gemeinsam gestaltet, wie auf einem
Fresko in St. Jakob zu Grissian[187] um 1200. Das Opfer Kains und Abels ist
hier wiedergegeben, und segnend erscheint über Abel die göttliche Rechte,
die auch noch den Kreuznimbus trägt. Kains Garbe wird nicht nur verworfen, vielmehr ist der Fluch angezeigt durch die Linke, die auch noch zur
Faust sich geballt hat. Die Rechte teilt sonst für die Guten Belohnungen
aus, wie die Linke entsprechende Strafen. So trägt Dürers ›Nemesis‹[188], als
Göttin Gerechtigkeit übend, das Zaumzeug zur Zähmung der Bösen in
ihrer linken Hand, jedoch den Pokal als Belohnung der Guten in ihrer
rechten.

Die linke Hand, die wesentlich seltener einzeln als negatives Symbol in
Erscheinung tritt, soll hier durch einige Beispiele veranschaulicht werden.
So drückt etwa Sauls Tochter Michal ihren Spott über David mit Hilfe der
Linken aus, die sie gegen den Heimkehrenden erhebt (auf einer deutschen
Miniatur des 14. Jh.)[189]. Und im 18. Jh. wird mehrfach das Negative in

---

[183] King Richard II, IV, 1.

[184] M. Corbett–R. Lightbown: The comely frontispiece. The emblematic title-
page in England 1550–1660, London 1979, S. 218–230.

[185] Th. Michels: Segensgestus oder Hoheitsgestus? Ein Beitrag zur christlichen
Ikonographie, Festschrift für Alois Thomas, Trier 1967, S. 277–283. E. Schürer von
Witzleben: Die Segensgeste, Bedeutung und Verfall von der frühchristlichen Kunst
bis zur Renaissance, Symbolon, N. F. 1, 1972, S. 139–166.

[186] W. Artelt: Die Quellen der mittelalterlichen Dialogdarstellung, Berlin 1934
(Kunstgeschichtliche Studien, III), S. 77.

[187] LCI 3, 1971, Abb. in Sp. 513–514.

[188] E. Panofsky: Das Leben und die Kunst Albrecht Dürers, München 1977,
S. 109–110, Abb. 115.

[189] St. Gallen, Bibl. Vadiana, Cod. 302, fol. 172 v (LCI 1, 1968, Sp. 481, Abb. 3).

A. Aus der Antike übernommene Symbole   37

Gestalt der Linken verkörpert. Bei Hogarth[190] ist es ein Einäugiger, der mit
der Linken auf die Bibel schwört: der Schwur ist nicht bindend. Piranesi
verspottet den Kritiker Mariette als Laien, indem er seine linke Hand auf
dem Titelblatt eines Pamphlets[191] wiedergibt. Blake schließlich verachtet
die Schöpfer und Deuter der Welt, die alles vermessen und deshalb den Zirkel benutzen. Daher führen der Alte der Tage[192] ebenso wie Newton[193] bei
ihm den Zirkel mit der Linken.

Die Französische Revolution hat die Bedeutung von rechts und links
nicht verändert. So zeigt Regnault auf seinem Gemälde[194] (Abb. 4) in
Hamburg (1793/94 entstanden) den Genius Frankreichs inmitten des Bildes. Zur Linken von ihm sitzt niedrig auf einer Wolke das verhüllte Skelett,
das den Tod (und darüber hinaus den Gott der Zeit) meint. Zur Rechten
thront höher die Personifikation der französischen Republik, die Freiheit,
Gleichheit und Brüderlichkeit in Symbolen verkörpert. Die Wahl des Betrachters für die rechte Figur soll sichtlich beeinflußt werden. Aber am
maßstabsetzenden Rang des Genius, von dem aus rechts und links erst gelten, hat Regnault nicht gerüttelt.

Erst im 19. Jh. versteht man nicht mehr, daß die Seitenverteilung im Bild
von dem Gott oder Herrscher bestimmt wird, der selber die Mitte markiert.
Sogar Friedrich Overbeck, ein sicher ganz Konservativer, ist nicht mehr
imstande, das Rechts und das Links auf christlichen Bildern exakt zu beachten. Obwohl er sich Raffael und Dürer als Vorbild genommen und fast zehn
Jahre daran gearbeitet hat, ist der ›Triumph der Religion in den Künsten‹[195], der 1840 fertiggestellt worden ist, nach symbolischem Maßstab
verfehlt zu nennen. Denn die Mitte ist deutlich durch Christus bestimmt,
der oben im Schoß seiner Mutter erscheint. Von ihm aus zur Rechten sind
auf den Wolken nur alttestamentliche Menschen zu sehen, zur Linken jedoch die Personen des Evangeliums und die Heiligen. Das wäre undenkbar
bei einem der älteren Künstler, für den selbstverständlich die Seitenverteilung nur umgekehrt sinnvoll gewesen wäre. Genauso ist auch zu bemän-

[190] R. Paulson: Hogarth's Graphic Works, Revised Edition, New Haven–London 1970, Nr. 177 (Industry and Idleness, 1747).
[191] R. Wittkower: Piranesi's 'Parere su l'architettura', Journal of the Warburg
Institute 2, 1938/39, S. 151, Pl. 27a.
[192] Ausstellungskatalog William Blake 1757–1827, Hamburg 1975, Nr. 35.
[193] A. Stolzenburg: Freiheit oder Tod – Ein mißverstandenes Werk Jean Baptiste
Regnaults? Wallraf-Richartz-Jahrbuch 48/49, 1988, S. 463–472.
[194] Ausstellungskatalog: Goya. Das Zeitalter der Revolutionen 1789–1830, Hamburg 1980/81, Nr. 322.
[195] Ausst.-Kat.: Die Nazarener, Frankfurt a. M. 1977, Nr. F 19. M. Howitt:
Friedrich Overbeck, sein Leben und Schaffen, 2, Freiburg i. Br. 1886, S. 61–72.

38   I. Symbole aus frühchristlicher Zeit

geln, daß hier in der unteren Zone der Kaiser zur Rechten, der Papst nur zur Linken gemalt ist. Ein Blick bloß auf Dürers ›Rosenkranzfest‹ von 1506 [196] kann beweisen, daß jeder christliche Maler den geistlichen Herrscher bevorrechtigt hätte. Der Vorwurf der mangelnden Einsicht ist freilich der Zeit und nicht dem Künstler zu machen. So zeigt sich erneut, daß Symbole nicht ewig bestehen und daß in der Zeit um 1800 ein entscheidender Einschnitt erfolgt ist.

Sitzen und Stehen

So wie bei der Seitenverteilung durch rechts oder links eine Rangfolge sichtbar gemacht wird, gilt auch für das Sitzen und Stehen dasselbe. Schon im antiken Bereich erkennt man den Gott oder Herrscher am Sitzen, wobei ihm der Stehende untergeordnet erscheint. Auf dem Parthenonfries [197] in Athen sieht man thronend die Götter, aber stehend Heroen. Ebenso ist es Zeus, der sitzend die stehende Hera ergreift, um mit ihr die Heilige Hochzeit zu feiern (auf einem Relief aus Selinunt) [198]. Auf römischen Münzen des Vespasian und des Domitian [199] wird der Tempel des Juppiter Capitolinus gezeigt mit den Statuen der höchsten drei Götter. Doch neben dem thronenden Juppiter sitzen zu dürfen ist weder Juno als Gattin noch Minerva als Tochter vergönnt, und so erscheinen die beiden stehend.

Solche Rangunterschiede werden auch von den Christen beachtet, doch suchte man früh schon – im 9. Jh. – das Sitzen und Stehen symbolisch vertieft zu erklären. So deutet Rabanus Maurus den Widerspruch zwischen Berichten des Markus (16, 19) und Stephanus (Apostelgesch. 7, 55) über die Himmelfahrt Christi [200]: „Was ist es, daß Markus sagt: er sitzet zur rechten Hand Gottes. Stephanus sagt: ich sehe den Himmel offen und des Menschen Sohn zur Rechten Gottes stehen. Was ist es, daß Markus bezeugt, er habe ihn sitzen sehen, Stephanus aber, er habe ihn stehen sehen? Wir wissen es doch: weil das Sitzen Zeichen des Richters ist, das Stehen aber das des Kämpfers oder Helfers."

Ob diese Deutung bei jedem Bilde des thronenden Christus haltbar ist,

[196] Panofsky: Dürer, a. a. O. (Anm. 188), S. 146–151, Abb. 148.
[197] F. Brommer: Die Parthenon-Skulpturen. Metopen – Fries – Kultbild, Mainz 1979, S. 36.
[198] Neumann, a. a. O. (Anm. 117), S. 66–67, Abb. 31.
[199] Ausstellungskatalog: Bauten Roms auf Münzen und Medaillen, München 1973, S. 49–50.
[200] PL 110, 235. Die Stelle kunsthistorisch ausgewertet von H. Schrade: Zur Ikonographie der Himmelfahrt Christi, Vorträge der Bibliothek Warburg 1928–29, Leipzig–Berlin 1930, S. 179.

A. Aus der Antike übernommene Symbole   39

bleibt fraglich. Sicher ist nur, daß der Sitzende jeweils der Mächtigste ist und daß die Stehenden ihm assistieren. Dies bezeugen sowohl im profanen wie auch im sakralen Bereich bereits zwei Werke der Mitte des 4. Jahrhunderts. In dem Kalender von 354 (der uns nur in Nachzeichnungen vorliegt) sind die regierenden Konsuln des Jahres[201] zwar beide nimbiert, doch thront auf kurulischem Sessel allein der „Augustus" Konstantius II. Der andere Konsul ist Caesar Gallus, der seinem Kollegen im Stehen die Siegesgöttin zu reichen hat. Ebenso herrscherlich sitzt auch der Christus im mittleren Feld des vatikanischen Sarkophags des Junius Bassus[202] († 359) (Abb. 5). Der Gott ist als Kosmokrator gegeben, denn er gibt seinen Jüngern auf Erden, die neben ihm stehen, die Schriften mit seinen Geboten und tritt auf den ausgebreiteten „Himmel", den Coelus als Dienstmann unter ihm ausspannt.

Im 6. Jahrhundert ist es tatsächlich der richtende Christus, der als Thronender zwischen den stehenden Engeln (den Beisitzern) gezeigt wird. Er scheidet die Schafe und Böcke. Damit er nicht gegenüber den assistierenden Engeln als Sitzender zu klein aussieht, sind die Köpfe nahezu in dieselbe Höhe gerückt (Ravenna, Sant'Apollinare Nuovo)[203]. Diese aus dem Hofzeremoniell entlehnte Form der Gottesdarstellung wurde im Mittelalter wieder auf das Herrscherbild übertragen. So umstehen den riesig thronenden Otto III. in dem Münchner Evangeliar 4453[204] geistliche und weltliche Würdenträger, als solche auch wieder zur Rechten und Linken des Kaisers deutlich geschieden (Abb. 11). Und in der Fuldaer Welfenchronik aus dem Ende des 12. Jh.[205] überragt selbst im Sitzen der thronende Kaiser Friedrich I. seine stehenden Söhne.

Die kirchlichen Werke des 12. und 13. Jh. benutzen das Schema des Stehens und Sitzens, um ihrerseits deutlich die Rangunterschiede zu zeigen. So ist es in Andlau[206] der thronende Christus, der an den Petrus zu seiner Rechten den Schlüssel, an Paulus zu seiner Linken das Buch übergibt, wobei die Apostel im Stehen die Gabe empfangen. Auf der Gnadenpforte am

[201] H. Stern: Le calendrier de 354, Étude sur son texte et sur ces illustrations, Paris 1953 (Institut Français d'Archéologie de Beyrouth, Bibliothèque Archéologique et Historique, LV), S. 152–167.

[202] Schiller 3, Abb. 528.

[203] Volbach, Taf. 151.

[204] Auf fol. 24r: Schramm, a. a. O. (Anm. 180), S. 84–85, Kat. Nr. 110, Abb. 5. 362–363.

[205] Fulda, Hessische Landesbibliothek, Cod. D 11: R. Hootz: Deutsche Kunstdenkmäler. Ein Bildhandbuch: Baden-Württemberg, Darmstadt 1959, Taf. 334.

[206] R. Budde: Deutsche romanische Skulptur 1050–1250, München 1979, Taf. 141.

40   I. Symbole aus frühchristlicher Zeit

Bamberger Dom[207] thront in der Mitte Maria mit Christus auf dem Schoß und überragt die stehenden Figuren von Petrus und Georg zu ihrer Rechten ebenso wie Heinrich und Kunigunde zu ihrer Linken. Wie im Kalender von 354 gibt es auch im Mittelalter die Gegenüberstellung von thronendem Herrscher und stehendem Untertan. So investiert Kaiser Heinrich III. den heiligen Anno von Köln mit dem Amt des Bischofs, indem er vom Thron aus dem stehenden Kleriker das Zepter der weltlichen Herrschaft verleiht. Dies ist auf einem in Hamburg bewahrten Email[208] dargestellt (um 1160–70), während auf dem kurz darauf gefertigten Werk, dem Altar von Klosterneuburg (1181) der thronende Salomo[209] als König der stehenden Königin von Saba gegenübergestellt ist, wobei zwar beide bekrönt sind, der Vorrang des Sitzens jedoch nur dem Gastgeber zukommt.

Zwei spätere Bilder belegen, wie treffend die Deutung Rabanus' für Sitzen und Stehen sich ausnimmt, wenn auch nicht für Christus allein. Denn wirklich hat Cranach den sitzenden Paris als Richter gemalt, dem stehend Merkur assistiert beim Urteil im Wettstreit der Göttinnen (1530, Gemälde in Karlsruhe)[210]. Und noch Greuze läßt den sitzenden Pfarrer verlorene Unschuld beklagen und richten, wobei nur das Mädchen betroffen und schamhaft als einzige Beklagte im Stehen erscheint (Gemälde von 1782, St. Petersburg)[211].

Fußtritt

Während das Sitzen und Stehen zwar Rangunterschiede verdeutlicht, den niedriger Stehenden aber doch menschlich behandelt, ist dies nicht mehr der Fall bei einem Relikt des despotischen Orients. Seit trajanischer Zeit in die römische Kunst übernommen, haben auch Christen sich ohne Bedenken des Gestus bedient. Der Fußtritt[212] verkörpert brutal Unterdrückung des Feindes, wobei seine Tötung als ehrenhaft gilt. Der Sieger erscheint stets in Menschengestalt, der Besiegte kann Mensch oder Tier sein.

[207] Budde, a. a. O. (Anm. 206), Taf. 226–227.
[208] Ausstellungskatalog: Monumenta Annonis. Köln und Siegburg. Weltbild und Kunst im hohen Mittelalter, Köln 1975, Nr. H 1.
[209] LCI 4, 1972, Sp. 18, Abb. 6.
[210] J. Lauts: Katalog, Alte Meister bis 1800 (Staatliche Kunsthalle Karlsruhe), Karlsruhe 1966, S. 91, Nr. 109; Bildband, S. 28.
[211] A. Brookner: Greuze. The rise and fall of an eighteenth-century phenomenon, London 1972, S. 127.
[212] LCI 2, 1970, Sp. 67–69: Fußtritt.

A. Aus der Antike übernommene Symbole   41

Für heidnischen Kult war ein Relief des 3. Jh.[213] bestimmt, das über der kauernden Hybris (als kleine Figur) frontal die stehende Göttin Nemesis zeigt. Das „Stehen auf dem Überwundenen"[214] ist zu Recht als „Zeichen des totalen Sieges"[215] angesprochen worden. Die heidnische Formel, die im politischen wie im sakralen Bereich Anwendung fand, wurde ohne weiteres auch von Christen genutzt. So ist Kaiser Valens auf einer Münze von 364–367[216] zu sehen, wie er seinen Fuß auf den knienden Gefangenen setzt. Dabei wird wie auf dem Relief von Brindisi der Sieger als groß, der Besiegte als winzig geschildert. Die Umschrift bezeichnet die Tat als „das Heil für den Staat".

Besonders wichtig ist für die christliche Kunst der Psalmvers 91, 13 geworden, worin dem Frommen das Treten auf verschiedene Tiere versprochen wird. Der Text ergibt aber nur in lateinischer Fassung den richtigen Sinn für die Darstellungen, weil hier allein Aspis und Basilisk außer Löwe und Drache genannt sind (nach der Vulgata-Zählung ist es Psalm 90, 13). Alle vier Wesen sind erst im 8. Jh. gemeinsam versammelt, um auf einem Diptychon[217] als Besiegte von Christus für Sünde und Tod, Antichrist und den Teufel[218] zu stehen (Abb. 6). Löwe und Schlange allein mit Füßen zu treten, schien auch schon frühchristlichen Künstlern[219] ein passendes Bild für den siegreichen Christus.

Nachdem nun das Stehen auf Aspis und Basilisk (die beide phantastisch geschildert zu werden erlaubten) sich jahrhundertelang in der Kunst nur verbunden mit Christus hatte einbürgern können, wagt man es vom 13. Jh. an, auch Verstorbene in dieser Haltung[220] zu zeigen. Dabei ist die Nachahmung Christi gewiß ein entscheidender Ansporn, denn man suchte sich auch sonst[221] seit dieser Zeit dem gestorbenen Gott anzugleichen. Damit verband sich die Hoffnung, daß gleiche Erscheinung auf Erden auch gleiches Schicksal im Jenseits bedeute, der Mensch also auch wie schon Christus den Himmel verdiene.

---

[213] In Brindisi: B. Schweitzer: Dea Nemesis Regina, Jahrbuch des Deutschen Archäologischen Instituts 46, 1931, S. 175–246.

[214] Schweitzer, a. a. O. (Anm. 213), S. 214–217.

[215] E. Dinkler–von Schubert in LCI 2, 1970, Sp. 68.   [216] Münze, Abb. 703.

[217] Diptychon in Brüssel: Schiller 3, Abb. 70. Zum Thema vgl. Ph. Verdier: Dominus potens in praelio, Wallraf-Richartz-Jahrbuch 43, 1982, S. 35–106.

[218] RDK 1, 1937, Sp. 1148 (Deutung nach Honorius Augustodunensis in PL 172, 913–916).

[219] Schiller 3, Abb. 64 (Mosaik in Ravenna, Erzbischöfliche Kapelle, um 500).

[220] RDK 1, 1937, Sp. 1151.

[221] D. de Chapeaurouge: Die Rettung der Seele. Biblische Exempla und mittelalterliche Adaption, Vestigia Bibliae 2, 1980, S. 70.

42   I. Symbole aus frühchristlicher Zeit

Entsprechend dem Glauben der Zeit sieht man Erzbischof Siegfried III. von Eppstein († 1249) auf seinem Grabmal im Mainzer Dom[222] wie Christus als Herrn über Löwe und Drache. Befremdlicherweise wird hier der Verstorbene umrahmt von kleineren Königen (Heinrich Raspe und Wilhelm von Holland), denen er Kronen verleiht. Dabei ist erwiesen, daß dieser Bischof gerade die Krönungen nicht zelebriert hat. Die Anspielung auf solches Recht will also eher den Toten noch einmal mit Christus verbinden, weil er wie sein Gott über weltliche Herrscher gebietet und auch noch den Teufel besiegt.

Für den mittelalterlichen Menschen war das Treten auf Lebewesen dadurch sinnlich erfahrbar, daß vielfach in Kirchen die Böden mit Mosaiken[223] geschmückt waren. Hierbei sollten vornehmlich irdische Themen zur Darstellung kommen, um nicht die Menschen auf himmlische Wesen treten zu lassen. Trotzdem war es nötig, durch Mahnungen immer aufs neue die Einhaltung dieses Gebots zu erzwingen. Das Kreuz auf dem Boden zu zeigen, galt schon im 5. Jh. als Frevel, und Bernhard von Clairvaux verurteilte später[224] die Bilder von Heiligen wie die von Engelsgesichtern, wenn sie auf dem Boden der Kirche erschienen. Man duldete hauptsächlich alttestamentliche oder antike Figuren, woraus sich wohl auch schon erklärt, daß Labyrinthe[225] als Themen begegnen. Man glaubte dabei, das heidnische Bauwerk und Dädalus als seinen Schöpfer durch Fußtritte ständig zu schänden, weil man das Abbild naiv mit dem Bau und seinem Erbauer identifizierte.

Die oben erwähnte Zeichnung im Utrecht-Psalter (S. 33) gibt Christus zur Rechten des Vaters wieder, während zu Füßen der beiden arianische Ketzer erscheinen. Vergleichbare Werke hat man auch im Spätmittelalter geschaffen, von denen hier nur Filippino Lippis Triumph des Thomas von Aquin in der Carafa-Kapelle[226] in S. Maria sopra Minerva in Rom genannt sei. Zu Füßen des thronenden Dominikaners liegt als Besiegter der Erzketzer Averroës. Genauso brutal wird der Gegner im weltlichen Kampf an den Pranger gestellt, wie ein Fresko des 14. Jh. im Dogenpalast in Venedig,

---

[222] Ausstellungskatalog: Die Zeit der Staufer, Stuttgart 1977, Nr. 450, Abb. 251.

[223] E. Kitzinger: World man and fortune's wheel: A medieval mosaic floor in Turin, Proceedings of the American Philosophical Society 117, 1973, S. 344–373.

[224] Kitzinger, a. a. O., S. 344 (Codex Justinianus I, 8, 1 bzw. PL 182, 915).

[225] LCI 3, 1971, Sp. 2–4: Labyrinth. H. Kern: Labyrinthe, München 1982, S. 142: „Dargestellt wird die sündige, todgeweihte Welt." Vgl. S. 187, wo im Zusammenhang mit den Jericho-Labyrinthen diese Stadt als „Typus der heilsbedürftigen Sündenwelt" charakterisiert wird.

[226] A. Scharf: Filippino Lippi, Wien 1950, Abb. 76.

A. Aus der Antike übernommene Symbole 43

das 1474 ersetzt worden ist, beweist. Es zeigte den Kaiser Barbarossa zu Füßen des Papstes[227], der seinem Gegner den Fuß auf den Nacken setzte und sich mit dem Psalmvers bedachte: „Über Aspis und Basilisk wirst du schreiten." (91, 13). Auch der David, den Donatello um 1440 für die Medici in Florenz[228] nach der Festigung ihrer Herrschaft entwarf, tritt auf den abgeschlagenen Kopf Goliaths, der das gerade besiegte Mailand verkörpert.

In späterer Zeit sind es besonders die Künstler, die ihre Neider durch Fußtritt besiegt wiedergeben. Dabei ist Minerva die hilfreiche Göttin, die mit ihrer Weisheit den Malern zu Wissen und Ehre verhilft. So tritt auf dem Wiener Gemälde des Bartholomäus Spranger[229] die Göttin auf den Nacken des personifizierten Neides, der an seinen Eselsohren kenntlich ist. Minerva befindet sich unter den Freien Künsten, zu denen als achte sogar mit Palette und Pinsel die Malerei aufgerückt ist. Im 18. Jahrhundert stellt Johann Berger dieselbe Szene[230] als plastische Gruppe dar, wobei sich der Neid schon am Boden befindet.

Im Gegensatz zu diesen Fußtritten feindlicher Art gibt es in der christlichen Kunst aber auch ein Stehen auf Mensch oder Tier, das keineswegs böse gemeint ist. Vielmehr soll damit die feste Bindung zum Träger, der sichtlich die Basis des Stehenden bildet, veranschaulicht werden. Am Bamberger Fürstentor stehen entsprechend die Apostel auf den Schultern der Propheten (um 1235)[231], während beim Basler Davidsreliquiar[232] aus dem Ende des 14. Jh. die Madonna auf dem Löwen steht, um zu bekunden, daß sie Christus als neuen Löwen trägt, weil er dem Geschlecht des Löwen von Juda entstammt. Die entsprechenden Bibelstellen, die Christus mit David als neuen und alten Löwen verbinden, stehen in 1. Moses 49, 9 und in der Offenbarung 5, 5. Vor allem gilt dieses freundliche Stehen aber für die zahlreichen Grabmäler[233], auf denen der Mann auf einem Löwen, die Frau auf einem Hund gezeigt wird. Die Tiere sind hier nicht besiegte Gegner, sondern Verkörperungen von Eigenschaften, nämlich der Stärke für den Mann und der Treue für die Frau.

---

[227] J. Traeger: Der reitende Papst. Ein Beitrag zur Ikonographie des Papsttums, München–Zürich 1970 (Münchner kunsthistorische Abhandlungen, 1), S. 55.

[228] V. Herzner: David Florentinus, Jahrbuch der Berliner Museen 24, 1982, S. 63–142.

[229] F. Klauner: Die Gemäldegalerie des Kunsthistorischen Museums in Wien, Salzburg 1978 (Führer durch das Kunsthist. Museum, 27), S. 254.

[230] RDK 1, 1937, Sp. 363, Abb. 13.

[231] Budde, a. a. O. (Anm. 206), Taf. 238–239.

[232] P. Bloch: Die Muttergottes auf dem Löwen, Jahrbuch der Berliner Museen, N. F. 12, 1970, S. 288–290.

[233] Bloch, a. a. O. (Anm. 232), S. 275.

44   I. Symbole aus frühchristlicher Zeit

Proskynesis

In die Nähe der Symbolik des Fußtritts gehört auch die Darstellung des verehrenden Fußfalls, den man Proskynesis[234] nennt. Der vor dem anderen kniende Mensch unterwirft sich vollkommen. Als „Symbol der Knechtschaft"[235] erlaubten die Griechen die Haltung allein gegenüber den Göttern. Jedoch bei den Römern erhielt auch der Herrscher als göttliches Wesen dieselbe Verehrung. Zumal der Besiegte erscheint in der Kunst vor dem Sieger auf Knien, wie in augusteischer Zeit König Priamus auf dem trojanischen Schlachtfeld beim Handkuß des Siegers Achilles (Kopenhagener Silberschale[236] des Cheirisophos).

Die Christen erlebten im Römischen Reich die Verehrung des Kaisers, die auch seinem Bild gegenüber als Pflicht galt. Diesen Bilderkult ihrer heidnischen Umwelt verwarfen die Christen[237], die eine Proskynesis des Gläubigen ausschließlich vor dem lebendigen Gott akzeptierten. Tatsächlich sieht man selbst vor christlichen Herrschern jedoch auch die Untertanen in kniender Haltung, in der sie dem Kaiser Geschenke darbringen (so auf dem Theodosius-Obelisken in Istanbul[238], um 390). Dabei hatte Paulus ausdrücklich betont, seine Knie ausschließlich „vor dem Vater unseres Herrn Jesu Christi" beugen zu wollen (Epheser 3, 14), und Johannes war von dem Engel am Kniefall gehindert und ermahnt worden, nur Gott entsprechend zu ehren (Offenbarung 19, 10).

Tatsächlich gibt es in der christlichen Kunst, von wenigen Ausnahmen[239] abgesehen, Darstellungen des Fußfalls nur vor einer der göttlichen Personen. Selbst bei einer Szene wie der Magier-Anbetung, von der Matthäus berichtet (2, 11): „und sie fielen nieder und beteten es (das Kind) an", wird der Kniefall nicht vor dem späten 6. Jahrhundert gezeigt (Ölfläschchen in Monza)[240] und auch dann nur beim ersten der Könige. In späterer

---

[234] A. Alföldi: Die Ausgestaltung des monarchischen Zeremoniells am römischen Kaiserhofe, Mitteilungen des Deutschen Archäologischen Instituts, Römische Abteilung 49, 1934, S. 11–16. Vgl. jüngst zu diesem Thema H. Gabelmann: Antike Audienz- und Tribunalszenen, Darmstadt 1984.

[235] Alföldi, a. a. O. (Anm. 234), S. 11.

[236] V. Poulsen: Römische Bildwerke, Königstein im Taunus 1964, S. 11.

[237] Vgl. die auf S. 15 erwähnten Darstellungen der drei Jünglinge im Feuerofen und des Daniel in der Löwengrube, die von den Christen als Märtyrerbilder im Kampf gegen die Bilderverehrung verbreitet wurden.

[238] Volbach, a. a. O. (Anm. 43), Taf. 55.

[239] Wie auf dem in Anm. 180 erwähnten Mosaik im Lateran, auf dem Leo als Papst und Karl als König vor dem heiligen Petrus niedergekniet sind, um von ihm investiert zu werden.

A. Aus der Antike übernommene Symbole   45

Zeit ist es dabei[241] geblieben, und nur Lochner[242] umgibt das thronende Christkind mit knienden Herrschern auf beiden Seiten. Sonst ist es schon in frühchristlicher Zeit üblich, bei biblischen Szenen die kniefällige Anbetung Christi im Bilde wiederzugeben. So sieht man die blutflüssige Frau in entsprechender Haltung mit ausgebreiteten Händen bei dem Dank vor dem stehenden Christus (auf der Lipsanothek[243] von Brescia), und so erwartet die Lazarus-Schwester (auf einer Pyxis[244] des 5. Jh.) die Auferweckung des Bruders.

Bereits am Ende des 4. Jh. sind Christen bemüht, sich vor ihrem Gott in fußfälliger Haltung darstellen zu lassen. Entsprechend sind winzige Stifter zu Füßen von Christus zu sehen, der seinen Jüngern das Gesetz übergibt (auf Sarkophagen in Ancona[245] und Mailand, S. Ambrogio)[246]. Selbst Könige nehmen auf Bildern des Mittelalters die unterwürfige Haltung vor Christus ein, und so erscheint Karl der Kahle in seinem Gebetbuch (München, Schatzkammer der Residenz)[247] kniefällig vor dem auf der gegenüberliegenden Seite gemalten Gekreuzigten. Der karolingische Herrscher wirkt allerdings groß, vergleicht man ihn mit den kleinen Figuren des Königspaars Heinrich und Kunigunde[248], das man zu Füßen des stehenden Christus auf dem 1019 ins Baseler Münster gestifteten goldnen Altar sieht (Abb. 7).

Im Spätmittelalter ist es Elisabeth, die auf Bildern der Heimsuchung vor Maria in die Knie gesunken ist (so auf Ghirlandaios Gemälde[249] im Louvre). Dies hat zunächst seinen Grund in dem höheren Rang der künftigen Mutter von Christus gegenüber der künftigen Mutter des Täufers. Vor allem jedoch gilt das Knien Elisabeths „dem Gottessohn unter Marias Herzen"[250]. Auch seit dem 15. Jh. gibt es Bilder, auf denen Maria und Christus im Knien Gottvater um Gnade für die sündigen Menschen bitten (z. B. Leinwandbild aus dem Florentiner Dom, jetzt in New York, Cloisters)[251]. Gegen solche Darstellungen hat im Zeitalter der Gegenreformation Johan-

---

240 Schiller 1, Abb. 258.
241 Vgl. bei Schiller 1 die Abbildungen 261, 265, 277, 279, 282, 284, 285, 288.
242 Auf dem Dreikönigsaltar im Kölner Dom: Schiller 1, Abb. 296.
243 Volbach, Taf. 86.
244 Im Louvre, 2. Hälfte des 5. Jh.: Volbach, Taf. 120.
245 Schiller 3, Abb. 582.
246 Schiller 3, Abb. 583.
247 Schiller 2, Abb. 354: fol. 38 v–39 r.
248 Jetzt in Paris, Musée Cluny: Swarzenski, a. a. O. (Anm. 142), fig. 94 und 101.
249 G. Bandmann: Paris, Bonn 1955, Taf. 51, 3.
250 M. Lechner in LCI 2, 1970, Sp. 230.
251 LCI 2, 1970, Sp. 348–349 m. Abb. 1.

46   I. Symbole aus frühchristlicher Zeit

nes Molanus[252] protestiert, weil es der Würde von Christus widerspreche, sich derart vor dem Vater zu erniedrigen.

Wie schon die Könige im Mittelalter sich symbolisch in die „Knechtschaft" Christi begaben, so wurde auch Maximilian I. nach seinem Tod als kniender Beter dem himmlischen Gott konfrontiert. Auf einem Holzschnitt von Hans Springinklee[253] (Abb. 12) hat er Zepter und Reichsapfel vor sich niedergelegt, um die Entscheidung über seine Seligkeit zu erwarten, die der stehende Christus-Gott vor ihm verkündet (der seinerseits die Weltherrschaft ausübt, denn er trägt in der Linken den vom Kreuz bekrönten Erdball). Auf Grabmälern sieht man entsprechend auch Könige knien und „ewige Anbetung"[254] üben, wobei kein Gott in Person ihnen antwortet. Wie Maximilian hat auch Karl VIII. von Frankreich auf seinem Grabmal in St. Denis der irdischen Herrschaft entsagt, indem er die Krone aufs Betpult gelegt und sich im Gebet hingekniet hat (nur in Nachzeichnung[255] überliefert). Selbst Päpste erscheinen seit Ende des 16. Jh.[256] auf Grabmälern mit abgelegter Tiara, kniefällig betend, dem Altar zugewandt, weil nur hier in der Messe der nicht sichtbare Gott sich verkörpert.

Erniedrigung auf Erdboden

Der Kniefall läßt den anbetenden Menschen auch häufig die Erde[257] berühren, die in der Antike als Göttin verehrt wurde. Man sieht sie auf heidnischen und noch auf christlichen Werken auf dem Boden sitzen, ohne daß dies mehr als ein Hinweis auf den Ort ihrer Tätigkeit wäre. Symbolischen Rang gewinnt erst der Boden, der auf lateinisch als humus zusammengehört mit humilitas[258], das „Erniedrigung" meint. Die Beziehung war auch schon den römischen Künstlern geläufig, denn sie plazierten Besiegte so auf

---

[252] LCI 2, 1970, Sp. 347.

[253] Ausstellungskatalog: Maximilian I. 1459–1519, Wien 1959 (Biblos-Schriften, 23), Nr. 436, Taf. 64.

[254] L. Bruhns: Das Motiv der ewigen Anbetung in der römischen Grabplastik des 16., 17. und 18. Jh., Römisches Jahrbuch für Kunstgeschichte 4, 1940, S. 253–432.

[255] E. Panofsky: Grabplastik, Köln 1964, S. 83–84, Abb. 325.

[256] Auf den Grabmälern Sixtus' V. und Pauls V. in Rom, S. Maria Maggiore: LCI 3, Sp. 374.

[257] D. de Chapeaurouge: Zur Symbolik des Erdbodens in der Kunst des Spätmittelalters, Das Münster 17, 1964, S. 38–58.

[258] Isidor von Sevilla befindet sich bei seiner Ableitung (PL 82, 379) in Übereinstimmung mit klassischen Philologen (Thesaurus linguae latinae, VI, 3, Lipsiae 1936–1942, Sp. 2871 u. 3103).

A. Aus der Antike übernommene Symbole 47

dem Boden, daß die Erniedrigung sinnfällig wurde. Beispielsweise erinnert die auf dem Erdboden sitzende Jüdin auf einem Aureus Vespasians[259] an die Eroberung Jerusalems durch Kaiser Titus, während Domitians Sieg über die Chatten durch eine trauernd auf dem Erdboden sitzende Germanin[260] zum Ausdruck gebracht wird.

Für Christen war durch den Schöpfungsbericht die Erde besonders mit Leben und Tod in Verbindung gebracht. Denn Adam wird aus einem Erdenkloß geschaffen (1. Mos. 2, 7) und soll wieder zu Erde werden (1. Mos. 3, 19). Schon in frühchristlicher Zeit wird deshalb die terra, die hier jeweils den Menschen bestimmt, bei entsprechenden Bildern durch den Erdboden anschaulich gemacht. So liegt der neugeschaffene Adam klein und nackt rücklings auf dem Boden, während die drei Personen der Trinität die stehende Eva zum Leben erwecken (auf dem Lateransarkophag 104[261] aus dem Ende des 4. Jahrhunderts). Und genauso liegt auf der Erde, als Leiche verschnürt, das von der Mutter erdrückte Kind, um das sich die Frauen beim salomonischen Urteil streiten (auf dem gleichzeitig entstandenen Reliquienkasten in Mailand, S. Nazaro Maggiore)[262]. Hier wird der erniedrigte Zustand, in dem sich der Mensch als aus Erde gemachter und zu Erde verwandelter darstellt, in deutlicher Weise sichtbar gemacht. Auch später ist Adams Erschaffung den Künstlern ein Anlaß, die nackte Figur auf dem Erdboden liegend zu zeigen. Dies gilt ebenso für den Maler der karolingischen Grandval-Bibel[263] wie für Michelangelo mit seinem Sixtina-Fresko, um nur die markantesten Punkte zu nennen, zwischen denen sich zahlreiche andere Beispiele anführen ließen. Ebenso wird der Tote erniedrigt verstanden, wenn man ihn auf dem Boden liegend wiedergibt. Entsprechende Bilder sind vielfach aus dem Mittelalter überliefert. Sie reichen vom Psalter Karls des Kahlen in Paris (Elfenbein-Deckel mit der Darstellung des toten Urias)[264] bis zum Holzschnitt des Petrarca-Meisters (erschienen 1532; gezeichnet ist ein toter Einsiedler)[265].

Humilitas wird auf diesen Werken bezeugt durch Berührung des Bodens, und die biblischen Texte verlangen bei Tod und Geburt eines

---

[259] Münze, Abb. 225.

[260] Münze, Abb. 249.

[261] S. Esche: Adam und Eva. Sündenfall und Erlösung, Düsseldorf 1957 (Lukas-Bücherei zur christlichen Ikonographie, VIII), S. 15, Taf. 2.

[262] Volbach, Taf. 115.

[263] London, British Museum, Ms. Add. 10546, fol. 5v. Esche, a. a. O. (Anm. 261), S. 13, Abb. 6.

[264] W. Pinder: Die Kunst der deutschen Kaiserzeit, Bilder, Frankfurt ²1952, Taf. 29.

[265] W. Scheidig: Die Holzschnitte des Petrarca-Meisters, Berlin 1955, Abb. S. 332.

48   I. Symbole aus frühchristlicher Zeit

Menschen die Nähe zur Erde. Im 14. Jh. jedoch beginnt man, den biblischen
Text nicht mehr unbedingt bindend zu nehmen. Während Johannes (Evangelium 19, 25) Maria als stehend unter dem Kreuz bezeugt, erlauben sich
italienische Maler, sie sitzend oder gar liegend zu zeigen. Simone Martini
malt sie auf einer Antwerpener Tafel um 1340[266] ohnmächtig liegend im
Schoß ihrer Schwester Maria Kleophas, wobei Christi Mutter die Erde berührt. Entsprechend kommt gleichzeitig auf der Typ der Maria de humili-
tate[267], die auf dem Erdboden sitzend gemalt wird, um zu bezeugen, daß
auch die göttliche Mutter nur eine irdische Frau ist. Sogar Christus selber,
in dem man von jetzt an den „Bruder"[268] erkannte, wird auf den Bildern
von seiner Geburt auf dem Boden liegend, „erniedrigt" gezeigt[269]. Birgitta
von Schweden verbreitete ihre Visionen[270], worin nicht allein die Madonna
den Sohn auf dem Erdboden kniend verehrt, sondern das Kind auch selber
im Liegen die Erde berührt.

   Die neuen Bilder, die deutlich jahrhundertealte Gewohnheiten brechen,
zielen mit ihrer Betonung der Erde und damit des Irdischen auf eine dem
Menschlichen nähere Stellung von Gott und Maria. Die auch mit dem
14. Jh. aufkommenden Gruppen von Mutter und Sohn (Pietà)[271] und von
Christus-Johannes[272] bezeugen die gleiche Gesinnung, indem sie den
himmlischen Gott als Bruder des irdischen Menschen verkörpern. Die My-
stik, die man diesen Werken so gern unterstellt, ist in Wahrheit sehr irdischen Ursprungs, denn was hier in weltfremder Minne erschöpft scheint,
soll eher den Gläubigen direkt mit Gott konfrontieren. Der Umweg, auf
dem sich der Laie nur über den Priester und über die Kirche den Heiligen
und damit auch Gott annähern darf, wird als solcher erkannt und beseitigt.
Der Mystiker Eckhart, der ja dem Gläubigen Zugang zu Gott auch ohne
den Priester als Mittler zu schaffen versuchte, wird von der Kirche als Ketzer[273] verklagt. Daraus darf man schließen, daß auch die Humilitas-Bilder

[266] Schiller 2, Abb. 512.
[267] M. Meiss: Painting in Florence and Siena after the black death, Princeton 1951,
S. 132–156.
[268] de Chapeaurouge, a. a. O. (Anm. 257), S. 50.
[269] Gemälde eines Pisaner Meisters in Pisa, Museo civico, um 1400: Schiller 1,
Abb. 196.
[270] Schiller 1, S. 88–89.
[271] Schiller 2, S. 192–195.
[272] R. Haussherr: Über die Christus-Johannes-Gruppen, in: Beiträge zur Kunst
des Mittelalters, Festschrift für Hans Wentzel zum 60. Geburtstag, Berlin 1975,
S. 79–103.
[273] R. Friedenthal: Ketzer und Rebell. Jan Hus und das Jahrhundert der Revolu-
tionskriege, München 1972, S. 17.

A. Aus der Antike übernommene Symbole   49

(die zunächst keinen Widerspruch fanden) nicht Schöpfungen harmloser Künstler gewesen sind, sondern Bekundungen emanzipatorischen Geistes. Die Ausstrahlungskraft der Erde wurde zum Mittel, mit dem man den Gott und die Heiligen zu Brüdern der Menschen zu machen bemüht war.

Dies zeigt sich dann auch an den Stiftern, die ebenfalls seit dieser Zeit in der Kunst so wiedergegeben werden, daß sie auf dem Erdboden knien, ihrem Gott konfrontiert und von Heiligen empfohlen. Ein Utrechter Meister stellt 1363 auf einem Antwerpner Gemälde [274] Hendrik van Rijn kniend zu Füßen von Christus am Kreuz dar, empfohlen vom Lieblingsjünger Johannes. Der Stifter ist betend gegeben, und der Fußfall bekundet, daß sich der Mensch seinem Gott als ein Knecht überliefert.

Der Stifter bezeugt durch das Knien auf der Erde die Demut. Die Reihe entsprechender Werke [275], die Christus, Maria, die Heiligen und auch die Stifter beim Liegen, Sitzen oder Knien auf dem Erdboden zeigen, erstreckt sich bis weit in das 15. und 16. Jahrhundert. Erst dann hört man Stimmen, die sich auf den biblischen Text berufen und das Stehen Marias unter dem Kreuz statt des Liegens betonen. Außer Gabriel Biel ist es Geiler von Kaysersberg, der sich so äußert [276]: „Darumb so wurt gar recht gesprochen / das sie gestanden ist uffrecht / vnd nit / das sie gefallen ist." Obwohl nach dem Konzil von Trient sich noch deutlicher Widerspruch regte, blieb bis in das 17. Jh. die nicht mit der Bibel konforme Gestaltung Marias verbreitet.

Für Christus ist außer dem Thema der Anbetung nach der Geburt noch die Szene am Ölberg bedeutsam, weil hier auch das Knien im Text steht. Nach Lukas 22, 41 kniete er nieder, nach Matthäus 26, 39 „fiel er nieder auf sein Angesicht", und bei Markus (14, 35) heißt es schlicht: „er fiel auf die Erde". Im Codex Rossanensis aus dem 6. Jh. [277] hat Christus sich ganz auf den Boden geworfen, doch in späterer Zeit [278] ist er meist als der kniende Beter gegeben. Erst bei Dürer [279] gewinnt die Erniedrigung besonderen Ausdruck, indem hier der Gottmensch in Kreuzigungshaltung mit ganzem Körper den Boden berührt.

Für Christi Beweinung wird erst im 14. Jahrhundert behauptet [280]: „Alle fassen den Leib des Herrn und legen ihn auf die Erde." Tatsächlich begin-

---

[274] Panofsky, a. a. O. (Anm. 168), Plate 49.

[275] de Chapeaurouge, a. a. O. (Anm. 257), S. 40–52.

[276] de Chapeaurouge, a. a. O. (Anm. 257), S. 45–46.

[277] Rossano, Museo del Arcovescovado, Ms. 50, fol. 4 v· Schiller 2, Abb. 142.

[278] Schiller 2, Abb. 145, 149–155.

[279] Zeichnung von 1521 in Frankfurt, Städelsches Kunstinstitut: Schiller 2, Abb. 156.

[280] de Chapeaurouge, a. a. O. (Anm. 257), S. 51 (Pseudo-Bonaventura).

50 I. Symbole aus frühchristlicher Zeit

nen in dieser Zeit auch die Darstellungen, auf denen der Tote die Erde berührt. In den „Heures de Rohan"[281] ist der Leichnam schon ganz auf den Boden gelegt (Abb. 8), um zu zeigen, daß Christus wie Adam als Mensch sich im Tode in Erde verwandelt. Die bloße Erniedrigung, die auch der Gott auf sich nimmt, wird im 15. Jh. sinnfällig auf Bildern der Kreuztragung, wenn Christus den Boden berührt. Die älteren Künstler hatten den Gott auf dem Wege nach Golgatha im aufrechten Schreiten[282] gezeigt, aber nun malt zum Beispiel in Köln der Meister der heiligen Veronika[283] einen Christus, der, unter der Last seines Kreuzes zusammengebrochen, mit der Rechten Halt auf dem Erdboden sucht. Der kniende Christus wird dann auf deutschen Werken sehr häufig auf Szenen der Kreuztragung wiedergegeben, um so die Humilitas Jesu zum Ausdruck zu bringen.

Für all diese Werke, auf denen Maria, der Stifter und schließlich auch Christus dem Boden verbunden und daher erniedrigt veranschaulicht werden, gilt uneingeschränkt, daß der Betrachter die gezeigten Personen als vorbildlich einstufen soll. Es gibt jedoch auch einen Fall, der als negativ verbucht werden muß, weil man hier die gemalten Götter erniedrigen und damit dem Spott aussetzen will. Gemeint ist Bellinis Gemälde des Götterfestes in Washington[284] (datiert 1514, von Tizian vollendet), dem ein Text aus Ovids ›Fasti‹ zugrunde liegt. Die Verführung der Göttin Vesta durch Priapus wird dank des Schreiens eines Esels verhindert. Die handgreifliche Erotik zwischen Neptun und Gaia soll die antiken Götter ebenso erniedrigen wie das Sitzen auf dem Erdboden, das hier nicht nur bei Neptun und Gaia, sondern auch bei Merkur und Apoll zu beobachten ist.

Barfüßigkeit

Man könnte meinen, daß auch die Barfüßigkeit mit der Symbolik des Erdbodens in Verbindung stünde, weil an zwei Stellen des Alten Testaments dem Menschen befohlen wird, seine Schuhe auszuziehen, da der zu betretende Ort ein heiliger sei. Dies verlangt ein Engel von Josua (Josua 5, 15), und dies erwartet auch Gott von Moses (2. Mos. 3, 5). Tatsächlich liegt hier aber der Glaube zugrunde, nur der Barfüßige sei rein und

[281] Paris, Bibliothèque Nationale, Ms. lat. 9471, fol. 135: de Chapeaurouge, a. a. O (Anm. 257), S. 46, Abb. 10.
[282] Schiller 2, Abb. 281–291.
[283] Wallraf-Richartz-Museum der Stadt Köln. Verzeichnis der Gemälde, Köln 1965, S. 121, Abb. 11.
[284] G. Robertson: Giovanni Bellini, Oxford 1968, S. 133–152.

A. Aus der Antike übernommene Symbole   51

unbefleckt. Dies wird sowohl in der Antike[285] wie im Christentum[286] damit begründet, daß Schuhe aus Leder von toten Tieren stammten und daher befleckt seien. Nur der vom Tod nicht Berührte, der barfuß Erscheinende dürfe den Tempel und auch den geheiligten Ort mit den Füßen betreten. Entsprechend ist auch in der Kunst der barfuß Gezeigte unsterblich, weil nur er vom Makel des Leders befreit ist.

Aus römischer Zeit ist das wichtigste Werk der Augustus von Primaporta, der dank seiner Barfüßigkeit zu verschiedenen Deutungen Anlaß gegeben hat. Wenn damit Unsterblichkeit angezeigt werden sollte, kann diese Statue nicht schon zu Lebzeiten des Kaisers in Auftrag gegeben sein. Damit ergäbe sich erst die Datierung auf 14 n. Chr.[287]. Sofern sich der erste christliche Kaiser Konstantin in seiner römischen Kolossalstatue schon zu Lebzeiten barfüßig[288] hat darstellen lassen, ist wohl kein Zweifel erlaubt, daß der auch sonst mit dem Sonnengott Identifizierte[289] hier als Unsterblicher auftreten wollte.

In christlicher Kunst werden barfuß die Engel gezeigt, aber auch die Apostel, weil Christus den Jüngern beim Auszug befohlen hatte, ohne Schuhe zu gehen (Matth. 10, 10 und Lukas 10, 4). Auf dem Elfenbein[290] von der Kathedra des Bischofs Maximian in Ravenna (aus der Mitte des 6. Jh.) schreitet der Engel barfuß auf die thronende (und beschuhte) Maria zu, wobei allerdings zu bemerken ist, daß er eigentlich dünne Sandalen, also nicht aus Leder gefertigtes Schuhzeug trägt. Ebenso hat der Künstler auf dem Basler Antependium Heinrichs II.[291] zwar Christus und die Erzengel barfuß, den heiligen Benedikt aber „nur" beschuht wiedergegeben, um so die Entfernung vom Irdischen größer und kleiner erscheinen zu lassen. Auch der Miniator eines Freisinger Sakramentars aus dem 11. Jh.[292]

[285] Ph. Oppenheim, RAC 1, 1950, Sp. 1186–1193. Die wichtigste Stelle bei Ovid, Fasti I, 629–630.

[286] F. J. Dölger: Das Schuh-Ausziehen in der altchristlichen Taufliturgie, Antike und Christentum 5, 1936, S. 95–108 (Belege von Origines und Augustinus).

[287] H. Kähler: Die Augustusstatue von Primaporta, Köln 1959 (Monumenta Artis Romanae, I), S. 19–20. Dies bestreitet die heutige Forschung, vgl. K. Fittschen: Die Bildnisse des Augustus, in: Saeculum Augustus III. Kunst und Bildersprache, herausgegeben von Gerhard Binder, Darmstadt 1991 (Wege der Forschung, 632), S. 149–186.

[288] Cecchelli, a. a. O. (Anm. 68), S. 131.

[289] Konstantin ließ einer älteren Apollostatue einen Kopf mit seinem Porträt aufsetzen und diesen mit einem Strahlenkranz umrahmen, der aus den Nägeln vom Kreuz Christi gebildet war: W. Haftmann: Das italienische Säulenmonument, Leipzig–Berlin 1939, S. 41–42 (Porphyrsäule in Konstantinopel).

[290] Volbach, Taf. 231.

[291] 1019 an das Basler Münster gestiftet, jetzt in Paris, Musée Cluny: Swarzenski, a. a. O. (Anm. 142), Nrn. 41–42.

[292] Ausstellungskatalog: Bayerns Kirche im Mittelalter. Handschriften und Urkunden, München 1960, Nr. 30, Abb. 30.

52   I. Symbole aus frühchristlicher Zeit

weiß zwar Maria dadurch auszuzeichnen, daß er sie zur Rechten Christi postiert. Doch malt er sie noch beschuht, so daß der Apostel Andreas, obwohl zur Linken Christi stehend, dank seiner Barfüßigkeit ebenso unsterblich wirkt wie der barfüßige Christus im Zentrum. Damit ist schon gesagt, daß Barfüßigkeit vor allem die Gottheit charakterisiert. Dementsprechend war in dem 1870 verbrannten Manuskript der Herrad von Landsberg aus dem späten 12. Jh. die Trinität[293] ganz gleichförmig gestaltet, so daß jede der drei Personen barfüßig, aber voll bekleidet in derselben thronenden Haltung erschien. Auch später findet man Christus mit bloßen Füßen wiedergegeben, wie das Bild aus dem Florentiner Dom vom Anfang des 15. Jh.[294] beweist, auf dem der kniende Sohn vor dem Vater zugunsten der Menschen betet. Und auf Baldungs Freiburger Hochaltar[295], der 1516 signiert worden ist, sieht man den Sohn und den Vater barfüßig Maria bekrönen. Raffael hat die Sixtinische Madonna[296] ihrerseits ebenfalls barfuß gemalt, wie sie auf Wolken schreitend den Christusknaben zur Erde herabträgt.

Blick zum Himmel

Als letztes Symbol, das sich direkt auf den Menschen bezieht, ist hier der Blick zum Himmel zu nennen. Dabei ist entscheidend, daß nur der Aufblick nach oben gezeigt wird. Das Objekt des Schauens ist für den Betrachter des Bildes nicht sichtbar. Aus diesem Fragmentcharakter des Bildes ergibt sich, daß nur Erwählte den Blick zum Himmel hinaufrichten dürfen. Der Schauende sieht in den offenen Himmel, so daß er mit eigenen Augen auf Gott blickt. L'Orange hat 1947 bewiesen[297], daß seit hellenistischer Zeit dieser Blick zum Himmel dargestellt wird. Der Visionär bekommt den Gott zu sehen, um von ihm inspiriert zu werden oder gar schon selbst Unsterblichkeit zu finden. Von B. Schweitzer stammt der Hinweis[298], daß solcher Aufblick, den zuerst Figuren aus der Mitte des 4. Jh. v. Chr. zeigen, neue Götterferne sichtbar macht. Allein der Inspirierte oder selbst Vergöttlichte vermag den Gott mit seinem Blick zu treffen. Diese Tradition muß Kaiser Konstantin gekannt haben, als er sie im

---

[293] Braunfels, a. a. O. (Anm. 90), S. XXIV, Abb. XI.

[294] LCI 2, 1970, Sp. 348–349 mit Abb. 1.

[295] G. von der Osten: Hans Baldung Grien, Berlin 1983, Nr. 26a.

[296] Schiller 4, 2, Abb. 838.

[297] H. P. L'Orange: Apotheosis in ancient portraiture, Oslo 1947.

[298] B. Schweitzer: Platon und die bildende Kunst der Griechen, Tübingen 1953, S. 70–72.

A. Aus der Antike übernommene Symbole   53

christlichen Sinne umdeutete. Denn Eusebius[299] berichtet, „daß er auf den Goldmünzen sein eigenes Bild so darstellen ließ, daß es schien, er blicke nach oben wie einer, der innig zu Gott betet". In der Tat gibt es Goldmedaillons (Abb. 9) aus den Jahren 326/327[300], die den Kopf des Kaisers im Profil zeigen und die wegen des Diadems und wegen des Aufblicks Anknüpfung an hellenistische Vorbilder bezeugen. Immerhin ist nach den Worten des Eusebius eine direkte Apotheose nicht gemeint, wohl aber das Gebet zu Gott. Dafür konnte man sich auf die Bibel berufen, denn es heißt von Christus[301], daß er „seine Augen gen Himmel hob", um dem Vater zu danken.

Obwohl also der Blick zum Himmel den Dargestellten als besonders fromm ausweisen konnte, ist in den folgenden Jahrhunderten dieses Motiv nicht aufgenommen worden. Vermutlich sah man darin zu sehr den vergöttlichten Menschen, dem nicht nur der Himmel offenstand, sondern der auch Gott als seinesgleichen betrachtete. Erst um 1400 ist für den Herzog von Berry auf einer Medaille[302], die als solche schon den Bezug zur Antike erkennen läßt, der Kaiser Heraclius wiedergegeben worden, der zwar nicht auf den leiblichen Gott, wohl aber auf Sonnenstrahlen emporblickt, die aus dem Himmel herabscheinen. Die Auszeichnung trifft den Gottbegnadeten deshalb, weil er im 7. Jh. das heilige Kreuz nach Jerusalem zurückführte. In den 1490er Jahren ist dann an der Certosa von Pavia[303] auch Konstantin selbst in Marmor mit dem Blick zum Himmel dargestellt worden, nachdem schon im Laufe des Jahrhunderts Heilige wie Petrus (auf Masaccios[304] Fresko in Florenz, S. Maria del Carmine, Brancaccikapelle) und Sebastian (auf Mantegnas[305] Gemälden in Wien und Paris) dieser Ehre teilhaftig geworden waren. Im 16. Jh. haben dann Raffael[306] eine Katharina (in London) und den Christus der Verklärung (Vatikanische Pinakothek) mit dem Blick zum Himmel gezeigt, Grünewald[307] den Christus bei der Kreuz-

[299] Leben Konstantins IV, 15. Deutsch von Pfättisch, a. a. O. (Anm. 131), S. 155.
[300] Münze, Abb. 652.
[301] Joh. 11, 41 und Joh. 17, 1.
[302] Ausstellungskatalog: Europäische Kunst um 1400, Wien 1962, Nr. 566.
[303] A. Chastel–R. Klein: Die Welt des Humanismus. Europa 1480–1530, München 1963, Taf. 1.
[304] K. Steinbart: Masaccio, Wien 1948, S. 62, Abb. 102.
[305] M. Bellonci–N. Garavaglia: L'opera completa del Mantegna, Mailand 1979 (Classici dell'Arte, 8), Nrn. 43 und 56.
[306] J. Pope–Hennessy: Raphael, New York 1970 (Icon Edition, 93), S. 204–205 und 71–75.
[307] J. Lauts: Staatliche Kunsthalle Karlsruhe, Katalog Alte Meister bis 1800, Karlsruhe 1966, Nr. 993, S. 131–133.

54   I. Symbole aus frühchristlicher Zeit

tragung (Karlsruhe) und Dürer[308] auf Graphiken sowohl Christus wie
Johannes und den Verlorenen Sohn.

Die Auszeichnung, die man mit dieser symbolischen Wiedergabe von
Gottesnähe verband, erstreckte sich im 17. Jh. bei Rubens nicht nur auf den
Gekreuzigten und auf die Heiligen, sondern auch auf hervorragende Heiden[309]. So ist auf dem Münchner Bild der sterbende Seneca[310] zu sehen,
dem Kaiser Nero den Selbstmord befohlen hatte. Da der Philosoph dem
Betrachter frontal gegenüber erscheint, wird es um so auffälliger, daß nur
der Sterbende den Himmel offen sieht. Guido Reni zieht dann den Kreis
der Beteiligten noch weiter, indem er nicht nur die tugendhafte Lukrezia[311], sondern auch die betörende Kleopatra[312] beim Selbstmord mit
„himmelndem" Blick zeigt. Daß aber noch am Ende des 18. Jh. die symbolische Kraft des Motivs in Gestalt der göttlichen Nähe bekannt war, beweist
1784 der junge David mit dem ›Schwur der Horatier‹[313]. Hier ist es der Vater, der sich durch den Blick zum Himmel des göttlichen Zuspruchs versichert. Im 19. Jh. stellen die Künstler zunehmend den Blick in die Ferne[314]
dar, der nicht mehr die Nähe zu Gott, sondern die Sehnsucht nach einem
irdischen Ziel zum Ausdruck bringt.

Lorbeerkranz

Ein weiteres Symbol, das die Christen aus der Antike übernommen
haben, ist der Lorbeerkranz. Der immergrüne Lorbeerbaum bot sich von
selbst als Zeichen der ewigen Dauer an. Beim Antritt des Prinzipats verlieh

[308] Holzschnitte aus der Großen Passion von 1510 (B. 7 und B. 15), Holzschnitt
aus der Apokalypse (B. 61) und Kupferstich B. 28.

[309] Auf Raffaels ›Parnaß‹ in der Stanza della Segnatura, um 1510/11, erscheint
Apoll mit dem Blick zum Himmel. Dies kann nur bedeuten, daß er selbst der Gottes-
schau bedarf. Vermutlich ist es der christliche Gott, den er erblickt. Vgl. zur Ablei-
tung E. Schröter: Die Ikonographie des Themas Parnaß vor Raffael. Die Schrift- und
Bildtraditionen von der Spätantike bis zum 15. Jh., Hildesheim–New York 1977
(Studien zur Kunstgeschichte, 6), S. 278–279.

[310] H. G. Evers: Peter Paul Rubens, München 1942, S. 92–94.

[311] Ausstellungskatalog: Mostra di Guido Reni, Bologna 1954, Nrn. 31 und 62.

[312] Ausstellungskatalog Reni, a. a. O. (wie Anm. 311), Nrn. 58 u. 64.

[313] W. Friedlaender: Hauptströmungen der französischen Malerei von David bis
Delacroix, Köln 1977, Abb. 2.

[314] H. von Einem: Gedanken zu Anselm Feuerbach und seiner ›Iphigenie‹, Zeitschrift des deutschen Vereins für Kunstwissenschaft 18, 1964, S. 127–140, besonders
S. 135–137.

A. Aus der Antike übernommene Symbole   55

der Senat dem Augustus 27 v. Chr. die Ehre, zwei Lorbeerbäume vor seinem Hause zu pflanzen. Ein Aureus aus dieser Zeit[315] läßt auf dem Revers den Adler erscheinen, dessen Flügel zwei Lorbeerzweige überragen. Da der Adler in den Klauen den Eichenkranz hält und auch noch die Umschrift „Augustus" erscheint, wird hier auf die neue Stellung des Princeps verwiesen. Die Lorbeerbäume hatten vorher nur vor Sakralbauten gestanden, wurden nun aber als „Majestätssymbol"[316] Wahrzeichen des Palastes. Aus der ›Römischen Geschichte‹ des Cassius Dio[317] läßt sich entnehmen, daß die Lorbeerbäume Augustus als „dem beständigen Besieger der Feinde" zuerkannt wurden. Damit ist der Sinn des Symbols noch präziser gefaßt, denn der Lorbeer verkörpert den ewigen Sieg.

Dies ist zu betonen, wenn nun der Lorbeerkranz, mit dem Augustus auf Münzen geschmückt ist, als bloße „Apollinisierung"[318] etikettiert wird. Gerade das römische As aus den Jahren 3 bis 2 v. Chr.[319], das vorne den Kopf des Augustus mit Lorbeerkranz zeigt, beweist durch die Gegenwart einer Victoria, daß es der Siegeskranz ist, den diese Göttin verleiht.

Der Lorbeerkranz gilt dann auch christlichen Kaisern als Zeichen des Sieges, wobei der Bezug auf Augustus ganz deutlich markiert wird. So bilden die nach 804 ausgegebenen Pfennige[320] Kaiser Karl nicht nur mit Lorbeerkranz ab, sondern nennen den Herrscher auch Augustus. Ebenso zeigen die Augustalen Friedrichs II.[321] (Abb. 10) seit 1231 den Kaiser mit Lorbeerkranz und mit dem Titel Augustus. Dabei ist nicht wichtig, ob wirklich augusteische Münzen im Mittelalter als Vorbild benutzt wurden. Entscheidend bleibt die Verbindung des Kaisers mit dem Lorbeerkranz und dem Titel Augustus. Noch Napoleon ließ sich von David 1807 auf dem offiziellen Krönungsbild[322] mit dem kaiserlichen Abzeichen des Lorbeerkranzes darstellen, um so auch äußerlich zu dokumentieren, daß er nicht die Tradition der französischen Könige, sondern die der deutschen Kaiser fortsetzen wolle.

---

[315] Münze, Abb. 135.

[316] A. Alföldi: Die zwei Lorbeerbäume des Augustus, Bonn 1973 (Antiquitas 3, 14), S. 17

[317] 53, 16. Cassius Dio: Römische Geschichte, übersetzt von D. L. Tafel, Stuttgart 1831–1844 (Griechische Prosaiker, 92–220), S. 1064.

[318] Alföldi, a. a. O. (Anm. 316), S. 51.

[319] Münze, Abb. 133.

[320] Ausstellungskatalog: Karl der Grosse. Werk und Wirkung, Aachen 1965, Nrn. 15, 19 und 20 (Abb. 10–12).

[321] Ausstellungskatalog: Staufer, a. a. O. (Anm. 222), Nr. 855, Abb. 633.

[322] Friedlaender, a. a. O. (Anm. 313), S. 43, Abb. 7 (Vorzeichnung, die Napoleon auch schon mit Lorbeerkranz zeigt).

56   I. Symbole aus frühchristlicher Zeit

Im späten Mittelalter übertrug man das Symbol aus der imperialen Sphäre auf den einfachen Sieger im Kampf. So liegt unter Donatellos Bronzedavid im Florentiner Bargello [323] ein Lorbeerkranz, der eigentlich dem Bezwinger Goliaths gilt. Hier soll aber gerade nicht der ewige Sieg gefeiert, sondern David als Friedensbringer im Sinne der Medici herausgekehrt werden. Deshalb trägt David um den Hut den Kranz aus Ölzweigen, so daß der Lorbeerkranz in die verachtete Position zu Füßen des Helden gerät. Volker Herzner hat die historischen Zusammenhänge geklärt und dadurch eine Datierung auf die Zeit um 1440 ermöglicht.

Seit dem 14. Jahrhundert hat man auch die antike Sitte der Dichterkrönung [324] wieder aufgegriffen. Dieser Akt konnte durch den römischen Senat oder durch den Kaiser vollzogen werden. Dem Laureatus wurde, wie der Name schon sagt, ein Lorbeerkranz übergeben. Pinturicchio [325] hat die Überreichung des Kranzes durch Kaiser Friedrich III. an Äneas Piccolomini, die 1442 in Frankfurt stattfand, in der Sieneser Dombibliothek zu Anfang des 16. Jh. wiedergegeben. Der thronende Herrscher hält den Kranz über das Haupt des vor ihm knienden Poeten.

Alle bisher genannten Beispiele gehören in den Bereich der profanen Kunst. Um so bemerkenswerter ist der einzige Fall einer sakralen Verwendung. Auf dem Sarkophag des Lateranmuseums Nr. 171 aus der Zeit um 340 ist die Dornenkrönung [326] so dargestellt, daß ein Soldat dem vor ihm stehenden Christus einen Lorbeerkranz über den Kopf hält. Damit wird die Schmach in einen Sieg verkehrt, das augusteische Symbol auf den König der Könige übertragen.

Stab/Zepter

Neben dem Lorbeerkranz als Zeichen des ewigen Sieges ist es vor allem der Stab, der einem Menschen Bedeutung verleiht. Dabei kann der Stab kurz oder lang, bekrönt oder schlicht sein. Entscheidend ist nur, daß er nicht als Instrument oder Waffe benutzt wird. Sein Träger erst macht durch repräsentative Verwendung den einfachen Stab zum Symbol und damit zum Zepter. Nicht eindeutig ist zu entscheiden, wodurch dieses Zepter

[323] Herzner, a. a. O. (Anm. 228), besonders S. 98–100 für Lorbeerkranz und Ölzweig.

[324] G. von Wilpert: Sachwörterbuch der Literatur, Stuttgart ²1959 (Kröners Taschenbuchausgabe, 231), S. 108–109.

[325] Storia di Pio II nei dieci affreschi del Pinturicchio. Libreria Piccolomini nel Duomo di Siena, Siena Anno XIII (faschistischer Zählung), 3° Affresco.

[326] Schiller 2, S. 79, Abb. 1. LCI 1, 1968, Sp. 512.

A. Aus der Antike übernommene Symbole   57

dem Träger zur Herrschaft verhilft. Man hat schon vermutet, der frucht-
bare Zweig[327] sei im Zepter verborgen, so daß sich in ihm stets die Kraft der
Natur widerspiegle. Dies ist dank antiker und christlicher Texte, nach
denen ein Stab unvermutet zu blühen beginnt, durchaus denkbar. Erinnert
sei hier nur an Aarons blühenden Stab (4. Mos. 17, 16–23) oder an den von
Joseph[328], wodurch er zum Bräutigam Marias bestimmt worden ist.

Ebenso möglich ist aber die Deutung, die sich auf Texte des Alten Testaments stützt. So heißt es bei Baruch (in der Vulgata 6, 13 mit anderem Text
als bei Luther 6, 14), es trage ein Zepter „der Richter, der den ihn Angrei-
fenden nicht tötet", womit schon das Zepter als Hoheitszeichen vom Stab
als Waffe getrennt wird. Noch deutlicher wird bei Esther 4, 11 das goldene
Zepter des Königs als „Zeichen der Gnade" (signum clementiae) berufen,
das der Herrscher nur auszustrecken brauche, um den Todgeweihten am
Leben zu lassen. Im selben Sinne hebt der König das Zepter gegen Esther
(5, 2), während in 8, 4 noch einmal das „Zeichen der Gnade" erscheint.
Daraus darf man folgern, daß dem Zepter zwar potentiell der Charakter der
Waffe verbleibt, daß es symbolischen Rang aber erst durch Ausschaltung
dieser Möglichkeit gewinnt. Das Zepter verkörpert Gewalt, die aber sein
Träger nur maßvoll zu üben verspricht.

Nicht ganz verständlich ist heute der Streit zwischen Karl von Amira und
Jacob Grimm, bei dem um den Träger des Stabes (im Sinne von Zepter)
Verwirrung entstand. Amira behauptete 1909[329], der Stab sei zwar „Zeichen des Regimentes, aber nur eines in fremdem Auftrag geführten Regimentes". Demgegenüber hatte Grimm schlicht die Meinung vertreten[330]:
„Wer den Stab hält und trägt, übt Gewalt aus; wer ihn hingibt, wegwirft,
bricht, läßt seine Gewalt fahren." In der Tat gibt es gerade in der Kunst un-
zählige Darstellungen, auf denen z. B. Engel das Zepter von Christus tragen oder Richter und Herolde das des Kaisers. In diesen Fällen trifft Amiras
Behauptung ebenso zu wie Grimms Definition bei anderen Bildern, auf
denen ein Kaiser oder Christus selbst das Zepter führt. Im Zweifelsfall ergibt sich aus dem Kontext ohne weiteres, ob die Gewalt im eigenen oder
fremden Namen geübt wird.

---

[327] F. Focke: Szepter und Krummstab, Festgabe für Alois Fuchs, Paderborn
1950, S. 337–387, besonders S. 346–347. J. Schouten: The rod and serpent of
Asklepios, symbol of medecine, Amsterdam–London–New York 1967, S. 41.
[328] Die Legenda aurea des Jacobus de Voragine, aus dem Lateinischen übersetzt
von Richard Benz, Heidelberg o. J. (ca. 1955), S. 681 682.
[329] K. von Amira: Der Stab in der germanischen Rechtssymbolik, Abhandlungen
der Königlich Bayerischen Akademie der Wissenschaften, philosophisch-historische
Klasse, XXV, 1, München 1909, S. 129.
[330] J. Grimm: Deutsche Rechtsaltertümer, Göttingen ³1881, S. 137.

58   I. Symbole aus frühchristlicher Zeit

Die republikanischen Römer verstanden das Zepter schon so sehr als Zeichen von Macht, daß sie es nicht nur attributiv im Bild den Göttern beigaben, sondern es auch symbolisch das Königtum vertreten ließen. So zeigt ein Denar aus dem Jahre 53 v. Chr.[331], der als Propaganda gegen Pompejus dienen sollte, die republikanische Sella curulis, die auf Zepter und Diadem als Zeichen der Königsmacht steht. Damit war die Unterdrückung monarchischer Tendenzen zum Ausdruck gebracht. Ebenfalls Propagandazwecken diente der Denar[332] von Casca und Brutus (ca. 43–42 v. Chr.), auf dessen Revers die Victoria nicht nur ein zerrissenes Diadem in der Hand hält, sondern auch auf ein zerbrochenes Zepter tritt.

Im kaiserlichen Rom ließ Nero ca. 65–68 n. Chr. einen Aureus[333] prägen, dessen Rückseite den thronenden „IVPPITER CVSTOS" zeigt, der den Kaiser vor dem Anschlag des Piso bewahrt haben sollte. Dieser Jupiter trägt in der Rechten den Blitz und in der Linken ein langes Zepter. Er erscheint im Profil und muß den Arm hochrecken, um das Zepter am höchsten Punkt zu ergreifen. Diese Haltung entsprach so sehr der gebotenen Würde, daß sie noch Jahrhunderte später dem Herrscher verbleibt. Der christliche Kaiser Otto III. wird im Münchner Evangeliar[334] (Abb. 11) ebenso wiedergegeben, wenn auch durch Frontalität noch stärker auf den Betrachter bezogen. Sein Zepter wird von einem Vogel, in dem man wohl einen Adler zu erkennen hat, bekrönt. Zuletzt hat noch Ingres 1806 den neuen Kaiser Napoleon in derselben zeremoniellen Haltung gemalt[335], die wohl über Werke van Eycks und byzantinischer Künstler das mittelalterliche Vorbild nachzuahmen suchte. Auch Napoleon muß mit der behandschuhten Rechten ganz hoch greifen, um das Zepter Karls V. unterhalb der Bekrönung zu fassen. In allen Fällen ist es selbstverständlich der autonome Herrscher, der seine Macht im Symbol des Zepters zum Ausdruck bringt.

Im selben Evangeliar Ottos III. ist auch Pilatus[336] zu sehen, der thronend als Richter den stehenden Christus verhört. Hier hält er in der Linken das Zepter, das ihm als römischem Beamten vom Kaiser verliehen ist. Dabei handelt es sich also um das von Amira so genannte „in fremdem Auftrag geführte Regiment". Das gleiche gilt für den Engel der Verkündigung, der im Auftrag Gottes – gewissermaßen als sein Herold – Maria die frohe Bot-

---

[331] J. W. Salomonson: Chair, sceptre and wreath, Diss. Groningen 1956, S. 67, fig. 32.

[332] Salomonson, a. a. O. (Anm. 331), S. 66, fig. 31.

[333] Münze, Abb. 195.

[334] Siehe Anm. 204.

[335] E. Radius–E. Camesasca: L'opera completa di Ingres, Mailand 1981, Nr. 36, Taf. XV.

[336] Fol. 347: Schiller 2, Abb. 212.

A. Aus der Antike übernommene Symbole   59

schaft übermittelt. So wird er schon auf dem Elfenbeinrelief an der Maxi-
mians-Kathedra aus der Mitte des 6. Jh.[337] mit dem Zepter in der Linken
abgebildet.

Globus

Neben dem Zepter ist das wichtigste Herrschaftszeichen der Globus[338],
dessen Bedeutung schon umrissen wurde (S. 21 und 46). Er verkörpert die
Welt und macht seinen Träger zum Kosmokrator, zum Weltherrscher.
Schon in der Antike war dieses Symbol verbreitet, ohne daß man deswegen
der Erde die Kugelform hätte zuschreiben wollen. Vielmehr war man über-
zeugt, daß Gott bei Schaffung der Welt die vollkommenste Form gewählt
habe, und als solche galt damals die Kugel. So heißt es bei Platon von Gott
und der Welt[339]: „Deshalb drehte er sie denn auch kugelförmig, so daß sie
von der Mitte aus überall gleich weit von ihren Endpunkten entfernt war,
nach Maßgabe der Kreisform, welche von allen Gestalten die vollkommenste und am meisten sich selber gleiche ist, indem er das Gleiche für tau-
sendmal schöner als das Ungleiche hielt."
Die Römer folgten dieser Bewertung, und Plinius der Jüngere[340] nannte
die Gestalt der Welt „die einer vollkommenen Kugel". Noch in christlicher
Zeit war man derselben Meinung, so daß Kopernikus[341] die sphärische Gestalt des Weltkörpers als „forma perfectissima" (vollkommenste Form) bezeichnet hat, weil man nichts hinzufügen und nichts wegnehmen könne.
Ebenso beschrieb am Ende des 18. Jh. Boullée[342] die Kugelform als „Bild
der Vollkommenheit".
Sinnfällig wird diese Vorstellung, wenn der römische Kaiser den kleinen
Globus in der Hand hält, um seinen Anspruch auf Weltherrschaft zu unterstreichen. So sitzt Claudius mit dem Globus in der Linken auf der Sella curulis (Dupondius[343], ca. 42 n. Chr.), so übergibt der (bereits verstorbene)

---

[337] Schiller 1, Abb. 71.

[338] Schramm, a. a. O. (Anm. 74).

[339] Timaios, p. 33 B. Deutsch von Franz Susemihl (Platon: Sämtliche Werke,
Heidelberg o. J., 3. Band, S. 112).

[340] C. Plinius Secundus: Naturalis historia, ed. D. Detlefsen, Berlin 1866–1882:
II, 5: Formam eius in speciem orbis absoluti globatam esse.

[341] H. Blumenberg: Die Legitimität der Neuzeit, Frankfurt a. M. 1966,
S. 369–370; Kopernikus: De revolutionibus, 1.

[342] A. M. Vogt: Boullées Newton-Denkmal. Sakralbau und Kugelidee. Basel–
Stuttgart 1969 (Geschichte und Theorie der Architektur, 3), S. 155–156 („l'image de
la perfection").

[343] Münze, Abb. 175.

60   I. Symbole aus frühchristlicher Zeit

Trajan seinem Nachfolger Hadrian stehend den Globus (Sesterz[344], 117
n. Chr.), und so kann selbst Jupiter einem Kaiser den Globus[345] anvertrau-
en. Auch die christlichen Kaiser bedienen sich dieser Symbolik. Etwa
383–388 n. Chr. sieht man zwei Kaiser (wohl Magnus Maximus und Theodosius I.) frontal thronen, die gemeinsam einen Globus berühren (auf einem in London geprägten Solidus)[346]. Noch krasser betont man die Herrschaft, wenn sich der Globus unter dem Sieger befindet. Von Cäsar heißt es
bei Cassius Dio[347]: „Auf dem Kapitol sollte . . . sein Standbild von Erz
über einer Weltkugel mit daruntergesetzter Inschrift: der Halbgott, aufgestellt werden." Dieselbe Bedeutung besitzt die Figur jenes Christus, der in
Ravenna die Apsis von S. Vitale[348] beherrscht und der als Thronender auf
einem Globus erscheint (Mitte des 6. Jh.). Hier nutzt man die Anschau-
lichkeit von oben und unten, die sich als Zeichen von Herrschaft versteht.
In gleicher Bedeutung beginnt mit Theodosius II. die Reihe der Globen,
auf denen ein Kreuz[349] steht. Beherrschung der Welt durch Christus wird
damit zum Ausdruck gebracht.

Um die Jahrtausendwende tritt in der Benennung des Globus eine Ver-
schiebung ein, die noch im heutigen Sprachgebrauch nachwirkt. Die Ku-
gelbezeichnungen Sphaira und Globus werden durch das Wort pomum[350]
ersetzt, das man als „Reichsapfel" verdeutscht. Die Verwechslung von
Kugel und Apfel rührt daher, daß Maria seit der goldenen Madonna von
Essen[351] häufig mit dem Apfel gezeigt wird. Dadurch soll Maria als neue
Eva dem neuen Adam Christus gegenübergestellt und der Sündenfall durch
göttliche Gnade als aufgehoben erscheinen. Oft läßt sich nicht entscheiden,
ob bei den Darstellungen Maria mit Reichsapfel als Himmelskönigin oder
als neue Eva mit Apfel gemeint ist. Sicher wird auch gelegentlich mit beiden
Bedeutungen gespielt. So thront in der Mitte der Gnadenpforte des Bamberger Doms[352] (um 1220) Maria mit einem Reichsapfel in der Rechten, der
ebenso theologisch wie weltlich zu deuten ist. Denn im säkularen Sinne
sollen hier Maria und Christus als Verleiher der Weltherrschaft insofern
fungieren, als zu ihrer Linken Kaiser Heinrich erscheint, der zwar auch

---

[344] Münze, Abb. 277.
[345] Alföldi, a. a. O. (Anm. 130), S. 119 mit Taf. 8, 15.
[346] Münze, Abb. 723.
[347] 43, 14. Cassius Dio, a. a. O. (Anm. 317), S. 588.
[348] Volbach, Taf. 158.
[349] Siehe Anm. 73.
[350] Schramm, a. a. O. (Anm. 74), S. 33.
[351] Ausstellungskatalog: Werdendes Abendland an Rhein und Ruhr, Essen 1956,
Nr. 498, Taf. 52.
[352] Budde, a. a. O. (Anm. 206), S. 93–94, Nrn. 226–227.

A. Aus der Antike übernommene Symbole 61

Stifter des Doms war, der aber genauso als weltlicher Herrscher gemeint ist.

Wie in der Antike Jupiter dem Kaiser den Globus überreichen konnte, so kann auch der christliche Kaiser Christus den Globus zurückgeben. Es war schon die Rede (S. 46) von dem Holzschnitt des Hans Springinklee[353] (Abb. 12), auf dem Kaiser Maximilian als Auferstandener vor Christus kniet. Er hat die Weltherrschaft abgegeben, indem er den kreuzbewehrten Globus vor sich niedergelegt hat, während Christus als neuer Weltherrscher denselben Globus in der Linken hält.

Dürer hat das römische Motiv der Victoria, die auf der Weltkugel steht, für seine Nemesis[354] aufgegriffen, die er in den ersten Jahren des 16. Jh. als nackte geflügelte Figur wiedergab. Die Göttin der Gerechtigkeit trägt in der Linken das Zaumzeug zur Zähmung der bösen Menschen, während sie die Rechte mit dem Pokal hebt, der den Guten zugedacht ist. In sakralem Zusammenhang erscheint dementsprechend Maria vom Siege[355] auf der Weltkugel stehend als Thema der Gegenreformation. Bildwerke von Verbruggen in der Brüsseler Kathedrale (1695–99) und von Ignaz Günther in Weyarn (um 1764) zeigen dabei Christus als Vernichter der Schlange, die sich um den Erdball ringelt. Schließlich hat Boullée, dessen Ansicht über die Kugelsymbolik schon zitiert wurde, 1784 einen Entwurf für ein Newton-Denkmal[356] geliefert, das den großen Naturwissenschaftler als Schöpfer der Welt verewigen sollte. Eine unbetretbare Kugel von riesigem Ausmaß war geplant, um jene Welt zu zeigen, die Newton als ursprüngliche Gestalt der Erde ausgemacht hatte. Die Abflachung an den Polen war nach Newton erst durch Rotation entstanden. In einem Essai hat Boullée diese Erkenntnis Newtons so beschrieben[357]: „du hast die Figur der Erde bestimmt" (déterminé). Dieses „Bestimmen" war ebenso als „erkennen" wie als „befehlen" gemeint. Insofern macht Boullée Newton mit Hilfe der Kugel zum Weltschöpfer. Das Symbol des Globus hat damit noch einmal dazu gedient, einem Menschen die Welt untertan zu machen.

---

[353] Siehe Anm. 253.

[354] Panofsky, a. a. O. (Anm 188), S. 109–110, Abb. 115. Zur Ableitung vgl. E. Panofsky: „Virgo et Victrix". A note on Dürer's Nemesis, Prints, 1962, S. 27.

[355] LCI 3, 1971, Sp. 199–200 mit Belegen.

[356] Vogt, a. a. O. (Anm. 342).

[357] Vogt, a. a. O. (Anm. 342), S. 292–293.

62   I. Symbole aus frühchristlicher Zeit

Schiff

Während Zepter und Globus als Insignien den Menschen als Herrscher bezeichnen, ist das Schiff [358] als Symbol mit dem Menschen nur locker verbunden. Bei Platon wird „die Schiffahrt unseres Lebens" erwähnt (Gesetze, p. 803), und auch für den Christen Clemens von Alexandria war das Schiff, wie schon gesagt (S. 18), ein vertrautes Symbol. Sowohl in der spätantiken [359] wie in der frühchristlichen Grabkunst [360] begegnen Darstellungen mit dem Schiff, das auf einen Leuchtturm zufährt. Damit ist die Fahrt über das Meer des Lebens zum sicheren Hafen gemeint, der sich für den Christen im Paradies verkörpert.

Während das Mittelalter entsprechende Bilder nicht kennt, gibt es seit dem 15. Jh. erneut Wiedergaben des Lebensschiffs, die nun auch – im Sinne der günstigen Fahrt – als Symbole der Hoffnung [361] verstanden werden. In einem emblematischen Werk von 1581 [362] sieht man die Arche Noah auf dem Berge Ararat stehen, wozu der Text erläutert, daß „unser Lebens-Schiff" zwar „endlich gar zu Grunde gehet", der Gerechte aber jedenfalls „sein Schiff ans Land bringet". Ebenso skeptisch schildert der Illustrator eines Amsterdamer Werks von 1655 [363] die Schiffsreise des Lebens, denn er zeigt auf dem Bug des mit Männern und Frauen gefüllten Schiffs den Zeitgott Chronos und auf dem Heck den Tod, der schon zum Zeichen des Endes Posaune bläst.

Caspar David Friedrich hat das Schiff mehrfach zum Symbol der Lebensreise und der Hoffnung erhoben. So läßt er um 1820 ein Paar „auf dem Segler" [364] bildeinwärts auf eine imaginäre Stadt zufahren (St. Petersburg). Die altdeutsche Kleidung, vor allem das Barett des Mannes, deutet auf „Demagogen" [365], die als deutsche Patrioten ihre Lebensreise in eine bessere Zukunft

---

[358] LCI 4, 1972, Sp. 61–67.

[359] J. Thimme: Erwerbungsbericht des Karlsruher Landesmuseums, Jahrbuch der staatlichen Kunstsammlungen in Baden-Württemberg 7, 1970, S. 128–130 (Kindersarkophag, um 240).

[360] G. Stuhlfauth: Das Schiff als Symbol der altchristlichen Kunst, Rivista di archeologia cristiana 19, 1942, S. 111–141, besonders S. 131–132.

[361] G. de Tervarent: Attributs et symboles dans l'art profane 1450–1600, Genève 1959, II, Sp. 282–283.

[362] Emblemata, Sp. 1845 (nach deutscher Übersetzung von 1698).

[363] B. Knipping: De iconografie van de contrareformatie in de Nederlanden, Hilversum 1939–1940, I, fig. 57.

[364] Ausstellungskatalog: Caspar David Friedrich 1774–1840, Hamburg 1974, Nr. 139.

[365] P. Märker: Geschichte als Natur. Untersuchungen zur Entwicklungsvorstellung bei Caspar David Friedrich, Diss. Kiel 1974, S. 38–39.

A. Aus der Antike übernommene Symbole 63

wagen. Ebenso zeigt Friedrich 1822 im ›Mondaufgang am Meer‹[366] (Berlin)
zwei Frauen und einen Mann, wieder in altdeutscher Tracht, auf einem Felsen (dem Symbol der Festigkeit und Beständigkeit), von dem aus sie einfah-
rende Schiffe betrachten. Der Mond als der „ewig wechselnde", wie ihn
Freund Carus[367] benannt hat, soll bessere Zeiten herbeiführen, in denen
die Hoffnungen der Menschen, verkörpert in den Schiffen, in Erfüllung
gehen.

Gleichzeitig hat Eberhard Wächter mehrfach dasselbe Thema[368] behandelt, zuerst auf einem Gemälde von 1815. Im Gegensatz zu Friedrich
stimmt Wächter das Bild melancholisch, wie sein Kommentar von 1821
beweist[369]: „Die Idee des Dahinschwindens des Lebens (das ja wohl zuweilen mit einem den Wellen preisgegebenen Schifflein verglichen wird)." Von
Wächter ist Ludwig Richter beeinflußt, der 1834 die ›Überfahrt am Schrek-
kenstein‹ (Dresden)[370] gemalt hat, bei der allerdings der Symbolgehalt zugunsten des Genrehaften aufgegeben ist.

Das Schiff kann aber in der christlichen Kunst noch eine andere Bedeutung haben, und zwar die der Kirche[371]. Bis heute klingt dies in den
Bezeichnungen für den Kirchenbau als „Mittelschiff" und „Seitenschiff"
nach. Tertullian[372] hat diese Symbolik schon am Ende des 2. Jh. eingeführt, als er die Arche Noah zur Präfiguration der Kirche erklärte. Letztlich
hängt eine solche Erklärung natürlich mit der anderen Bedeutung zusammen, die das Schiff zum sicheren Zufluchtsort (wie die Arche) auf dem
Meer des Lebens (wie der Sintflut) machte.

Auf einem Sarkophagdeckel des 4. Jh.[373] sieht man das Schiff der Kirche
mit Christus als Steuermann und den Evangelisten als Ruderknechten
(Rom, Museo cristiano). Rechts erscheint der Leuchtturm, von dem das
Schiff sich entfernt. Christus steuert also die Kirche auf das offene Meer
hinaus und blickt in Fahrtrichtung, weil er das Ruder führt.

---

[366] Ausstellungskatalog: Friedrich, a. a. O. (Anm. 364), Nr. 163.

[367] M. Prause: Carl Gustav Carus. Leben und Werk, Berlin 1968, S. 139: In einem
Aufsatz von 1845 schreibt C.: „Der Mond, der ewige wechselnde, das Symbol der
unendlich sich verwandelnden Natur."

[368] P. Köster: Wächters ›Lebensschiff‹ und Richters ›Überfahrt am Schrecken-
stein‹, Zeitschrift für Kunstgeschichte 29, 1966, S. 241–249.

[369] Köster, a. a. O. (Anm. 368), S. 244.

[370] Staatliche Kunstsammlungen Dresden: Gemäldegalerie Neue Meister, Dresden ⁴1975, S. 82, Nr. 2229.

[371] E. M. Vetter: sant peters schifflin, Kunst in Hessen und am Mittelrhein 9,
1969, S. 7–34.

[372] Liber de baptismo (PL 1, 1209).

[373] Stuhlfauth, a. a. O. (Anm. 360), S. 133.

64   I. Symbole aus frühchristlicher Zeit

Ein berühmtes Mosaik des frühen 14. Jh. nach dem Entwurf von Giotto[374], die sogenannte Navicella, ist leider bis auf dürftige Reste verlorengegangen. Das Bild zeigte die Jünger im Schiff, während Petrus und Christus
auf dem Meer wandelten. Es befand sich an repräsentativer Stelle über dem
Portikus von Alt-St. Peter in Rom. Mit Sicherheit sollte es nicht nur ein
Wunder des Heilands, sondern darüber hinaus das Schiff der Kirche verkörpern, das sich wegen der Verlegung des Papstsitzes von Rom nach
Avignon in höchster Not befand.

Die Tatsache, daß Petrus ein Fischer gewesen ist und daß deshalb das
Fahren auf dem See Genezareth im Neuen Testament häufig erwähnt wird,
hat sicher auch zur Beliebtheit des Schiffssymbols im Sinne der Kirche bei-
getragen. Ob das Gemälde von Konrad Witz im Genfer Museum[375] aus
dem Jahre 1444, das den riesigen Christus auf dem Meer wandelnd und vor
ihm Petrus versinkend zeigt (während im Boot inmitten der fischenden
Jünger ein zweites Mal Petrus erscheint), nur den wunderbaren Fischzug
wiedergeben soll oder in der Gestalt Petri den Gegenpapst Felix V., bleibt
unklar, solange nicht ausgemacht ist, ob der Bischof von Genf wirklich
Auftraggeber des Werkes war. Jedenfalls ist damit zu rechnen, daß hier wie
bei Giotto das Schiff auch die Kirche verkörpert.

Genauso auf den Augenblick bezogen ist das Schiff der Kirche, das Leonardo da Vinci[376] wohl 1515/16 gezeichnet hat (Windsor) (Abb. 13). Ein
Wolf (als Anspielung auf die römische Wölfin; gemeint ist der Papst) sitzt
am Steuer und blickt auf den Kompaß, der hinter einem Baum postiert ist.
Der Baum ist wohl auf das Holz des Lebens und damit auf das Kreuz zu beziehen, wodurch der Papst als Christi Stellvertreter auf Erden apostro-
phiert wird. Ein großer Adler steht rechts auf einer Weltkugel und ist damit
als Kaiser zu entschlüsseln. Dieser Adler lenkt durch Strahlen, die er auf
den Kompaß richtet, das Schiff der Kirche. Die Königskrone schwebt noch
auf Strahlen über dem Kopf des Adlers. Diese Allegorie will sagen, daß der
Papst Leo X. vom französischen König Franz I. gedrängt wird, ihn als Be-
werber für die Weltherrschaft (also die Kaiserkrone) anzuerkennen. Dann
wird das Schiff der Kirche gute Fahrt machen, wie das geschwellte Segel
beweist.

Gegen solche symbolischen Wiedergaben der Kirche wandte sich Luther

---

[374] Vigorelli–Baccheschi, a. a. O. (Anm. 94), Nr. 110. W. Kemp: Zum Programm von Stefaneschi-Altar und Navicella, Zeitschrift für Kunstgeschichte 30,
1967, S. 309–320.
[375] M. Teasdale Smith: Conrad Witz's „Miraculous draught of fishes" and the
council of Basel, Art Bulletin 52, 1970, S. 150–156.
[376] A. E. Popham: The drawings of Leonardo da Vinci, London 1963, Nr. 125.
M. Kemp: Navis ecclesiae. An Ambrosian metaphor in Leonardo's allegory of the

A. Aus der Antike übernommene Symbole 65

1538[377], freilich nur deshalb, weil im Schiff ausschließlich Geistliche zu sehen wären, während die Laien im Wasser trieben und nicht an Bord gelassen würden. Solche Darstellungen sind allerdings nicht erhalten, doch wird das Thema im Zuge der Gegenreformation zu einem katholischen Propagandainstrument, mit dessen Hilfe das Papsttum gestützt werden sollte. Noch im 18. Jh. sind Schiffskanzeln verbreitet, von denen diejenige in Traunkirchen[378] (1753) erwähnt sei. Zwei Jünger sitzen im Schiff der Kirche (dem Kanzelkorb) und werfen das Netz aus, während die Hauptszene auf der Kanzeltür abgebildet ist: hier wandelt Christus übergroß neben dem versinkenden Petrus auf dem Meer.

Neben der spezifisch christlichen Variante des Schiffs der Kirche gibt es noch eine dritte Bedeutung des Schiffs, die nun wieder in die Antike zurückreicht. Hier gilt das Schiff als Symbol des Staates. Aischylos spricht gleich zu Anfang seiner ›Sieben gegen Theben‹ von dem, der „am Ruder wacht des Staates"[379], und Platon beruft im ›Staatsmann‹ (p. 302 A) die Staaten, die „wie leck gewordene Schiffe" untergegangen sind „wegen der Schlechtigkeit des Steuermanns und der Schiffsleute"[380].

Im christlichen Bereich findet dieses Symbol nicht vor dem 16. Jh. Verwendung, als die Humanisten es in die Kunst einführten. In Gabriel Rollenhagens ›Nucleus emblematum‹ von 1611 wird die rechte Regierung durch einen König[381] verkörpert, der mit Krone und Zepter das Ruder eines Schiffs führt. Ausführlicher schildert Rubens das Staatsschiff, das Ludwig XIII. 1614 von seiner Mutter, der Königinwitwe Maria de'Medici übernimmt (Paris, Louvre)[382]. Der Sohn, durch Krone und Main de justice schon als Herrscher bezeichnet, hat auf dem Heck das Ruder des Schiffs übernommen, während hoch vor dem Mast die Verkörperung Frankreichs Globus und Flammenschwert vorzeigt. Die Ruder bewegen vier Frauen, in denen man dank ihrer Wappen Gerechtigkeit, Frömmigkeit, Stärke und

---

nautical wolf and imperious eagle, Bibliothèque d'Humanisme et Renaissance. Travaux et Documents 43, 1981, S. 257–268.

[377] Vetter, a. a. O. (Anm. 371), S. 27 (Kritische Gesamtausgabe, Tischreden, Bd. 4, Weimar 1916, S. 110).

[378] R. Hootz: Kunstdenkmäler in Österreich. Ein Bildhandbuch: Oberösterreich, Niederösterreich, Burgenland. Darmstadt 1967, S. 333.

[379] Aischylos: Die Tragödien und Fragmente, deutsch v. J. G. Droysen, Stuttgart 1950 (Kröners Taschenausgabe, 152), S. 75.

[380] Platon, a. a. O. (Anm. 339), 2. Band, S. 801.

[381] G. Rollenhagen: Sinn-Bilder. Ein Tugendspiegel, herausgegeben v. C.-P. Warncke, Dortmund 1983 (Die bibliophilen Taschenbücher, 378), S. 85 (I, 37).

[382] E. Vetter: Rubens und die Genese des Programms der Medicigalerie, Pantheon 32, 1974, S. 368.

66   I. Symbole aus frühchristlicher Zeit

Treue erkennt. Die Mäßigung zieht jenes Segel ein, über dem zwei Sterne auf Castor und Pollux verweisen, die gutes Gelingen der Seefahrt versprechen.

Vogel

Zuletzt ist als eines der aus der Antike entlehnten Symbole der Vogel[383] zu nennen, der meistens die Seele[384] verkörpert. Auf den frühchristlichen Bildern von Schiffen, die eben zitiert wurden, erscheint häufig die Taube in dieser Bedeutung, befindet sie sich doch auf der „Heimfahrt ins Paradies"[385]. Die Darstellung eines Vogels im Käfig[386], die Mosaiken des 5. und 6. Jh. enthalten, geht auf entsprechende heidnische Werke zurück und verweist auf die Seele, die sich gefangen im Körper befindet und die erst beim Tode des Leibes befreit in den Himmel gelangt. Seit karolingischer Zeit wird die Seele als Vogel besonders beim Tod eines Menschen gezeigt, aber auch auf Bildern des Jüngsten Gerichts[387]. Noch auf Martin Knollers Gemälde für den Hochaltar von Benediktbeuern aus dem Jahre 1788[388] sieht der heilige Benedikt eine Taube auf den Christusknaben zufliegen, die als Symbol für die Seele seiner Schwester Scholastika gezeigt wird. Auch der Vogel im Käfig ist noch in der Neuzeit zu sehen, z. B. in einem Antwerpener Emblembuch von 1565[389]. Hier wird allerdings das Verstummen der Nachtigall im Käfig als „Gefangenschaft des Geistes" gedeutet. Doch auch die Sinngebung der frühen Christen wird überliefert, so 1580 in den ›Icones‹ von Beza[390], wo der Vogel aus dem zerbrochenen Käfig fliegt und dies als Befreiung nach dem Tod interpretiert wird.

Vom 14. bis zum 16. Jh. gibt es in Plastik und Malerei Darstellungen von Maria mit ihrem Kind[391], auf denen entweder Christus selbst einen Vogel

---

[383] Das Buch von K. Spiess: Der Vogel. Bedeutung und Gestalt in sagentümlicher und bildlicher Überlieferung, Klagenfurt 1969 (Aus Forschung und Kunst, 3) ist wissenschaftlich überholt.

[384] LCI 4, 1972, Sp. 141.

[385] Stuhlfauth, a. a. O. (Anm. 360), S. 132.

[386] A. Grabar: Un thème de l'iconographie chrétienne: L'oiseau dans la cage, Cahiers archéologiques 16, 1966, S. 9–16.

[387] de Chapeaurouge, a. a. O. (Anm. 51), S. 14–15, 17–18.

[388] L. Weber: Benediktbeuern. Kloster und päpstliche Basilika St. Benedikt, München–Zürich ⁶1980 (Schnell, Kunstführer, 34), S. 17 mit Abb. S. 13.

[389] Emblemata, Sp. 871.

[390] Emblemata, Sp. 754.

[391] O. Kastner: Die Gottesmutter und das Kind mit dem Vöglein, Alte und moderne Kunst 6, Heft 53, Dezember 1961, S. 2–7.

A. Aus der Antike übernommene Symbole 67

hält oder ihm ein solcher gereicht wird. Man hat diesen Vogel übereinstimmend als Stieglitz oder Distelfink gedeutet, seine symbolische Bedeutung aber nicht entschlüsselt[392]. Es gibt jedoch einen Text von Leonardo, der weiterhilft[393]: „Der Stieglitz gibt seinen gefangenen Jungen giftiges Kraut: lieber Tod als Verlust der Freiheit." Damit ist der Stieglitz als Symbol des freiwilligen Todes bestimmt. Dies paßt besonders gut zu den genannten Bildern, weil hier oft trotz des kindlichen Jesus die Passion schon zum Ausdruck gebracht wird. So trägt bei der silbernen Madonna im belgischen St. Materne[394] (um 1300) der kleine Christus einen Vogel in der Hand und blickt auf den Saphir vor der Brust seiner Mutter. In diesem erkennt nicht nur er, sondern auch der Betrachter das Kreuz. Noch auf Michelangelos Madonnentondo für Taddeo Taddei[395] (in London, ca. 1505/06) wendet sich der Christusknabe erschreckt zur Mutter, weil ihm Johannes den Vogel als Hinweis auf die Passion präsentiert.

Daß der Vogel die Seele symbolisiert, erklärt sich einfach durch das Fliegen und die damit bewirkte Entfernung von der Erde. Der karminrote Streifen, den der Stieglitz um den Schnabel trägt, hat wohl durch den Bezug auf Blut zu der genannten Symbolik geführt. Und schließlich ist der Vogel noch zum Inbegriff des Sexus geworden durch die Begattung, die das Vogelpaar im Freien und damit für den Menschen deutlich sichtbar vorführt. Erst in der Neuzeit scheint der Vogel den Geschlechtstrieb zu symbolisieren, und in einem Utrechter Wörterbuch von 1623[396] wird die Vokabel „voghelen" übersetzt als koitieren und erklärt durch den Hinweis auf „die Geilheit der Vögel". Entsprechend wird auf einem Gemälde des Jan van Hemessen aus der Mitte des 16. Jh.[397] (in Karlsruhe) ein Bordell durch

[392] H. Friedmann: The symbolic goldfinch, its history and significance in European devotional art, Washington 1946 (Bollingen Series, VII).

[393] Ch. de Tolnay: The youth of Michelangelo (Michelangelo, I), Princeton ²1947, S. 264: Il calderugio dà il titimalo ai figliuoli ingabbiati: prima morte che perdere libertà.

[394] D. J. Janson: Omega in Alpha: The Christ child's foreknowledge of his fate, Jahrbuch der Hamburger Kunstsammlungen 18, 1973, S. 33–42.

[395] Tolnay, a. a. O. (Anm. 393), S. 104. Tolnay hat als erster den Text von Leonardo zur Deutung dieses Tondos nutzbar gemacht.

[396] C. Kilianus: Etymologicum Teutonicae linguae, sive Dictionarium Teutonico-Latinum, Ultraiecti 1623, s. v. voghelen: inire, coire, rem veneream exercere: ab avium salacitate metaphora sumpta. Zitiert nach E. de Jongh: Erotica in vogelperspectief. De dubbelzinnigheid van een reeks 17de eeuwse genrevoorstellingen, Simiolus 3, 1968–69, S. 22–74, hier S. 27.

[397] de Jongh, a. a. O. (Anm. 396), S. 26–27, Abb. 5. Lauts, a. a. O. (Anm. 307), S. 141–142, Nr. 152.

68   I. Symbole aus frühchristlicher Zeit

einen Käfig angezeigt, in dem Vögel sitzen. Nur der Kontext erweist in diesem Fall, daß nicht die andere Symbolik von Seele und Körper bei Vogel und Käfig gemeint ist. Ebenso zeigt Willem van Mieris auf einem Bild von 1687[398] (in Hamburg), daß eine Frau dem Vogel nachblickt, der ihrem Käfig entflogen ist. Auch hier sieht man am unwilligen Blick, daß nicht etwa der Vogel die Seele bedeutet, sondern daß diese Frau den Geliebten entbehrt. Umgekehrt zeigt Boucher 1761 auf einem Gemälde[399] (in Edinburgh, National Gallery of Scotland), wie der Mann einem Mädchen zum Kauf einen Vogel anbietet, den er auf den Finger gesetzt hat. Hier wird durch den Vogel die Wollust des Mannes verkörpert.

B. Rein christliche Symbole

Lamm

Gegenüber den vielen in der frühchristlichen Kunst nachweisbaren Symbolen, die aus der Antike übernommen sind, gibt es nur wenige, die christlichen Ursprung verraten. Dazu gehört vor allem das Lamm[400], das wie kaum ein anderes Symbol in der Sakralkunst Verbreitung gefunden hat.

Im Alten Testament sind es die Lämmer, die auf dem Altar geopfert werden sollen (2. Mos. 12, 3 und 29, 38–41). Demgegenüber vertritt schon Jesaias die Meinung, daß ein Lamm die Sünden der Menschen zu tragen bereit sei, ohne zu klagen (53, 6–7). Aus diesem prophetischen Wort hat dann Johannes gefolgert, daß Christus das Opfertier sei: „Siehe, das ist Gottes Lamm, welches der Welt Sünde trägt" (1, 29). Und Paulus bezeichnet in 1. Korinther 5, 7 Christus direkt als das Osterlamm.

Bereits in konstantinischer Zeit ist Christus als Lamm verkörpert worden, sogar in Gestalt einer goldenen Statuette. Dies überliefert der ›Liber pontificalis‹[401] unter der Amtszeit Silvesters I. (314–335) für das Baptisterium des Laterans. Dieses goldene Lamm ist aber ebensowenig erhalten wie das einst unter dem thronenden Christuskönig dargestellte auf dem Mosaik

---

[398] Katalog Hamburg, a. a. O. (Anm. 54), S. 114, Nr. 524. de Jongh, a. a. O. (Anm. 396), S. 49–50, Abb. 21: die hier genannte Deutung auf den Verlust der Jungfräulichkeit scheint mir verfehlt.

[399] T. Clifford: Die Schottischen Nationalgalerien in Edinburgh, München 1990, Abb. S. 64.

[400] LCI 3, 1971, Sp. 7–14.

[401] RDK 3, 1954, Sp. 723.

B. Rein christliche Symbole
69

der Apsis von S. Pudenziana in Rom aus dem Anfang des 5.[402] oder dem
Ende des 4. Jh.[403]. Noch eine dritte Lammdarstellung aus dem päpstlichen
Rom der Frühzeit ist verlorengegangen, nämlich die auf dem Mosaik der
Fassade von Alt-St. Peter[404] aus dem 2. Viertel des 5. Jh. Hier war das
Lamm, wie auf späteren Zeichnungen sichtbar, stehend gezeigt, im Schrei-
ten nach links, den rückwärts gedrehten Kopf mit dem Kreuznimbus ge-
ziert. Das Lamm überragte die vier Evangelistensymbole und die 24 Alten,
die aufblickten zum geopferten Christus.

Diese Figuration, die weitgehend von einem Text wie der Offenbarung
des Johannes 5, 6 abzuleiten ist, wird übertragen in die karolingische
Buchmalerei. In einem Evangeliar aus Soissons, das im Anfang des 9. Jh.
ausgemalt worden ist, sieht man wieder das Lamm ganz oben in einem
Clipeus stehen. Von ihm gehen Strahlen auf die 24 Alten darunter und auf
die noch tiefer befindlichen Evangelistensymbole aus (Paris, Bibliothèque
Nationale, Ms. lat. 8850, fol. 1 v)[405]. Auch hier trägt das Lamm den Kreuznimbus, freilich ohne den Kopf zurückzudrehen.

Im 9. Jh. setzt überhaupt eine reiche Tradition[406] von Lammdarstellun-
gen ein, die sich bis ins 12. Jh. erstreckt. Das Lamm wird immer stehend
gezeigt, wodurch seine Macht deutlicher zum Ausdruck gebracht werden
kann als durch eine Wiedergabe des auf dem Opferaltar liegenden Tiers.
Dank seiner Position in der Mitte wirkt es vielfach bildbeherrschend, während die Evangelistensymbole trabantenartig die Hauptfigur umgeben. Gelegentlich sieht man die Kirche als Frau[407], die mit einem Kelch das Blut aus
der Seite des Lammes empfängt. Das Thema begegnet nicht nur in der
Buchmalerei, sondern auch auf Reliquiaren und auf Kreuzen. Hier allerdings war Vorsicht geboten, denn das Trullanum von 692 hatte verbo-
ten[408], Christus am Kreuz als Lamm darzustellen. Trotzdem blieb das Motiv in der Kunst verbreitet; doch wurde das Lamm bloß auf der Rückseite
des Kreuzes[409] geduldet.

Dem Spätmittelalter blieb es vorbehalten, das Christuslamm noch in anderer Form und in neuem Kontext zu zeigen. So veranschaulichte Geertgen

[402] Brenk, a. a. O. (Anm. 56), S. 71–72.
[403] H. Brandenburg bei Brenk, a. a. O. (Anm. 56), S. 128.
[404] RDK 6, 1973, Sp. 521 (m. Abb. 1 in Sp. 519).
[405] A. Boeckler: Deutsche Buchmalerei vorgotischer Zeit, Königstein im Taunus
1952, Abb. S. 14.
[406] Schiller 2, Abb. 397–408.
[407] Schiller 2, Abb. 400 und 403.
[408] RDK 3, 1954, Sp. 724.
[409] Schiller 2, Abb. 407: Rückseite des Altarkreuzes im Domschatz von Fritzlar
(Mitte des 12. Jh.).

70   I. Symbole aus frühchristlicher Zeit

tot Sint Jans am Ende des 15. Jh. auf einem Gemälde in Berlin[410] das Johanneswort vom Gotteslamm. Der Vorläufer sitzt nachdenklich, den Kopf in die Hand gestützt, in einsamer Landschaft und bemerkt nicht das Lamm, das neben ihm liegt und das einen strahlenden Nimbus in Kreuzform besitzt. Gegenüber diesem bescheidenen Andachtsbild gibt Hans Schäufelein 1513 auf seinem Allerheiligenbild in Auhausen[411] ein großes Programm wieder. Oben wird Maria von der Trinität bekrönt, und darunter erscheint in kleinerer Wolkenglorie das Lamm, durch Nimbus in Kreuzform als Christus bezeichnet. Unter dem Lamm sind Propheten und Heilige stehend und kniend vereinigt, und das Lamm steht (nach Offenbarung, Kapitel 5) auf dem Buch mit den sieben Siegeln, die nur von ihm geöffnet werden können.

Der Hinweis auf diese Werke ist wichtig, weil er beweist, daß den Zeitgenossen der Reformation das Lamm als Christi Symbol durchaus bekannt war. Um so gravierender muß sein Fehlen bemerkt worden sein, wenn auf dem Holzschnitt B. 53 von Dürer[412] beim Abendmahl nur eine leere Schüssel gezeigt wird, dazu noch zentral und in Aufsicht (1523). Damit wollte Dürer beweisen, daß für ihn wie für Luther das Abendmahl nicht mehr als Messe galt, nicht mehr als Opfer und als Sakrament. Statt dessen erscheint auf dem Tisch nur der Kelch, der deutlich macht, daß nun dem Laien und nicht bloß dem Priester erlaubt ist, den Wein als das Blut seines Herrn zu trinken.

Damit war aber natürlich die Bildersymbolik des Lamms nicht zu Ende. Nur ein Werk sei hier noch erwähnt, um zu zeigen, daß bis in das 18. Jh. das Opferlamm Christus ein Thema der Kunst blieb. Matthäus Günther hat 1745 in der Kirche von Amorbach die Anbetung des Lammes durch die 24 Alten gemalt. Schon auf dem Entwurf für dieses Fresko in Augsburg[413] (Abb. 14) sieht man das liegende Lamm auf dem Buch mit den sieben Siegeln. Darüber erscheint Gottvater leibhaftig als zweite Person der dreieinigen Gottheit. Die dritte Person wird, wieder symbolisch, durch Flammen markiert, so daß sich der Geist in seinen sieben Gaben um Gott den Vater herumlegt.

Im Christentum zielt die Bedeutung des Lammes fast immer auf Christus, doch gibt es in seltenen Fällen auch anders Gemeintes. Dies gilt jeweils

[410] Gemäldegalerie Staatliche Museen Preußischer Kulturbesitz Berlin. Katalog der ausgestellten Gemälde des 13.–18. Jh., Berlin–Dahlem 1975, S. 164–165.
[411] RDK 5, 1967, Sp. 573–574 mit Abb. 8.
[412] Panofsky, a. a. O. (Anm. 188), S. 295–298, Abb. 278.
[413] H. Tintelnot: Die barocke Freskomalerei in Deutschland, München 1951, Farbtaf. VIII.

B. Rein christliche Symbole 71

dann, wenn das Lamm in der Mehrzahl erscheint. Hierbei ist das Christuswort wichtig (Lukas 10, 3): „Ich sende euch als die Lämmer unter die
Wölfe." Darüber hinaus ist noch der Text zum Jüngsten Gericht heranzu-
ziehen, der schon auf S. 32 zitiert worden ist (Matth. 25, 33). Darin werden
die Schafe zur Rechten, die Böcke zur Linken geordnet. Entsprechend sieht
man auf einem Mosaik in S. Apollinare Nuovo in Ravenna[414] aus dem frühen 6. Jh. zur Rechten des thronenden Christus drei Schafe, zur Linken
drei Böcke. Auf dem ebenfalls in Ravenna befindlichen Apsismosaik von
S. Apollinare in Classe[415], das wenig später ausgeführt worden ist, wird der
Kirchenheilige, der als Orans die Mitte markiert, umgeben von je sechs
Lämmern, in denen man die Apostel erkennen muß. Über ihm ist die Verklärung Christi zu sehen, bei welcher die Jünger Johannes, Jakobus und
Petrus noch einmal als Lämmer erscheinen (Abb. 1).

Fels

Wie das Lamm in erster Linie symbolisch auf Christus zielt, so ist auch
der Fels[416] zunächst Sinnbild des Gottessohns. Jesus hat im Gleichnis
(Matth. 7, 24–25 und Lukas 6, 48) das Haus, das auf einem Felsen errichtet
ist, als fest gegründet bezeichnet. Daher ist der Fels allgemein Symbol der
Festigkeit, wie schon vorher erwähnt (S. 63). Der Anlaß für die Deutung
auf Christus ergab sich aus der Geschichte vom Durchzug der Israeliten
durch die Wüste (2. Mos. 17, 1–7 und 4. Mos. 20, 1–13). Hier drohte das
Volk zu verdursten, bis es Moses mit Gottes Hilfe gelang, Wasser aus einem
Felsen zu schlagen. Daraus hat Paulus gefolgert (1. Kor. 10, 4): „Sie tran-
ken aber von dem geistlichen Fels, der mitfolgte, welcher war Christus."
Dadurch erklärt sich, daß die frühen Christen diese Szene sowohl in der
Sarkophagplastik wie in der Katakombenmalerei wiedergaben. Man muß
sich dazu allerdings vergegenwärtigen, daß hier nicht nur der Fels als Christus, sondern auch das Wasser als Wasser des Lebens gemeint ist. Als
solches hatte Christus es gegenüber der samaritischen Frau bezeichnet, die
ihm am Brunnen von Sichar begegnet war (Joh. 4, 10, 11 und 14). Wer von
dem lebendigen Wasser trinke, dem sei das ewige Leben gewiß.
Schon in vorkonstantinischer Zeit ist auf einem Sarkophag im Lateranmuseum[417] über der großen Jonas-Geschichte das Wunder des Moses dar-

[414] Volbach, Taf. 151.
[415] Volbach, Taf. 173.
[416] LCI 2, 1970, Sp. 24–25.
[417] Volbach, Taf. 40 oben.

72   I. Symbole aus frühchristlicher Zeit

gestellt worden. Wie Jonas drei Tage im Innern des Fisches überlebte
(Jona 2, 1) und sich als „Auferstandener" unter der Kürbislaube wiederfand
(Jona 4, 6), so erinnert auch Moses mit dem Christus-Felsen an das ewige
Leben. Auf der kleinen Szene rührt der große Moses mit dem Stab an den
Felsen, aus dem schon Wasser zu den Israeliten hinabläuft. Auch als Ver-
heißung der Seligkeit hat dann im 4. Jh. ein Maler der römischen Priscilla-
Katakombe[418] das Thema aufgegriffen. Neben dem Moses, der die Sanda-
len löst, sieht man ein zweites Mal Moses, der mit einem Stab an den Felsen
rührt. Ein kleinerer Israelit schöpft schon das sprudelnde Wasser in seine
ausgebreiteten Hände.

Im Mittelalter wird dann der Fels noch konkreter mit Christus verglichen, indem man die Quelle der Seitenwunde des Kruzifixus gleichsetzt. So
kann dann um 1170 auf dem Kreuzsockel aus St. Bertin in St. Omer[419] das
Wunder des Moses als alttestamentliches Vorbild der Kreuzigung korre-
spondieren. Auf dem Email steht der Fels in der Mitte, während Moses zur
Linken die Quelle eröffnet. Die Israeliten erscheinen vornübergebeugt
oder auch staunend als Menge zur Rechten.

Außer dem Moses-Exempel kann auch in anderem Kontext der Fels
selbstverständlich Christus bedeuten. So möchte man meinen, daß auf einer
Ansicht des neuen St. Peter von 1506[420] der felsige Boden, auf dem sich die
Kirche erhebt, hier Christus verkörpert, der somit den Bau wie ein Sockel
fundiert. Doch ist für das Bild eine andere Deutung des Felsens, und zwar
die auf Petrus, im Vorteil. Denn Christus hat selbst zu Petrus gesagt: „Du
bist Petrus, und auf diesen Felsen will ich meine Kirche bauen."
(Matth. 16, 18). So liegt es sehr nahe, den Felsen als Petrus zu deuten, zumal
ja die Kirche St. Peter geweiht ist. Darüber hinaus hatte wenige Jahre zuvor
Michelangelo seine Maria der Pietà für St. Peter[421] auf einen Felsen gesetzt,
womit selbstverständlich nur Petrus gemeint ist.

Allgemeiner konnte in der Neuzeit – gemäß dem Christuswort von dem
Haus, das fest auf einen Felsen gegründet ist – der Fels zum Symbol von Festigkeit[422] werden. Schon in der ersten Auflage von Alciatos ›Emblemata‹
(1531) ist auf Blatt 8 ein Holzschnitt[423] zu sehen, der einen hohen, unre-
gelmäßigen Fels zeigt, auf den von verschiedenen Seiten vier Windsköpfe
Wolken zublasen. Aber „Adversis duro" (ich trotze den Gegnern) verkün-

---

[418] Volbach, Taf. 9 unten.
[419] Schiller 2, S. 137, Abb. 421.
[420] Ausstellungskatalog: Rom, a. a. O. (Anm. 199), Nr. 342 (vgl. auch Nr. 351).
[421] Ch. de Tolnay: The Youth of Michelangelo, Princeton ²1947 (Michelangelo, I), S. 91.
[422] RDK 7, 1981, Sp. 1210–1226.
[423] RDK 7, 1981, Sp. 1212, Abb. 2.

B. Rein christliche Symbole

det die Inschrift. Genauso verleiht der Granitblock von riesigem Ausmaß, der Falconets Denkmal von Peter dem Großen (Abb. 15) als Sockel die Stütze gibt, dem Zaren zu Pferde symbolisch die Standfestigkeit. Der Bildhauer hatte den Felsblock, den er schon bezeichnenderweise „cette roche emblématique"[424] genannt hat, in langem Transport ab 1768 nach Petersburg schaffen lassen. Für das bei der Pesade gezeigte Pferd, welches das Ausgreifen in die Zukunft verkörpert, gibt der Fels die feste Stütze.

Bock

Da nun schon zweimal (auf S. 32 und auf S. 71) der Bock[425] erwähnt worden ist, sei hier eigens auf ihn hingewiesen. In den genannten Beispielen tritt der Bock jeweils als Symbol des Sünders auf, weil schon im Alten Testament (3. Mos. 16, 22) dieses Tier dazu dienen mußte, „alle ihre Missetat" in die Wüste zu tragen. Diese rein negative Bestimmung als Sündenbock erklärt dann die christliche Verwendung in der Kunst, wobei man im hohen Mittelalter so weit ging, den Bock mit dem Teufel[426] gleichzusetzen.

Demgegenüber kannte die Antike zwar den „geilen Bock" (so bei Horaz, Epoden 10, 23), doch gilt für sie allgemein[427]: „Der Bock symbolisierte . . . ohne jede sittliche Bewertung die Triebhaftigkeit und Zeugungskraft der Natur." Diese antike Einschätzung des Bocks kam in der Renaissance wieder zu Ehren. Nachdem Pirckheimer die ›Hieroglyphica‹ des Horapollon ins Lateinische übersetzt hatte, wurden sie von Dürer illustriert[428]. Dadurch gelangte der Bock als Symbol der Geschlechtskraft aus dem Bereich des Sündhaften und konnte sogar in der Ehrenpforte Maximilians 1515 dem Kaiser als positives Zeichen[429] beigegeben werden.

---

[424] F. Hildebrandt: Leben, Werke und Schriften des Bildhauers E.-M. Falconet 1716–1791, Straßburg 1908 (Zur Kunstgeschichte des Auslandes, 63), S. 52. L. Aleschina: Leningrad und Umgebung (Kunstdenkmäler in der Sowjetunion. Ein Bildhandbuch, herausgegeben v. R. Hootz), Darmstadt 1982, Abb. 83.

[425] RDK 2, 1948, Sp. 963–970.

[426] Rupert von Deutz: Hircus iste Antichristus est (PL 167, 819).

[427] L. Stauch im RDK 2, 1948, Sp. 963.

[428] RDK 2, 1948, Sp. 968.

[429] Ausstellungskatalog: 1471 Albrecht Dürer 1971, Nürnberg 1971, Nr. 261, Abb. S. 149.

74   I. Symbole aus frühchristlicher Zeit

Drache

Eine entsprechende Aufwertung hat der Drache[430] nicht erlebt, denn er
wird schon in der Offenbarung des Johannes (12, 9) mit dem Teufel identifiziert. Das Fabeltier, das man Drache nennt, wird in der Kunst als
geflügelte Schlange gezeigt, die sich auf zwei oder vier mit Krallen besetzten
Füßen bewegt. Schon Kaiser Konstantin ist mit seinen Söhnen als Vernichter des Drachens auf einem Gemälde zu sehen gewesen, das sich vor dem
Palast in Konstantinopel befand. Eusebius berichtet davon[431], daß „der
Kaiser den Drachen zu seinen und seiner Söhne Füßen mitten im Leibe von
einem Geschosse durchbohrt und in die Tiefen geschleudert" habe darstellen lassen. Das Werk ist verloren, doch heißt es, daß über dem Kopf Konstantins „das Zeichen der Erlösung" gezeigt war, wodurch er die Feinde der
Kirche, „die gottlosen Tyrannen" habe vernichten können. Konstantins
Kampf mit den Heiden wird so als ein Sieg von Christus über den Teufel
gedeutet.

Schon auf Seite 41 ist von jenem Elfenbein des 8. Jh.[432] (Abb. 6) die Rede
gewesen, auf dem Christus Löwe und Drachen, Aspis und Basilisk besiegt.
Dieses Brüsseler Werk steht am Anfang einer ganzen Reihe vergleichbarer
Darstellungen, die den Vers 13 des 90. Psalms (in der Vulgata-Zählung)
illustrieren und die an der Stelle des Frommen, der von dem Psalmisten gemeint war, nun Christus als Sieger abbilden. Später genügte den Künstlern
die Darstellung von nur zwei Tieren, und dementsprechend sind auf dem
Ratmann-Missale[433] von 1159 (im Hildesheimer Dom) bloß Löwe und
Drache zu Füßen von Christus zu sehen. Nach dem 1. Petrusbrief 5, 8 ist
auch der Löwe Symbol für den Teufel.

Hirsch

Ebenso wie Bock und Drache ist auch der Hirsch[434] durch einen biblischen Text in seiner Bedeutung fixiert. In Psalm 41, 2 (bei Luther: 42, 2)
heißt es vom Psalmisten: „Wie der Hirsch schreit nach frischem Wasser, so
schreit meine Seele, Gott, nach dir." Dadurch ist der Hirsch zum Symbol

---

[430] RDK 4, 1958, Sp. 342–366.
[431] Leben Konstantins III, 3. Deutsche Übersetzung, a. a. O. (Anm. 131),
S. 97–98.
[432] Schiller 3, Abb. 70.
[433] RDK 1, 1937, Sp. 1149, Abb. 3.
[434] LCI 2, 1970, Sp. 286–289.

B. Rein christliche Symbole

für die Seele geworden. Schon im Mausoleum der Galla Placidia in Ravenna ist ein Mosaik aus der Mitte des 5. Jh.[435] erhalten, auf dem man links und rechts je einen Hirsch vor der Quelle inmitten des Bildes stehen sieht. Damit ist nicht nur auf die Seelen der Gläubigen, sondern auch auf das Wasser des Lebens verwiesen. Vermutlich war das Mausoleum in Wahrheit ein Taufhaus, für das dieser Bildschmuck besonders geeignet erscheint.

In der Buchmalerei aus karolingischer Zeit[436] wird das Thema noch etwas vertieft, indem man nicht nur vier Hirsche rings um das Taufbecken sieht, sondern auch dieses Becken einem richtigen Baptisterium angeglichen findet dank der Achtzahl der Säulen. Die Vierzahl der Tiere verweist auf Evangelisten wie Paradiesflüsse, die jeweils lebendiges Wort wie lebendiges Wasser der gläubigen Seele zu spenden bereit sind. Die Miniatur aus dem Anfang des 9. Jh. befindet sich in dem Evangeliar aus St. Médard (Paris, Bibliothèque Nationale, Ms. lat. 8850, fol. 6 v).

Auch für den Hirsch hat man im 16. Jh. bei äußerer Wahrung des Schicklichen eine erotische Umformung Bild werden lassen. Correggio hat nämlich im Auftrag des Federigo II. Gonzaga für den Saal des Ovid im Palazzo del Te von Mantua zwischen 1527 und 1531 vier Szenen gemalt mit den Liebschaften Jupiters. Dazu gehört auch ein Bild (Abb. 16), das sich heute im Wiener Kunsthistorischen Museum[437] befindet und auf dem die Umarmung des göttlichen Zeus und der irdischen Io gezeigt wird. Unten rechts ist der Kopf eines Hirsches zu sehen, der aus einem Wasserlauf trinkt. Deshalb ist selbst hier die Symbolik der Bibel noch gültig, und der trinkende Hirsch verkörpert die Seele des Menschen, die sich vereinigt mit Gott. So erreicht es der Künstler, die Sinnlichkeit seines Sujets ins Sublime zu steigern und die Erotik des Bildes in Sehnsucht nach Gott zu verwandeln.

Zahl Acht

Den symbolischen Tieren ist als letztes Symbol aus frühchristlicher Zeit die Zahl Acht[438] anzuschließen. Zwar ist schon bei Platon im ›Staat‹[439] bei

---

[435] Schiller 1, S. 141, Abb. 345.
[436] Schiller 4, 1, S. 64, Abb. 145.
[437] E. Verheyen, Correggio's Amori di Giove, Journal of the Warburg and Courtauld Institutes 29, 1966, S. 186. Neuerdings ist G. D. Wind der Meinung, der Hirsch unterstütze hier die Lüsternheit Jupiters: Sport for Jove: Correggio's "Io" and "Ganymede", Gazette des Beaux-Arts 129, 1987, I, S. 106–108.
[438] RAC 1, 1950, Sp. 79–81. LCI 1, 1968, Sp. 40–41.
[439] P. 616 B – 617 A.

76   I. Symbole aus frühchristlicher Zeit

der Jenseits-Beschreibung eine Häufung der Acht-Zahl zu finden, doch ist
die Symbolik der Acht christlichen Ursprungs. Sie basiert auf der Folge von
sechs Schöpfungstagen und einem Ruhetag, die zusammen die irdische Zeit
verkörpern. Der achte Tag entspricht dann der Ewigkeit oder dem Jenseits,
wie schon die griechischen Väter Gregor von Nyssa und Johannes Chrysostomus [440] festgestellt haben. Auch Augustinus bezeichnet die Acht-Zahl
als „ewige Seligkeit" oder als „das Reich, das kein Ende hat" [441], so daß die
Ewigkeit zeitlich wie räumlich gemeint ist.

Außer dem Schöpfungsbericht verweist auch an anderen Stellen die Bibel
auf die Acht als symbolische Zahl. So erscheint der auferstandene Christus
nach acht Tagen seinen Jüngern (Joh. 20, 26), und so sind es acht Seligkei-
ten, die Christus in der Bergpredigt verheißt (Matth. 5, 3–10). Sogar bei der
Sintflut sind acht Menschen genannt, die sich in die Arche begeben (1. Mos.
7, 13). Dies wird neutestamentlich erläutert als Verweis auf die Taufe, „weil
die acht Seelen gerettet wurden durchs Wasser" (1. Petr. 3, 20–21). Die
acht Geretteten werden zum Vorbild für jeden Christen, der erst mit Hilfe
der Taufe vom Tode befreit werden kann. Die Acht-Zahl verweist so auch
hier auf die ewige Seligkeit.

Schon im 4. Jh. erscheint Noahs Arche, die außer den Tieren genau acht
Personen enthält und damit auch symbolisch die ewige Seligkeit anspricht,
auf einem Sarkophag, der im Trierer Landesmuseum [442] bewahrt wird.
Durch dieses Symbol wie schon durch das Thema ist deutlich zum Ausdruck gebracht, daß sich der Tote mit Hilfe des Bildes die Ankunft im Reich
seines Gottes erhoffte.

Die eben besprochene Buchmalerei aus dem 9. Jh. [443] mit dem Brunnen
des Lebens und der Acht-Zahl der Säulen (S. 75) verweist ebenso auf die
Taufe wie die tatsächlich oktogonalen und mit acht Säulen bestückten Bap-
tisterien [444] der Frühzeit. Die Beziehung von Taufe und Tod wird von Paulus geschildert: „So sind wir ja mit ihm begraben durch die Taufe in den
Tod, auf daß, gleichwie Christus ist auferweckt von den Toten durch die
Herrlichkeit des Vaters, also sollen auch wir in einem neuen Leben wan-
deln." (Römer 6, 4). Überwindung des Todes und Eintritt ins ewige Leben
sind somit nur möglich, sobald sich der Mensch durch die Taufe zu
Christus bekannt hat. Deshalb ist die Acht-Zahl der Säulen sowohl bei den
Bauten wie auch bei den Bildern symbolisch gemeint.

---

[440] F. J. Dölger: Zur Symbolik des altchristlichen Taufhauses, Antike und
Christentum 4, 1934, S. 167.
[441] PL 33, 212: sempiterna beatitudo. PL 41, 804: regnum, cujus nullus est finis.
[442] Panofsky, a. a. O. (Anm. 255), Abb. 150.
[443] Siehe Anm. 436.
[444] Dölger, a. a. O. (Anm. 440), S. 153–187.

B. Rein christliche Symbole 77

Vermutlich 1165 hat Kaiser Friedrich Barbarossa einen Leuchter[445] in Auftrag gegeben, der sich noch heute im Aachener Münster befindet. Bei diesem Werk deuten nicht nur die Form des Achtpasses und die Personifikationen der acht Seligpreisungen auf die ewige Seligkeit, die der Christ sich bei diesem Anblick vorzustellen hatte. Hier bestätigt auch die Inschrift, daß es sich um ein Abbild des himmlischen Jerusalem handelt. Wie bei Augustinus die Acht-Zahl räumlich und zeitlich das Reich Gottes oder die Ewigkeit ausdrücken konnte, hat sich der Stifter in Aachen das Jenseits als himmlischen Ort vorgestellt.

Auch im Spätmittelalter verstand man die Acht-Zahl symbolisch. So malte van Eyck auf dem Genter Altar von 1432 den paradiesischen Brunnen[446] in achteckiger Form, und entsprechend stellte auch Jan Joest von Kalkar 1507/08 auf einem Altar[447] (Abb. 17) den Brunnen dar, an dem sich Christus und die Samariterin unterhalten. Die achteckige Form gibt den Hinweis darauf, daß hier Christus von *dem* Wasser spricht, das das ewige Leben bedeutet (Joh. 4, 14). Selbst ein Rundfenster, das durch Maßwerk achtfach geteilt ist, kann symbolischen Rang erhalten, wie sich auf einer Verkündigungstafel in Aix-en-Provence[448] aus den 1440er Jahren zeigt. Denn durch dieses Fenster ist die kleine Figur Christi, aus dem Himmel kommend, in die Kirche eingeschwebt, in der Maria den Sohn kniend erwartet. Die Acht-Zahl verweist auf das ewige Reich, aus dem Christus ins irdische Leben herabkommt.

---

[445] Ausstellungskatalog: Staufer, a. a. O. (Anm. 222), Nr. 537, Abb. 327.
[446] Panofsky, a. a. O. (Anm. 168), fig. 278.
[447] Schiller 1, Abb. 457.
[448] Schiller 1, Abb. 114.

II. SYMBOLE AUS DEM MITTELALTER

Der Zeitraum, der hier zu behandeln sein wird, erstreckt sich vom 9. bis etwa zum 14. Jh. Genau wie bei den Symbolen der frühen Christen läßt sich auch in diesem Bereich noch vielfach die Herkunft aus heidnischer Quelle belegen.

Adler

Das gilt jedenfalls für den Adler [1], der schon bei den Römern die Herrschaft vertrat. In seiner ›Geschichte des jüdischen Krieges‹ schreibt Flavius Josephus, die römischen Feldzeichen trügen in ihrer Mitte den Adler [2]: „Als König und als der stärkste der Vögel ist er ihnen ein Sinnbild der Herrschaft und scheint ihnen den Sieg über jeden Feind, gegen den sie zu Felde ziehen, zu verkünden." (III, 123). Entsprechend erscheint auch der Adler allein schon im 3. Jh. v. Chr. auf römischen Münzen [3], und das Blitzbündel in seinen Fängen spielt auf den römischen Stadtgott, den kapitolinischen Iuppiter, an.

Jupitergleich ist der Kaiser Augustus auf einem Sardonyx zu sehen, denn in seiner Hand trägt er ein Zepter, das von dem Adler des Königs der Götter bekrönt wird. Diesen Kameo hat man um 1000 als Bild von Otto III., der selbst als Kaiser den Titel Augustus geführt hat, im Schnittpunkt der Arme des Kreuzes im Aachener Münster montiert. Das Lotharkreuz macht so den herrschenden Kaiser nicht etwa zum „Sklaven des Kreuzes" [4]. Viel-

---

[1] Hier wird nur die weltliche Symbolik behandelt, weil die Deutung des Adlers als Symbol der Auferstehung Christi und des Christen zwar literarisch überliefert, aber auf Bildwerken schwer nachweisbar ist. Insbesondere die Adler auf Kanzeln und Lesepulten dürften eher den Evangelisten Johannes meinen, der für die Verkündung des „Wortes" vor allem zuständig war, weil er sein Buch mit dem Satz einleitet: „Im Anfang war das Wort" (Joh. 1, 1). Anderer Meinung sind L. Wehrhahn–Stauch: Aquila-Resurrectio, Zeitschrift des Deutschen Vereins für Kunstwissenschaft 21, 1967, S. 105–127 und J. E. Korn: Adler und Doppeladler. Ein Zeichen im Wandel der Geschichte, Diss. Göttingen 1969, S. 30.

[2] Flavius Josephus: Geschichte des jüdischen Krieges, übersetzt von Heinrich Clementz, Berlin–Wien 1923, S. 320.

[3] Münze, Abb. 2 und 20.

[4] J. Deér: Das Kaiserbild im Kreuz, Schweizer Beiträge zur Allgemeinen Ge-

II. Symbole aus dem Mittelalter 79

mehr ist das Kreuz hier als Weltbild gemeint, so wie es die frühen Christen verstanden (vgl. S. 18–19). Entsprechend gewinnt somit der Kaiser den Rang eines Herrschers der Welt, des Kosmokrators[5]. Der Adler, der hier auf dem Zepter erscheint, ist wenig später in einem Zeremonienbuch als einer, „der allen andern Vögeln vorausfliegt"[6], mit dem Kaiser in Beziehung gesetzt. So mag es erlaubt sein, das Zepter, das bloß Attribut ist, hier einmal symbolisch zu deuten.

Der Adler verband sich so eng mit dem Kaiser, daß manchmal nicht eindeutig ist, ob mit dem Symbol die Person, das Kaisergeschlecht oder das Reich hat gemeint werden sollen. Dies gilt ganz besonders für den Augustalis[7], der Kaiser Friedrich II. auf der Vorderseite und den Adler allein auf der Rückseite zeigt. Der vorne durch Umschrift als Kaiser der Römer, als Caesar Augustus bezeichnete Friedrich wird auf der Rückseite nochmals als „Fridericus" genannt, obwohl hier der stehende Adler, den Kopf zur Seite gedreht, alleine erscheint. Immerhin blieb der Adler auch später Symbol für den Kaiser, wie auf der Zeichnung[8] zu sehen, die Leonardo da Vinci zugunsten des Königs von Frankreich gemacht hat (Abb. 13) (bereits besprochen auf S. 64). Hier sieht man den Adler den Erdball beherrschen und durch seine Strahlen die römische Kirche bezwingen.

Im 14. Jh. begann man im Westen, den Kaiser gemäß byzantinischem Vorbild nicht mehr durch den Adler in einfacher Form zu symbolisieren. Vielmehr zeigte man nun den Adler mit doppeltem Kopf[9], den offiziell Kaiser Sigismund erst 1433 im Siegel verwandte. Die Deutung des Doppeladlers ist nicht ganz sicher. So heißt es bei Konrad von Megenberg[10] (um 1350/52), daß die zwei Köpfe als Klerus und Laienstand oder als Blick in die Zukunft und in die Vergangenheit interpretiert werden könnten. Der Vorschlag, die Köpfe im zeitlichen Sinne zu deuten, basiert auf dem Beispiel des Janus und hat sicher einiges für sich. Wahrscheinlicher aber ist die von

schichte 13, 1955, S. 106. Deér meint auf S. 96, „daß das Kreuz den in seinem Zentrum Abgebildeten bzw. Genannten beschütze, ihm zum Sieg verhelfe".

[5] O. K. Werckmeister: Der Deckel des Codex Aureus von St. Emmeram, Baden-Baden–Strasbourg 1963, S. 52–53.

[6] Libellus de ceremoniis aule imperatoris, Kap. 12: . . . sicut aquila omnibus avibus prevolat, ita imperator per victoriam omnium ore ad superna extollitur. Zitiert nach Korn, a. a. O. (Anm. 1), S. 43.

[7] Ausstellungskatalog: Die Zeit der Staufer, Stuttgart 1977, Nr. 855, Abb. 633.

[8] Siehe Anmerkung 376 zu Kapitel I.

[9] RDK 4, 1958, Sp. 157–161. Der Aufsatz von F.-H. Hye: Der Doppeladler als Symbol für Kaiser und Reich, Mitteilungen des Instituts für Österreichische Geschichtsforschung 81, 1973, S. 63–100 geht leider auf die Symbolik nicht ein.

[10] Oeconomica II, 4, 15. Zitiert nach Korn, a. a. O. (Anm. 1), S. 65.

80   II. Symbole aus dem Mittelalter

Pius II.[11] geäußerte Ansicht, wonach mit den Köpfen der Osten und Westen des Reiches gemeint seien. Für diese Symbolik, die erst in der Mitte des 15. Jh. genannt wird, spricht einmal das Vorbild Byzanz. Zum andern ist auch schon in römischer Zeit von zwei Adlern die Rede, die als „ein Omen des doppelten Reiches Europas und Asiens"[12] auf Alexander den Großen verwiesen.

Besonderen Rang im symbolischen Sinne besitzen die doppelköpfigen Adler, die Roger van der Weyden[13] auf dem linken Flügel seines Bladelin-Altars (heute in Berlin) als Fensterschmuck gemalt hat. Zunächst soll der Kaiser Augustus, der hier die Madonna mit Christus am Himmel erblickt, zum Vorbild des christlichen Kaisers der Gegenwart werden. Und weiter entspricht diesem Flügel, der sicher den Westen des Reiches verkörpert, zur Rechten ein Bild, das den Osten[14] bezeichnet. Hier sind es die biblischen Könige, die ihren Stern mit dem darin erscheinenden Christus am Himmel erblicken. Abendland und Morgenland gemeinsam gehören zum christlichen Reich, dessen Doppeladler symbolisch die Herrschaft des Kaisers bezeichnet. Zugleich wird durch dieses Symbol die Botschaft des Rogerschen Werkes entschlüsselt, die sich als ein Aufruf zum Kreuzzug entpuppt, weil Osten und Westen vom christlichen Kaiser beherrscht werden sollen. Somit kann der Altar erst nach 1453, dem Datum der Eroberung Konstantinopels durch türkische Truppen, gemalt sein.

Der Doppeladler als Symbol für Kaiser und Kaisertum bleibt bis zum Ende des Römischen Reiches in Geltung. Dabei wird gerade unter Maximilian I. der Gedanke der Weltherrschaft durch den Doppeladler zum Ausdruck gebracht, indem etwa Dürer auf dem Holzschnitt des großen Triumphwagens (1522) das Adlersymbol mit dem Sonnengesicht konfrontiert und die kühne Erklärung hinzufügt: „Was die Sonne am Himmel, ist Caesar auf Erden."[15]

[11] Korn, a. a. O. (Anm. 1), S. 70.

[12] Justinus XII, 16, 5: omen duplicis imperii Europae Asiaeque. Zitiert nach Korn, a. a. O. (Anm. 1), S. 9.

[13] Gemäldegalerie Staatliche Museen Preußischer Kulturbesitz Berlin. Katalog der ausgestellten Gemälde des 13.–18. Jahrhunderts, Berlin–Dahlem 1975, S. 472–473.

[14] S. Neilsen Blum: Early Netherlandish triptychs. A study in patronage, Berkeley–Los Angeles 1969 (California Studies in the history of art, XIII), S. 20.

[15] QVOD IN CELIS SOL, HOC IN TERRA CAESAR EST: H. Appuhn: Der Triumphzug Kaiser Maximilians I. 1516–1518, Dortmund 1979, Abb. 122 g–h.

Löwe

Wie der Adler, so ist auch der Löwe [16] ein Symbol der Macht. Dabei entscheidet der Zusammenhang darüber, ob Macht oder Herrschaft als gut oder böse gemeint sind. Es war schon die Rede von jenen Löwen, auf denen Christus oder Maria erscheinen (S. 74 und S. 43). Wenn Christus auf den Löwen tritt, ist dieser als Teufel gemeint (nach 1. Petr. 5, 8). Steht jedoch Maria auf dem Löwen, ist dies der Löwe von Juda und damit ein Christussymbol (nach 1. Mos. 49, 9 und Off. 5, 5). Solche Marienfiguren sind besonders seit der zweiten Hälfte des 14. Jh. [17] verbreitet.

Der Löwe als Machtsymbol geht auf die Antike zurück. Schon die Griechen errichteten Denkmäler in Löwengestalt für einzelne Menschen ebenso wie für Gruppen von Kriegern. Dabei war außer dem Mut der Geehrten auch ihr Name sehr wichtig. Dies gilt ebenso für Leaina wie für Leonidas, weil in diesen Namen das griechische Wort léon (der Löwe) bewahrt ist. Gegen Ende des 6. Jh. v. Chr. hat Leaina [18], die Freundin der Tyrannenmörder Harmodios und Aristogeiton, Schweigen bewahrt und nicht die Namen der andern Verschwörer verraten. Deshalb, überliefert Plutarch [19], „stellten die Athener ihr zu Ehren eine eherne Löwin ohne Zunge an das Tor der Akropolis, indem sie durch den Mut dieses Tiers ihre unbesiegte Standhaftigkeit und durch den Mangel der Zunge ihre Treue und Verschwiegenheit andeuten wollten". Nach der Schlacht bei den Thermopylen wurde ein steinerner Löwe für Leonidas [20] errichtet, und noch im 4. Jh. n. Chr. erhielt Julian [21] als ein heidnischer Kaiser ein Denkmal in Löwengestalt.

Diese Vorläufer waren sicher im Mittelalter nicht so unbekannt, daß Heinrich der Löwe sie nicht hätte nachahmen sollen. Das Denkmal in Braunschweig von 1166 [22] (Abb. 18) verkörpert den Herrscher als bronzenen Löwen, umschreibt so nach griechischer Weise den Namen und läßt

---

[16] LCI 3, 1971, Sp. 112–117.

[17] P. Bloch: Die Muttergottes auf dem Löwen, Jahrbuch der Berliner Museen, Neue Folge 12, 1970, S. 253–294.

[18] C. Plinius Secundus: Naturalis historia, XXXIV, 72 nennt als Bildhauer Amphicrates.

[19] De garrulitate, p. 505 E-F. Plutarch: Vermischte Schriften, nach der Übersetzung von Kaltwasser, 2, München–Leipzig 1911, S. 222.

[20] Herodot: Historien VII, 225.

[21] J. Bidez: Kaiser Julian. Der Untergang der heidnischen Welt, Hamburg 1956 (rowohlts deutsche enzyklopädie, 26), S. 215.

[22] H. Swarzenski: Monuments of Romanesque Art, London ²1974, Nr. 204, fig. 472.

82 II. Symbole aus dem Mittelalter

jene Scheu unberührt, die damals den Lebenden ungern durch Statuen ehrte. Auch hatte im 12. Jh. Honorius Augustodunensis geschrieben[23]: „Der Löwe bezeichnet manchmal Christus, manchmal den Teufel und manchmal den stolzen Fürsten." Daraus kann man folgern, daß dieses Denkmal in Löwengestalt als ein dem Wesen des Herrschers entsprechendes galt.

Auch aus dem Griechischen stammt die Gewohnheit, selbst die Besiegten nach einer Schlacht durch ein Denkmal in Form eines Löwen zu ehren. Hiermit wird symbolisch der Mut der gefallenen Krieger bezeichnet. Dies ist zum ersten Mal 338 v. Chr. für die Thebaner bezeugt, die Philipp von Makedonien bei Chaironeia[24] besiegt hat. Damit war der Löwe als Zeichen für Macht und Gewalt nicht nur auf Einzelpersonen beziehbar, sondern darüber hinaus auch auf Gruppen und Völker.

Es ist wohl kein Zufall, daß gerade die Niederländer in ihrem Freiheitskampf gegen das mächtige Spanien mit dem „belgischen Löwen" (leo Belgicus) identifiziert wurden. Auf Stichen von 1567 und aus späterer Zeit[25] wird der Löwe als schlafender oder wachsamer charakterisiert. Dabei liegt die Meinung zugrunde, daß gerade der Löwe mit offenen Augen zu schlafen vermöge. Diese antike Erkenntnis[26] war auch von den Christen bestätigt[27] und schon in der Emblematik genutzt[28] worden.

Besonders verbreitet war schließlich die Löwensymbolik im Denkmal des frühen 19. Jh. Hier gibt es den schlafenden Löwen zum Zeichen von Otto von Wittelsbach[29] ebenso wie für Scharnhorst[30], zur Ehrung der bayerischen Armee[31] wie für die gefallenen Schweizer[32].

---

[23] PL 172, 418: Leo significat aliquando Christum, aliquando diabolum, aliquando superbum principem.

[24] RDK 3, 1954, Sp. 1259.

[25] E. H. Gombrich: Meditations on a hobby horse and other essays on the theory of art, London 1963, S. 136, fig. 95–96. Ausstellungskatalog: Illustrierte Flugblätter aus den Jahrhunderten der Reformation und der Glaubenskämpfe, Veste Coburg 1983, Nr. 71 (Radierung von 1615).

[26] Pauly–Wissowa: Realencyclopädie der classischen Altertumswissenschaft, 13, Stuttgart 1927, Sp. 976.

[27] Der Physiologus, übertragen von O. Seel, Zürich–Stuttgart 1960, S. 3–4.

[28] Emblemata, Sp. 400 (1610) und Sp. 1215 (1567). Gemeint ist die Wachsamkeit des Fürsten bzw. der Kirche.

[29] O. Hederer: Karl von Fischer, München 1960, S. 96 und 155.

[30] Ausstellungskatalog: Karl Friedrich Schinkel, Berlin 1982, S. 89–90, Nr. 5.22.

[31] Hederer, a. a. O. (Anm. 29), S. 100–101 und 141.

[32] Ausstellungskatalog: Bertel Thorvaldsen, Köln 1977, S. 86.

II. Symbole aus dem Mittelalter

Affe

Im Gegensatz zu Adler und Löwe versteht man den Affen[33] als negatives Symbol. Bereits der römische Dichter Ennius nannte ihn „das häßlichste Tier"[34] und hielt ihn deswegen für sittlich verkommen. Die Christen verstanden darunter den Teufel[35], so daß schon der Maler des Stuttgarter Psalters (um 820–830) deshalb einen knienden Affen[36] auf seiten des Teufels verewigen konnte. Vor allem verdient hier der Grabower Altar Meister Bertrams Erwähnung (in der Hamburger Kunsthalle, 1379), weil auf dessen „Engelssturz" ein Spruchband die äffischen Teufel erklärt[37]: „Wenn ich über die Wolken emporsteige, werde ich dem Höchsten ähnlich sein." Der „Fall" der Teufel in Affengestalt ist somit die Folge des Hochmuts, der sie einst verführte, sich selbst für gottähnlich zu halten.

Genau dieser Hochmut verführte auch Adam und Eva[38], indem sie der Schlange vertrauten und glaubten, das Essen der Früchte verwandle sie so, daß sie würden wie Gott (1. Mos. 3, 5). Doch zur Strafe machte Gott sie zu Sündern, die ihre Schuld in der peinlichen Nacktheit erkannten (1. Mos. 3, 7). Als Symbol dieses Sünders schien wieder der Affe besonders geeignet, weil er wie ein häßlicher Mensch wirkt und so an den Sündenfall ständig erinnert. Entsprechend erscheint auf van Eycks New Yorker ›Verkündigung‹[39] zur Linken Marias ein kauernder Affe als Zeichen des Sünders, wobei überhaupt diese Seite durch Säulen die alte Romanik und damit das Alttestamentliche zeigt. Zur Rechten Marias, von wo auch der Engel die Botschaft verkündet, erhebt sich der gotische Bau, der hier nun das Neue und damit das Neutestamentliche meint.

---

[33] LCI 1, 1968, Sp. 76–79.

[34] turpissima bestia. Zitiert bei W. Coffman McDermott: The Ape in Antiquity, Baltimore 1938 (The Johns Hopkins University Studies in Archaeology, 27), S. 147.

[35] Der ›Physiologus‹ gibt folgende Erklärung: „Auch der Affe spielt die Rolle des Teufels. Er hat nämlich einen Anfang, nämlich einen Kopf, aber kein Ende, nämlich keinen Schwanz, so wie auch der Teufel, der am Anfang einer der Erzengel war, aber sein Ende ist nicht zu finden" (a. a. O., wie Anm. 27, S. 43). Den Teufel als gefallenen Engel mit dem Affen zu identifizieren liegt wesentlich näher.

[36] Stuttgart, Württembergische Landesbibliothek, bibl. fol. 23, fol. 93 v: LCI 1, 1968, Sp. 78, Abb. 2.

[37] Ascendendo super altitudinem nubium similis ero altissimo. Zitiert bei A. Lichtwark: Meister Bertram, Hamburg 1905, S. 190.

[38] H. W. Janson: Apes and Ape Lore in the Middle Ages and the Renaissance, London 1952 (Studies of the Warburg Institute, 20), S. 109.

[39] Janson, a. a. O. (Anm. 38), S. 116.

84 II. Symbole aus dem Mittelalter

Auch Dürer verhüllt auf dem Stich[40] der ›Muttergottes mit der Meerkatze‹(Abb. 19) (um 1498) eine ähnliche Botschaft mit alten Symbolen. Denn unten erscheint hier der Affe als Sünder, der an eine Kette gelegt ist. Damit ist gemeint, daß die Meerkatze an die Begierden gefesselt bleibt. Im Gegensatz zu diesem Status des Sünders im unteren Bildfeld hält oben der kleine Christus den Stieglitz auf seiner Hand. Der Vogel verkörpert die Freiwilligkeit der Passion, die auf sich zu nehmen Christus bereit ist (vgl. S. 66–67).

Schlange

Dem Affen vergleichbar erscheint auch die Schlange[41] nach christlicher Deutung als Teufelssymbol. Dabei galt gerade die Klugheit, die Juden wie Christen[42] in Schlangen erkannten, als schädlich, weil deshalb der Teufel sich ihrer bediente. Nur dank eines klugen Gesprächs[43] gelang es der Schlange bei Eva, sie eine Frucht vom Baum der Erkenntnis nehmen zu lassen. Deshalb bezeichnet Johannes „die alte Schlange" als „Teufel und Satan" (Offenbarung 12, 9 und 20, 2).

Der Fluch, mit dem Gott nach dem Fall die Schlange bedrohte (sie sollte nur auf dem Bauch sich bewegen: 1. Mos. 3, 14), ließ glauben, sie habe zuvor selbst aufrecht gestanden. Deshalb zeigt im 9. Jh. der Maler der Alkuinsbibel[44] die Eva verführende Schlange, die um einen Baum geringelt erscheint, gleich groß wie die Frau, aber flach auf dem Boden gekrümmt beim Verhör durch Gottvater (Bamberg, Staatl. Bibliothek, Ms. bibl. 1 A-I-5, fol. 7 v). Auch sieht man seit karolingischer Zeit eine Schlange zu Füßen des Kreuzes, die nicht nur den Teufel schlechthin als Besiegten verkörpert, die vielmehr direkt auf den Sündenfall anspielt, der durch den Gekreuzigten aufgehoben sein soll (z. B. im Drogo-Sakramentar, Paris, Bibliothèque Nationale, Cod. lat. 9428, fol. 43 v)[45]. Entsprechende Werke sind nachweisbar bis in das 15. Jh.[46]

Im 16. Jh. erhebt sich ein Streit um Maria, der sich an dem Text der Verfluchung entzündet. Nach Luther[47] ist hier nicht Maria gemeint, son-

---

[40] E. Panofsky: Das Leben und die Kunst Albrecht Dürers, München 1977, S. 90–91, Abb. 102.
[41] LCI 4, 1972, Sp. 75–81.
[42] 1. Mos. 3, 1 und Matth. 10, 16.
[43] 1. Mos. 3, 1–6.
[44] S. Esche: Adam und Eva. Sündenfall und Erlösung, Düsseldorf 1957, Taf. 9.
[45] Schiller 2, Abb. 364.
[46] LCI 4, 1972, Sp. 77.
[47] Schiller 4, 2, S. 174 (Genesis-Vorlesung von 1535).

II. Symbole aus dem Mittelalter

dern Christus, dem es vorbestimmt sei, dieser Schlange einst den Kopf zu zertreten. Die katholische Seite jedoch sieht Maria beteiligt, weshalb auf Gemälden[48] gezeigt wird, daß jeweils ihr Fuß die teuflische Schlange berührt. Caravaggio betont den Vorrang Marias, indem er auf seinem Gemälde in Rom[49] nur sie mit dem Fuß den Kopf der Schlange zertreten läßt, während Christus bloß mithilft, indem er den Fuß auf den Fuß seiner Mutter hinaufsetzt. Vielleicht hat selbst Rembrandt bei seiner Radierung von 1654 (B. 63)[50] katholische Käufer im Auge gehabt, weil hier auch Maria allein mit dem Fuß auf der Schlange erscheint, während zugleich als ein Nimbus die Sonne den Kopf der Maria umrahmt.

Neben dieser christlichen Symbolik verbindet sich mit der Schlange seit dem 16. Jh. noch eine neue Bedeutung, die aus heidnischer Quelle gespeist wird. 1505 wurde nämlich zuerst der griechische Text des Horapollo[51] gedruckt, der ägyptische Hieroglyphen zu deuten behauptet. In Wahrheit handelt es sich um eine Schrift des 2. oder 4. Jh., die nur die Kenntnisse dieser Zeit wiedergibt. Jedenfalls ist darin[52] von der Schlange die Rede, die ihren Schwanz verschlingt und deshalb in Kreisform erscheint. So wie die Schlange jährlich ihre Haut abstreife, um sich zu verjüngen, bewirke der Kreislauf des Jahres die Verjüngung der Welt. Außerdem sei die Schlange in Kreisform ein Symbol für die Ewigkeit.

Die Humanisten verbreiteten dieses Symbol in der Emblematik. Besonders beliebt wurde die Gegenüberstellung von Schlange und Rose. So heißt es im Text der ›Picta Poesis‹ von 1552[53]: „Der Ring, der Kreis einer zu sich selbst zurückgewendeten Schlange, bezeichnet als Hieroglyphe das Ewige. Dagegen ist die Rose das wohlbekannte Symbol der Hinfälligkeit des Körpers; denn sie vergeht am selben Tage, an dem sie entsteht." Gabriel Rollenhagen übernahm dieses Bild in seinen ›Nucleus emblematum‹ von 1611[54], wobei – dem Text zufolge – das Symbol der Schlange auf die Ewig-

---

[48] LCI 4, 1972, Sp. 79.

[49] Es handelt sich um die ›Madonna del Serpe‹ in der römischen Galleria Borghese. Der entscheidende Ausschnitt bei Schiller 4, 2, Abb. 783.

[50] Ausstellungskatalog: Christus und Maria. Menschensohn und Gottesmutter, Berlin 1980, Nr. 27.

[51] J. Seznec: The survival of the pagan gods, Princeton 1972 (Bollingen Series, XXXVIII), S. 99–101.

[52] K. Reichenberger: Das Schlangensymbol als Sinnbild von Zeit und Ewigkeit, Zeitschrift für romanische Philologie 81, 1965, S. 348. Vgl. RDK 6, 1973, Sp. 619–620 für eine mittelalterliche Vorstufe.

[53] Emblemata, Sp. 654.

[54] G. Rollenhagen: Sinn-Bilder. Ein Tugendspiegel, herausgegeben v. C.-P. Warncke, Dortmund 1983 (Die bibliophilen Taschenbücher, 378), S. 190–191 (I, 90).

86   II. Symbole aus dem Mittelalter

keit der Seele verweist. Damit war das heidnische Symbol einer christlichen
Deutung nutzbar gemacht.

Im 18. Jh. war das Symbol schon so bekannt, daß es verschiedensten
Zwecken dienen konnte. 1734 stellte Georg Raphael Donner die Apotheose
Karls VI. (Abb. 20) in Marmor[55] dar, bei der eine Fama dem Kaiser den
Schlangenring aufsetzt. Die ewige Dauer des Ruhmes soll damit bezeugt
sein. 1753–54 malte Johann Baptist Zimmermann in der Wallfahrtskirche
Wies[56] ein Deckenfresko mit Christus beim letzten Gericht. Hier krönt die
kreisrund gebogene Schlange ein Tor, das damit zur Pforte der Ewigkeit
wird. Und auch noch die Personifikation der französischen Republik, die
1794 Regnault in sein Revolutionsbild[57] (Abb. 4) hineinsetzt, thront auf
einem Sitz, dessen Wange den Schlangenring zeigt.

Hund

Ebenso ambivalent wie die Schlange erscheint auch der Hund[58] in symbolischer Hinsicht. Die positive Bedeutung ist schon bei den Römern erkennbar, denn Plinius[59] zählt neben dem Pferd auch den Hund zu den gegenüber dem Menschen treuesten Tieren. Dies wird für die Kunst relevant
auf den Grabmälern, die seit dem Hochmittelalter zu Füßen der Frau einen
Hund wiedergeben. Es war schon die Rede davon, daß hier nicht das feind-
liche Treten gemeint ist, sondern das sichere Stehen (S. 43). Wenn also
die Königin Johanna von Evreux auf ihrem um 1370 entstandenen Grabmal
(heute im Louvre)[60] mit ihren Füßen zwei Hunde berührt, ist damit die
Treue der Toten gemeint. Genauso ist auch auf dem Grabmal der Anna von
Brandenburg († 1514) in Bordesholm zu ihren Füßen ein schlafender Hund
dargestellt, der die Treue der Herrscherin ausdrückt[61].

[55] E. Baum: Katalog des Österreichischen Barockmuseums im Unteren Belvedere
in Wien, Wien–München 1980 (Österreichische Galerie Wien, Kataloge II/1 und 2),
Nr. 54, S. 106–109.

[56] N. Lieb: Barockkirchen zwischen Donau und Alpen, München 1953, Taf. 150.

[57] In der Hamburger Kunsthalle: Vgl. A. Stolzenburg: Freiheit oder Tod – Ein
mißverstandenes Werk Jean Baptiste Regnaults? Wallraf-Richartz-Jahrbuch 48/49,
1988, S. 463–472.

[58] LCI 2, 1970, Sp. 334–336. Das Buch von Barbara Allen Woods: The devil in
dog form, Berkeley–Los Angeles 1959 (Folklore Studies, 11) behandelt nur literari-
sche Quellen, ausgehend von Mephistos Pudel.

[59] C. Plinius Secundus: Naturalis historia, VIII, 40: Fidelissimi ante omnia ho-
mini canis atque equus.

[60] Ausstellungskatalog: Rhein und Maas. Kunst und Kultur 800–1400, Köln
1972, Nr. 016, Abb. S. 386.

[61] Kunst-Topographie Schleswig-Holstein, Neumünster 1969, S. 620. V. Huhn:

II. Symbole aus dem Mittelalter 87

Die positive Bedeutung des Hundes bleibt auch in der Emblematik erhalten. So zeigt Alciatus in seinem Emblembuch von 1542[62] ein sitzendes Ehepaar, zu dessen Füßen ein Hund liegt (Abb. 21). Im Text wird die Treue der Frau angesprochen und eigens betont: „Ein hund ist ein gar trew(u)es pfand." Auch in späteren emblematischen Werken[63] wird gezeigt, daß der Hund seinen Herrn nie verläßt und daß seine Treue den Tod des Herrn überdauert. Noch am Ende des 18. Jh. stellt Goya in einem Capricho[64] (Abb. 38) mit Hilfe des Hundesymbols dar, wie eine Frau ihren Mann zu betrügen vermag. Die Frau ist mit Maske zu sehen, wodurch schon die Falschheit bezeugt wird. Die Maske ist aber die eines Hundes, so daß der Betrug sich noch steigert, weil dadurch nur der Anschein von Treue erweckt wird.

Wenn auch der Hund fast immer symbolisch die Treue verkörpert, kommt doch seit dem 15. Jh. auch eine andere Bedeutung zur Geltung. Genau wie der Vogel vertritt auch der Hund[65] aufgrund der Begattung im Freien den Sexus. Auf Zeichnungen des Niklaus Manuel und anderer Künstler[66] sind Hunde als Zeichen für Geilheit zu sehen. „Diese tierische Lust der Menschen", verkörpert im Hund, stellt 1574 Achilles Bocchius[67] der „wahren Begierde nach Erkenntnis und Verehrung Gottes" gegenüber. In dem schon erwähnten Zyklus für Mantua (S. 75) hat Correggio die Entführung des Ganymed[68] mit dieser Bedeutung gemalt. Denn das erotische Bild, das Jupiters Adler bei der Entführung des Ganymed zeigt, ist interpretierbar als Sieg des sublimen Gottesverehrers über den Hund, der auf Erden zurückbleibt und der hier die „niederen Lüste" verkörpert.

Löwe und Hund als Symbole des Rechts, Mainfränk. Jb. für Geschichte und Kunst 7, 1955, S. 7 will den Löwen mit dem Hochgericht, den Hund mit den niederen Gerichten in Beziehung setzen. Dies ist nicht zutreffend. K. Bauch: Das mittelalterliche Grabbild, Berlin–New York 1976, S. 73–74 bietet keine Verständnishilfe.

[62] A. Alciatus: Emblematum Libellus, Darmstadt 1967, S. 138–139.

[63] Emblemata, Sp. 556–557 (1566) und Sp. 558 (1610).

[64] D. de Chapeaurouge: „Das Auge ist ein Herr, das Ohr ein Knecht", Wiesbaden 1983, S. 108–110 (Capricho Nr. 57).

[65] E. de Jongh: Erotica in vogelperspectief, Simiolus 3, 1968–69, S. 41.

[66] Chr. Andersen: Symbolik und Gebärdensprache bei Niklaus Manuel und Urs Graf, Zeitschrift für Schweizer. Archäol. und Kunstgesch. 37, 1980, S. 276–277.

[67] A. Bocchius: Symbolicarum quaestionum de universo genere, III, 1574, S. CLXVI f. Zitiert nach E. Verheyen: Correggio's Amori di Giove, Journal of the Warburg and Courtauld Institutes 29, 1966, S. 187. Hier wird auch das Bild von Correggio behandelt.

[68] Das Bild befindet sich heute in Wien, Kunsthist. Mus. Neuerdings ist G. D. Wind der Meinung, der Hund unterstütze hier die Lüsternheit Jupiters: Sport for Jove: Correggio's "Io" and "Ganymede", Gazette des Beaux-Arts 129, 1987, I, S. 106–108.

88 II. Symbole aus dem Mittelalter

Kranich

Genau wie der Hirsch, der durch seinen Durst mit der Sehnsucht der
Seele vergleichbar erschien und dadurch die Seele hat darstellen können, ist
auch der Kranich[69] nur durch sein Gebaren zum Wachsamkeits-Zeichen
geworden. Schon in der Antike ist er als Wächter der Herde bezeugt, der
nachts dadurch wach bleibt, daß er mit erhobenem Fuß einen Stein hält.
Sollte er einschlafen, fällt ihm der Stein auf den anderen Fuß und läßt ihn
erwachen. Nicht erst die Humanisten mit ihrer Kenntnis des heidnischen
Schrifttums, sondern schon mittelalterliche Buchmaler[70] haben den Kranich in seiner bezeichnenden Haltung mit einem erhobenen Fuß in die
christliche Kunst eingeführt, und zwar schon im 12. Jh.
    In späterer Zeit ist der Kranich auf Bildnissen mancher Personen zu
sehen, die damit als wachsam[71] gekennzeichnet werden. Doch wird hier der
Kranich nur attributiv eingesetzt, so daß sich genauere Deutung erübrigt.
Dagegen nimmt Nicolas Reusner in seinen ›Emblemata‹ 1581[72] den Kranich symbolhaft und deutet das Tragen des Steins als „Übung der geistigen
Kräfte": „Ob er fliegt oder ruht, überall trägt der Kranich . . . einen aufge-
griffenen Stein in den Krallen: Zeichen der immer wachen Achtsamkeit und
eines scharfen Geistes, damit kein schlimmes Versäumnis den Unacht-
samen zu Schaden bringt."

Weinstock und traube

Wie das Lamm den geopferten Christus meint, steht die Weintraube für
sein Blut und damit auch für die ganze Passion. Christus bezeichnet sich als
den Weinstock (Joh. 15, 1 und 5) und reicht seinen Jüngern den Wein als
sein Blut (Matth. 26, 27–28; Mark. 14, 23–24; Luk. 22, 20). Vor allem die
mächtige Traube, die von zwei Kundschaftern aus dem gelobten Land mit-
gebracht wurde (4. Mos. 13, 23), galt ebenso wie der Vergleich des Geliebten im Hohenlied mit der Traube aus Zypern (1, 14) schon den Christen der
Frühzeit[73] als Hinweis auf Christus.
    Doch nicht vor dem 13. Jh. wird Christus als Weinstock im Bilde ge-

---

[69] H. M. von Erffa: 'Grus vigilans'. Bemerkungen zur Emblematik, Philobiblon,
Neue Folge 1, 1957, S. 286–308.

[70] LCI 2, 1970, Sp. 557–558.

[71] Z. B. Kaiser Maximilian I.: Panofsky, a. a. O. (Anm. 40), S. 236–237,
Abb. 227.

[72] Emblemata, Sp. 820.

[73] LCI 4, 1972, Sp. 494.

II. Symbole aus dem Mittelalter   89

zeigt. Auf dem Tympanon einer Kirche in Arezzo[74], um 1216 datierbar, ist
Christus in Ranken mit Weintrauben vergegenwärtigt. Dagegen ist auf
Gemälden des 15. Jh. Christus als Kind auf dem Schoß seiner Mutter mit
der Traube zu sehen, die hier an das künftige Opfer erinnert. Auf Masaccios
Londoner Tafel von 1426[75] scheint sogar Christus von der Traube zu
naschen und sich den Finger zu lecken. Dagegen hebt in fast segnender
Haltung der Knabe die Rechte auf Botticellis Gemälde in Boston[76]
(Abb. 22), wo die Madonna eine Ähre berührt, die ihr mit einigen Trauben
zusammen Johannes herbeibringt. Maria zeigt Christus die Traube auch
auf Skulpturen desselben Jahrhunderts, die noch auf Altären in deutschen
Kirchen[77] bewahrt sind.

Ähre

Hier sei gleich die Ähre[78] besprochen, obwohl sie erst seit dem 15. Jh. als
Symbol auf Bildern erscheint. Auf Botticellis Gemälde in Boston[79]
(Abb. 22) verkörpert die Ähre das Brot und damit den Leib Christi. Denn
Christus hatte beim Abendmahl das den Jüngern gebotene Brot seinen Leib
genannt (Matth. 26, 26; Mark. 14, 22 und Luk. 22, 19) und auch andernorts
gesagt: „Ich bin das Brot des Lebens" (Joh. 6, 35 und 48). So ist auch auf
dem Portinari-Altar des Hugo van der Goes (entstanden 1473–75, heute in
den Uffizien, Florenz) ein Ährenbündel[80] zu sehen, das parallel zu dem
kleinen, eben geborenen Christus erscheint. Hier wird nicht nur Christus
als „Brot des Lebens" symbolisiert, hier wird auch dem menschlichen Kind
der göttliche Opfertod gegenübergestellt.

[74] RDK 3, 1954, Sp. 730 mit Abb. 6 auf Sp. 728.

[75] P. Volponi–L. Berti: L'opera completa di Masaccio, Milano 1981 (Classici
dell'Arte, 24), Nr. 10 G, Taf. VII und IX.

[76] Um 1470: H. Tietze: Meisterwerke europäischer Malerei in Amerika, Wien
1935, Taf. 53 (Isabella Stewart Gardner Museum).

[77] Frauenkirche von Wasserburg, Anfang 15. Jh., und Klosterkirche von Fürsten-
feldbruck, Ende 15. Jh.: R. Hootz: Bayern südlich der Donau (Deutsche Kunstdenkmäler), Darmstadt 1962, Taf. 331 und 94. Zum Thema vgl. E. James Mundy:
Gerard David's "Rest on the flight into Egypt": further additions to grape symbolism, Simiolus 12, 1981/82, S. 211–222. Für spätere Darstellungen, die auf Psalm 128,
V. 3 fußen (Frau als Weinstock), vgl. J. B. Bedaux: Fruit and fertility: fruit symbolism in Netherlandish portraiture of the 16th and 17th centuries, Simiolus 17, 1987,
S. 150–168.

[78] RDK 1, 1937, Sp. 240–243. Die „Maria im Ährenkleid" wird nicht besprochen, weil die Symbolik nicht entschlüsselt ist. Vgl. dazu Schiller 4, 2, S. 166–168.

[79] Vgl. Anm. 76.

[80] K. Arndt: Hugo van der Goes. Der Portinari-Altar, Stuttgart 1965 (Werkmonographien zur bildenden Kunst, 105), S. 9–10.

90 II. Symbole aus dem Mittelalter

Die Symbolik von Ähre und Traube im Sinne von Leib und Blut Christi war auch noch 1808 Caspar David Friedrich geläufig, als er für den Tetschener Altar einen Rahmen [81] bestellte. Das Bild mit dem bronzenen Kruzifix auf einsamer Höhe (heute in Dresden) war zunächst von dem Maler als weltliche Gabe bestimmt für den schwedischen König [82]. Erst für die neue Funktion als Altarbild in Tetschen bedurfte das Werk eines Rahmens, der christliche Zeichen so deutlich wie möglich vereinigt. Deshalb sieht man unten das göttliche Auge im Dreieck, das Strahlen nach allen Seiten versendet. Im Bogen gerahmt wird die Mitte von Zweigen mit Ähren und Trauben. So wird die Passion, die in dem Gemälde befremdlicherweise nicht mehr durch den leibhaften Gott, sondern nur durch ein Bild des Gekreuzigten aufscheint, jedenfalls in dem Rahmen aufs deutlichste sichtbar gemacht.

Nun konnte die Ähre nicht nur als Symbol für Christus gemeint sein, sondern auch für den Christen. Man faßte das Säen des Korns in die Erde als Sterben, das spätere Wachsen als Auferstehen. So heißt es bei Christus (Joh. 12, 23–24) genau wie bei Paulus (1. Kor. 15, 35–44). Im alten Eleusis schon glaubte man bei dem Mysterienkult der Demeter, der Unterweltsgöttin, daß ihr die Ähre [83] besonders gebühre, weil sie Unsterblichkeit ausdrücken könne. Insofern ist dieses Symbol von den Christen aus heidnischer Zeit adaptiert worden. Besonders in emblematischen Büchern begegnet die Ähre als Zeichen des auferstehenden Christen. Der säende Bauer erscheint auf den Bildern [84], zum Teil hinterfangen von auferstehenden Toten. Der Text erläutert die Szene: „So werden auf Gottes Geheiß auch unsere verwesten Körper auferstehen, damit sie wieder zu ihren Seelen zurückkehren." 1611 wird im Stich [85] eine Sanduhr gezeigt, die einen Totenkopf trägt. Aus den Augen- und Mundöffnungen dieses Kopfes wachsen verschiedene Ähren heraus, die das Motto verkörpern: „Der Tod ist Beginn des Lebens."

[81] Ausstellungskatalog: Caspar David Friedrich 1774–1840, Hamburg 1974, Nr. 74.

[82] Laut Brief der Gräfin Brühl vom 6. 8. 1808, publiziert in: Pantheon 35, 1977, S. 43.

[83] P. Wolters: Gestalt und Sinn der Ähre in antiker Kunst, Die Antike 6, 1930, S. 284–301. Kaiser Gallienus ließ sich 265–266 n. Chr. in Eleusis einweihen und wenig später als „Galliena Augusta" (also in weiblicher Form) auf einem Aureus darstellen. Dabei erscheint er mit einem Getreidehalm über dem Ohr, um sich als Demeter = Ceres zu bekennen (Münze, Abb. 497).

[84] Emblemata, Sp. 1095–1096 (1589) und 1096 (1602). Das folgende Zitat nach Emblemata, Sp. 1096 (N. Taurellus: Emblemata physico-ethica, Nürnberg 1602).

[85] Rollenhagen, a. a. O. (Anm. 54), S. 52–53 (I, 21).

II. Symbole aus dem Mittelalter   91

Mond

Zu den Natursymbolen gehört auch der Mond, der einen für irdische
Augen stets wechselnden Anblick gewährt. Deshalb ist er zum Zeichen der
Unbeständigkeit geworden. Das apokalyptische Weib, das in Offenbarung
12, 1 genannt wird und das man in späterer Zeit sowohl mit Maria als auch
mit der Kirche identifizierte, erscheint „mit der Sonne bekleidet und den
Mond zu seinen Füßen". In Illustrationen der Apokalypse, die seit karolingischer Zeit in der Buchmalerei[86] bekannt sind, steht die Frau auf der Sichel
des Mondes, so daß durch das Stehen wie durch die torsierte Gestalt des
Gestirns seine schlechte Bedeutung erkannt wird. Die himmlische Frau[87]
bleibt in Distanz zur unbeständigen und damit auch vergänglichen Welt.

Eine lange Reihe von Bildern, die hier nicht im einzelnen vorgestellt zu
werden braucht, übermittelt die apokalyptische Szene bis in den Ausgang
des 18. Jh. Ignaz Günther läßt auf dem Hochaltar der Kirche von Mallersdorf[88] das Weib vor der Sonne geflügelt erscheinen und sich von der Mond-
sichel abstoßen (1768). Die negative Bedeutung des Mondes wird in der
Neuzeit auch dadurch erhärtet, daß seine Sichel als Attribut[89] dort erscheint, wo Unbeständigkeit ausgedrückt werden soll. Insofern hat selbstverständlich auch Friedrich diese Tradition kennen können und auf seinem
Gemälde von 1822 den „ewig wechselnden" Mond als Zeichen der Hoffnung den altdeutschen Freunden erscheinen lassen (Berlin, bereits besprochen auf S. 63)[90].

Schlüssel

Die nächsten Symbole führen zum Menschen, der sie mit sich trägt und
den sie bezeichnen. Der Schlüssel bedeutet Gewalt[91] oder Herrschaft, die
einer durch Öffnen und Schließen der Türen besitzt. Berühmtestes Beispiel
ist der von Christus an Petrus gegebene Schlüssel, der ihm den Himmel zu

[86] Schiller 4, 1, Abb. 182–201.

[87] Zur Deutung vgl. Schiller 4, 2, S. 174 (zur Maria Immaculata).

[88] Schiller 4, 2, Abb. 792.

[89] G. de Tervarent: Attributs et symboles dans l'art profane 1450–1600, II, Genève 1959, Sp. 254 (Plakette Peter Flötners von ca. 1541). Rollenhagen, a. a. O.
(Anm. 54), S. 292–293. C. Ripa, Baroque and Rococo pictorial imagery. The
1758–60 Hertel Edition of Ripa's 'Iconologia', New York 1971, Nr. 153.

[90] Vgl. Anm. 366 und 367 zu Kapitel I.

[91] Auf einer Zeichnung zur ›Melencolia I‹ in London von 1514 hat Dürer notiert,
daß „Schlüssel betewt gewalt": F. Winkler: Die Zeichnungen Albrecht Dürers, III,
Berlin 1938, Taf. XV.

92   II. Symbole aus dem Mittelalter

öffnen versprach: „Ich will dir des Himmelreichs Schlüssel geben: alles, was du auf Erden binden wirst, soll auch im Himmel gebunden sein, und alles, was du auf Erden lösen wirst, soll auch im Himmel los sein" (Matth. 16,19).

Ein Buchmaler hat diese Szene zu Anfang des 11. Jh. für das Perikopenbuch Heinrichs II. (München, Bayer. Staatsbibliothek, Cod. lat. 4452)[92] so wiedergegeben, daß Christus dem kleineren Petrus im Stehen den Schlüssel zwar reicht, daß Petrus ihn aber aus Ehrfurcht nur mit verhüllten Händen empfängt. Dagegen erscheint in der Plastik des 12. Jh.[93] der gebende Christus stets thronend, und stehend erhält der Jünger den Schlüssel. Dafür erscheint hier Petrus zur Rechten des Herrn und damit als erster der Jünger. Als Stellvertreter von Christus auf Erden kam ihm dieser Rang zu. Orcagnas Bevorzugung des Thomas von Aquino auf seinem Altarbild[94] der Kirche S. Maria Novella in Florenz (1354–57) erklärt sich daraus, daß dies eine Dominikanerkirche ist, die Thomas als einen der Ihren verehrte. Entsprechend darf Thomas zur Rechten von Christus erscheinen, und Petrus erhält nur zur Linken die Schlüssel.

Für eine der wichtigsten christlichen Kirchen, die römische Cappella Sixtina, ließ Leo X. von Raffael einen Teppich[95] (Abb. 23) entwerfen, auf dem die Schlüsselübergabe und der Befehl, die Lämmer zu weiden, wiedergegeben sind. Petrus kniet hier zur Rechten von Christus, und deutlich erkennt man in seinen Armen den Schlüssel zum Öffnen wie den zum Schließen. Bezeichnenderweise erscheint auch im Umkreis Luthers das Schlüsselsymbol. So stellt Lucas Cranach 1547 auf seinem Altar in der Stadtkirche Wittenberg[96] den Reformator Johannes Bugenhagen als Beichtvater dar. In beiden erhobenen Händen hält er einen Schlüssel, so daß er als neuer Apostel dem Beichtkind zur Rechten die Sünden vergibt, den Trotzkopf zur Linken jedoch mit gebundenen Händen als Sünder entläßt.

Der Schlüssel war auch im profanen Bereich als Zeichen der Herrschaft verbreitet. So ist auf dem Teppich von Bayeux (etwa 1077) dargestellt[97],

[92] H. Jantzen: Ottonische Kunst, München 1947, Abb. 51, Taf. 49.

[93] Tympanon am Westportal der Pfarrkirche von Andlau, um 1130 – Tympanon am Südportal des ehemaligen Doms in Schleswig, um 1180 – Gallusporte am Basler Münster, Ende des 12. Jh.: R. Budde: Deutsche romanische Skulptur 1050–1250, München 1979, Taf. 141, 147, 160–162.

[94] Vgl. Anm. 181 zu Kapitel I.

[95] J. White: The Raphael Cartoons, London 1972, Taf. 10 (Teppich im Vatikan) und Taf. 2 (Karton in London, Victoria & Albert Museum).

[96] O. Thulin: Cranach-Altäre der Reformation, Berlin 1955, S. 21–24 und Abb. 6.

[97] F. Stenton u. a.: Der Wandteppich von Bayeux, Köln 1957, Abb. 26.

II. Symbole aus dem Mittelalter 93

wie die Normannen die Burg von Dinan erobern. Dabei übergibt Herzog
Conan an einer bewimpelten Lanze die Schlüssel, die wiederum mit seiner
Lanze der Sieger, der Herzog Wilhelm, berührt. Ebenso malt Velazquez
die Übergabe von Breda 1634–35[98] so, daß der besiegte Justin von Nassau
dem Sieger Ambrogio Spinola die Schlüssel der Festung darbringt. Dabei
erscheint der Verlierer zur Linken, der Sieger zur Rechten, weil das Bild als
idealen Betrachter den auftraggebenden König von Spanien vorsieht.

Schwert

Genau wie der Schlüssel verkörpert das Schwert Herrschaft und Macht.
Dabei wird das Schwert seinem Träger als reines Symbol übergeben, das
nicht etwa Waffe zu sein hat. Auf einer zu Anfang des 11. Jh. in Regensburg
entstandenen Buchmalerei (München, Bayerische Staatsbibliothek, Cod.
lat. 4456, fol. 11 r)[99] (Abb. 24) wird der Kaiser Heinrich II. von Christus
gekrönt. Befremdlicherweise ist Heinrich viel größer als Christus, was vielleicht durch die Stellung des Kaisers erklärt werden kann. Denn in den
griechischen Worten der Beischrift wird Heinrich als „Christos" mit
„Christos" dem Gott in Beziehung gesetzt, weil auch schon der König
„Gesalbter" zu sein hat und damit denselben Titel verdient wie der
Gott. Die Arme des neuen Gesalbten stützen die Bischöfe Ulrich und
Emmeram, und auch diese Hilfe erinnert an biblisches Vorbild. Denn
ebenso stützten Aaron und Hur dem Moses die Arme (2. Mos. 17, 12), weil
nur diese Haltung Israels Sieg in der Schlacht zu bewirken vermochte.
Heinrich wird also im Bilde zum Moses, ja selbst zum Christus gemacht,
weil er dementsprechend als Stellvertreter Christi auf Erden anerkannt
werden konnte. Dem so Stilisierten bringen Engel aus dem Himmel die heilige Lanze und das Reichsschwert. Das Schwert in der Linken des Kaisers
verkörpert die Macht, die ihm vom Himmel verliehen ist und die er als
Christus auf Erden gerecht auszuüben verspricht.

Heinrich der Löwe erhielt erst Jahrzehnte nach seinem Tode ein Grabmal[100] im Braunschweiger Dom (etwa 1230–40). Hier sieht man ihn nicht
mehr als Herzog, sondern allein als Gründer der Blasiuskirche und als gerechten Richter. Deshalb trägt er das kleine Kirchenmodell in der Rechten,
das erhobene Schwert in der Linken. Bezeichnenderweise ist es auch die

---

[98] W. Hager: Diego Velazquez. Die Übergabe von Breda, Stuttgart 1956 (Werkmonographien, 12).

[99] Schramm, a. a. O. (Anm. 180 in Kap. I), S. 96–97, Kat. Nr. 124, Abb. S. 376.

[100] Ausstellungskatalog: Die Zeit der Staufer, Stuttgart 1977, Nr. 447, Abb. 248.

94   II. Symbole aus dem Mittelalter

Gerechtigkeit, die als Personifikation auf Tintorettos Gemälde von 1565 im Dogenpalast [101] dem knienden Dogen Girolamo Priuli das Schwert überreicht. In allen drei Fällen verkörpert das Schwert zwar die Macht, die aber den Herrscher zu ihrer gerechten Ausübung zwingt.

Im Mittelalter erhob sich ein Streit um den Vorrang des Königs oder des Priesters. Man ging dabei aus von dem Wort, das Christus den Jüngern gesagt hat, wonach es genug sei, zwei Schwerter zu haben (Luk. 22, 38). Die Schwerter verstand man symbolisch [102] als Zeichen der geistlichen oder der weltlichen Macht. Auf einer Zeichnung des Sachsenspiegels (in Dresden, 14. Jh.) [103] gibt Christus dem Papst wie dem Kaiser ein Schwert, um zu zeigen, daß beide gleich nahe bei Gott sind. In späterer Zeit war die kirchliche Seite der Meinung, Gott habe dem Papst beide Schwerter verliehen und das weltliche erhalte der Kaiser vom Papst. In diesem Sinne ist wohl die Grisaille [104] zu deuten, auf der Raffael (oder ein Helfer) in der Stanza della Segnatura den stehenden Christus gemalt hat, mit zeigender Geste auf die am Boden liegenden Schwerter.

Erst in der Neuzeit verwendete man auch das Schwert, das als Waffe geführt wird, symbolisch. Besonders Verschwörer vereinigten nun ihre Schwerter, um sich im Schwur aneinander zu binden. Dabei verkörpert das Schwert nicht mehr Herrschaft an sich, sondern Herrschaft der eigenen Sache. So malt etwa Rembrandt [105] die Bataver, die sich mit Julius Civilis zum Aufstand gegen die Römer vereinen, beim Schwur mit den Schwertern. Dabei wird das Hauptschwert von anderen Schwertern berührt und zum Teil auch zum Eidschwur benutzt. Das Fragment dieses Bildes befindet sich jetzt in Stockholm, doch das Werk war für das Amsterdamer Rathaus bestimmt. Der Schwur der Horatier, den Jacques-Louis David 1784 für den Pariser Salon gemalt [106] hat, zeigt die Jünglinge aufgereiht nebeneinander. Sie strecken die Arme aus zu den drei Schwertern, die ihnen der Vater mit schwörender Geste vorhält. Bemerkenswert ist, daß weder bei Rembrandt noch bei David eine Schriftquelle vorlag, die den Schwur bei den Schwertern verlangte. Daraus darf man schließen, daß für beide Künstler die Kraft

[101] C. Bernari–P. de Vecchi: L'opera completa del Tintoretto, Milano 1978 (Classici dell'Arte, 36), Nr. 163 A.

[102] W. Levison: Die mittelalterliche Lehre von den beiden Schwertern, Deutsches Archiv zur Erforschung des Mittelalters 9, 1952, S. 14–42.

[103] LCI 3, 1971, Sp. 525; Abb. 3.

[104] H. von Einem: Das Programm der Stanza della Segnatura im Vatikan, Opladen 1971 (Rheinisch-westfälische Akademie der Wissenschaften, Geisteswissenschaften, Vorträge, G 169), S. 24.

[105] H. Gerson: Rembrandts Gemälde, Gesamtwerk, Gütersloh 1969, S. 136–139.

[106] A. Brookner: Jacques-Louis David, London 1980, S. 69–70, Farbtafel III.

II. Symbole aus dem Mittelalter   95

des Symbols, wie nur das Schwert sie verkörpert, sehr beeindruckend
schien.

Handschuh

So wie die Hand Gottes Macht oder Gott allgemein symbolisiert, ist der
Handschuh [107] Symbol für den Herrn, speziell für den Lehnsherrn. Dies ist
in den meisten Fällen der Kaiser oder der König. Wenn an den Marktkreu-
zen etwa der Handschuh erscheint, zeigt das an, daß der König der Stadt
das Marktrecht gewährt hat. Der Handschuh am Kreuz ist auch auf Bildern
zum Sachsenspiegel zu sehen, wie etwa in der Heidelberger Handschrift [108]
des 14. Jh. Hier wird auch gezeigt [109], wie der Lehnsmann dem Lehnsherrn
das Lehnsgut erstattet, indem er ihm einfach den Handschuh zurückgibt.
Dies kann so weit gehen, daß auch noch der sterbende Lehnsmann dem
Kaiser sein Lehen zurückgibt. In der Buchmalerei des 14. Jh. [110] ist über
dem sterbenden Roland der Handschuh zu sehen (Abb. 25), der wieder zu
Gott in den Himmel zurückkehrt, weil Gott einst den Handschuh [111] an
Karl den Großen, den Lehnsherrn von Roland, gegeben hatte. Der Hand-
schuh ist deshalb Symbol für den Lehnsherrn geworden, weil gerade die
Hand in der Sprache des Rechts den ganzen Menschen verkörpert.

Mantel

Während der Handschuh mit seiner Symbolik nicht vor dem Mittelalter
begegnet, reicht die symbolische Deutung des Mantels in die Antike zurück. Der Mantel [112] ist Zeichen des Schutzes. „Wer unter den Mantel oder

[107] B. Schwineköper: Der Handschuh im Recht, Ämterwesen, Brauch und
Volksglauben, Göttinger Dissertation, Berlin 1938.
[108] Der Sachsenspiegel. Bilder aus der Heidelberger Handschrift, eingeleitet v. E.
Freiherrn v. Künßberg, Leipzig o. J. (Insel-Bücherei, 347), Abb. 69.
[109] Sachsenspiegel, a. a. O. (Anm. 108), Abb. 26.
[110] Karl der Große, von dem Stricker, St. Gallen, Bibliotheca Vadiana, Ms. 302,
fol. 52 v und Berlin, Deutsche Staatsbibliothek, Ms. germ. fol 623, fol. 22 v (R. Le-
jeune–J. Stiennon: Die Rolandssage in der mittelalterlichen Kunst, Brüssel 1966, I,
S. 256 und Farbtafel XXV bzw. I, S. 262 mit Abb. 209 in Band II).
[111] Karl der Große, von dem Stricker, hrsg. v. K. Bartsch, Quedlinburg–Leipzig
1857 (Bibl. d. ges. deutschen Nat.-Lit., 35), S. 217, Verse 8215–8233.
[112] J. Grimm: Deutsche Rechtsaltertümer, Göttingen ³1881, S. 160: „Der Mantel
ist ein Zeichen des Schutzes, besonders der Mantel von Königen und Fürsten, Köni-
ginnen und Fürstinnen." Chr. Belting-Ihm: „Sub matris tutela." Untersuchungen
zur Vorgeschichte der Schutzmantelmadonna, Heidelberg 1976.

96 II. Symbole aus dem Mittelalter

unter die Arme genommen wurde, der war vor Verfolgung sicher."[113] Ein
wichtiges Beispiel für römisches Denken überliefert die Münzkunst. Ein
bronzenes Medaillon[114] aus der Zeit von 167–168 n. Chr. zeigt auf dem
Revers en face einen stehenden Jupiter, der in den Händen Zepter und
Blitzbündel trägt. Die nackte Gestalt des Gottes überragt bei weitem die
kleinen Figuren der Kaiser Marc Aurel und Lucius Verus, die sich im
Schutze des Jupiter-Mantels befinden.

Dieses Motiv wird im 13. Jh. christlich verändert und tritt nun als
Schutzmantel-Maria in Erscheinung. So gibt es im Dom von Orvieto ein
Tafelbild[115] aus der Zeit um 1320, auf dem in der Mitte Maria in betender
Haltung gemalt ist, umgeben von kleineren Engeln. Zu Füßen Marias sind
kniend die gläubigen Menschen versammelt, die unter dem Mantel der Hei-
ligen Unterschlupf finden.

Genauso wird auch in der Ikonographie des Franziskus der Mantel als
Zeichen des Schutzes wiedergegeben. Im Zyklus der Vita des Heiligen in
S. Francesco (Assisi, Oberkirche) hat wohl zu Anfang des 14. Jh. Giotto
oder ein Mitarbeiter die Szene[116] (Abb. 26) gemalt, in der sich der Heilige
von seinem Vater lossagt. Zur Linken erscheint der zornige Vater, der
schon auf dem Arm die Kleider des Sohnes als Zeichen der Absage trägt.
Franziskus steht nackt vor dem Vater und betet zu Gott, dessen Hand aus
dem Himmel ihn segnet. Der Bischof nun legt seinen Mantel so um den
Jüngling, daß dieser geschützt und damit zur Kirche gehörig erscheint.

Schuh

Ähnlich dem Handschuh verkörpert der Schuh[117] die Macht eines Men-
schen. Jedoch ist dies meist ökonomisch gemeint, so daß hier der Schuh für
Besitz steht. Mit der Barfüßigkeit besteht in symbolischer Hinsicht keine
Verbindung. Auf den hier zu besprechenden Werken ist der Verlust eines
Schuhs als Verlust an Besitz oder Herrschaft zu deuten. Befremdlicher-

---

[113] Schiller 4, 2, S. 195.
[114] Münze, Abb. 340. Nachträglich hat S. Solway (A numismatic source of the
Madonna of Mercy, Art Bulletin 67, 1985, S. 359–367) den Zusammenhang zwischen antiker Gottes- und christlicher Heiligendarstellung bestätigt.
[115] Schiller 4, 2, Abb. 823.
[116] H. Schrade: Franz von Assisi und Giotto, Köln 1964, S. 32–38, Abb. 5. Vgl.
auch Abb. 30 (dieselbe Szene in Florenz, S. Croce).
[117] L. Röhrich: Lexikon der sprichwörtlichen Redensarten, Freiburg u. a. ²1973,
S. 892.

II. Symbole aus dem Mittelalter   97

weise hat es die Kunstgeschichte bisher versäumt, die „Einschuhigen" [118] richtig zu interpretieren. Schon alttestamentliche Texte bezeugen, daß man in Israel einen Schuh auszog, wenn man auf sein Besitztum verzichtete (vor allem Ruth, 4, 7; vgl. auch 5. Mos. 25, 9). Entsprechendes muß auch in Griechenland Sitte gewesen sein, denn der Mythos [119] berichtet, daß Jason mit nur einem Schuh in die Heimatstadt Jolkos zurückgekehrt sei. Dort hatte sein Onkel Pelias die Herrschaft an sich gerissen und somit den Jason aus seinem Besitztum verdrängt.

Eindeutig lassen sich jene Einschuhigen bestimmen, die in der Kunst seit dem Spätmittelalter sowohl im sakralen wie auch im profanen Bereich namhaft gemacht werden können. Auf einem französischen Bild aus dem Ende des 14. Jh. [120], das die Anbetung der Könige darstellt (im Florentiner Bargello), ist der Joseph mit nur einem Schuh wiedergegeben. Auch van der Goes malt auf dem Portinari-Altar [121] (Abb. 27) die Trippe (Pantoffel) des Joseph so auffällig als einzelnes Stück, daß der Betrachter auf tieferen Sinn schließen muß. Gemeint ist mit der jeweiligen Einschuhigkeit, daß Joseph seinen „Besitz" an der Ehefrau eingebüßt hat. Denn Maria ist nun, wie die theologische Lehrmeinung will, zur Braut (Sponsa) des Bräutigams Christus geworden.

Schneller erklärbar ist der Verlust eines Schuhs auf dem Bild des Hans Ewoutsz von 1569 in Hamptoncourt [122]. Dargestellt ist das Urteil des Paris, der hier jedoch durch die regierende Königin Elisabeth von England vertreten wird. Der weibliche Paris schreitet zum Urteil und treibt die Juno, die deshalb schon Zepter und Schuh zurückläßt, als Besiegte in die Flucht. Auch hier ist die Einschuhige ihres Besitzes beraubt, und diese Symbolik gilt noch für den Paulus von Rembrandt. Auf dem Stuttgarter Bild von 1627 [123] sitzt der Gefangene in seiner Zelle und setzt seinen nackten Fuß auf den Schuh. Fragonard schließlich malt 1767 das schaukelnde

---

[118] W. Weisbach: „Ein Fuß beschuht, der andere nackt", Zeitschrift für Schweizerische Archäologie und Kunstgeschichte 4, 1942, S. 108–122. R. Forrer: Die Mittelalter- und Renaissance-„Einschuhigen" als Überkommnis aus der Antike, ebd. 5, 1943, S. 52–53. H. Urner Astholz: Die Einschuhigen, in: Mosaiksteine. Studien zur Kunst- und Kulturgeschichte, Bern–München 1978, S. 202–211.

[119] W. Schadewaldt: Die Sternsagen der Griechen, Frankfurt a. M.–Hamburg 1956 (Fischer-Bücherei, 129), S. 120–123.

[120] E. Tietze–Conrat: Dwarfs and jesters in Art, London 1957, Abb. 54.

[121] Arndt, a. a. O. (Anm. 80), S. 11–12.

[122] Ausstellungskatalog: De triomf van het Maniërisme, Amsterdam 1955, Nr. 50, Taf. 28.

[123] Katalog der Staatsgalerie Stuttgart. Alte Meister, Stuttgart 1962, S. 161–162, Abb. 63.

98   II. Symbole aus dem Mittelalter

Mädchen[124], das kühn einen Schuh von dem Fuß streift (London, Wallace-Collection). Da unter dem schaukelnden Mädchen im Garten der Liebhaber liegt, ist hier der Verlust des Besitzes zu deuten als Verzicht auf die Unschuld.

Doppelkopf

Nach den Symbolen, die sich auf menschliche Kleidung beziehen, sind nun diejenigen zu behandeln, die in verschiedener Weise vom menschlichen Körper ausgehen. Zunächst ist der Doppelkopf[125] hier zu nennen, der wie der zweiköpfige Adler in entgegengesetzte Richtungen blickt. Die Römer verbanden ihn mit dem Gott Janus, der nach ihrer Meinung[126] die Vergangenheit kenne und in die Zukunft zu sehen vermöge.

Im 12. Jh. übernahm man die Form dieses Janus für das Monatsbild Januar, wobei man dieselbe Bedeutung bewahrte. Das doppelte Blicken bezog man auf das vergangene und das künftige Jahr. Entsprechend verkörpern den Januar an der Kathedrale von Chartres[127] ein altes und ein junges Gesicht, die einen Doppelkopf bilden (Westfassade, linkes Seitenportal). Man hielt diese Form aber auch für geeignet, die Klugheit zu symbolisieren. Um ihr als Prudentia ein weibliches Aussehen zu geben, vereinte zu Anfang des 14. Jh. Giotto in der Arenakapelle von Padua[128] ein altes, nach links zum Vergangenen blickendes Männerprofil mit dem jungen, nach rechts in die Zukunft gerichteten Frauenprofil.

In der Emblematik verwendet man nicht nur den Januskopf als „zurückblickende und vorausschauende Weisheit" (Alciatus, 1550)[129], sondern geht auch noch weiter und stellt einen Januskopf aus Jünglingshaupt und Totenschädel[130] zusammen, um damit die Schönheit in ihrer Vergänglichkeit wiederzugeben. Die Prägung der Klugheit durch Giotto bleibt bis in das 18. Jh. erhalten, und in einer Augsburger Auflage von Ripas ›Iconologia‹[131] wird die Prudentia mit bärtigem Männerkopf links und Frauenkopf rechts ausgestattet. Noch Runge bedient sich des Doppelkopfs auf einer

---

[124] D. Posner: The swinging women of Watteau and Fragonard, Art Bulletin 64, 1982, S. 75–88.

[125] Tervarent, a. a. O. (Anm. 89), II, 1959, Sp. 406–409: Visages (deux).

[126] Macrobius: Saturnalia I, cap. IX. Zitiert nach Tervarent, a. a. O. (Anm. 89), Sp. 406.

[127] LCI 2, 1970, Sp. 175 mit Abb. 1 auf Sp. 171.

[128] G. Vigorelli–E. Baccheschi: L'opera completa di Giotto, Milano 1978, Nr. 93.

[129] Emblemata, Sp. 1818.

[130] Emblemata, Sp. 1819–1820 (1610).

[131] Ripa, a. a. O. (Nr. 89), Nr. 179.

II. Symbole aus dem Mittelalter   99

Zeichnung von 1809 [132] (Abb. 28), indem er ein bärtiges und ein rasiertes Männerprofil zum Januskopf bindet, der hier den zeitlichen Wandel symbolisiert.

Dreikopf

Genau wie der Doppelkopf stammt auch der Dreikopf [133] schon aus der Antike, wobei allerdings in christlicher Zeit immerfort Bedeutungsverschiebungen nachweisbar sind. In Griechenland war es der dreiköpfige Höllenhund Kerberos, von dem alle späteren Typen herleitbar sind. Rein illustrativ erscheint dieser Cerberus in karolingischen Werken [134] als höllisches Wesen. Erst im Hochmittelalter wurde aus diesem hündischen Monstrum ein aus drei menschlichen Köpfen gefügtes Gebilde, das nun den Teufel leibhaftig vorstellen sollte.

Nach 1207 ist das Fassadenrelief von S. Pietro in Tuscania [135] datierbar, auf dem an einen frontal gegebenen Kopf links und rechts je ein von der Seite gesehener Kopf angesetzt ist. Das bärtige Haupt mit züngelnden Haaren und offenem Mund ist an der Fassade zweimal [136] zu sehen, aber nur einmal mit Hörnern. Solche Werke hat Dante vor Augen gehabt, als er den Satan in seinem Inferno (34, 37–45) „mit drei Gesichtern" beschrieb, das vordere rot, das rechte mehr gelblich, das linke ganz schwarz. In den illustrierten Dante-Handschriften [137] ist dieser dreiköpfige Teufel schon im 14. Jh. auf unterschiedliche Weise wiedergegeben. In Kenntnis der gleichzeitigen Doppelkopf-Bilder und ihrer Symbolik ist damals der teuflische Dreikopf als klug und die Zeit übersehend deutbar gewesen.

Nur daraus erklärt sich, daß kurze Zeit später der Dreikopf Symbol der Dreifaltigkeit hat werden können. In der Geschichte der Kunst ist eine entsprechende Bedeutungs-Verkehrung [138] nicht selten. So sind auf dem Wirk-

---

[132] Ausstellungskatalog: Runge in seiner Zeit, Hamburg 1977–78, Nr. 80 (Fall des Vaterlandes).

[133] LCI 1, 1968, Sp. 537–539.

[134] Französisches Wandgemälde (nur literarisch überliefert) und Illustration im Utrecht-Psalter: LCI 1, 1968, Sp. 353.

[135] R. Pettazoni: The pagan origins of the threeheaded representation of the Christian Trinity, Journal of the Warburg and Courtauld Institutes 9, 1946, S. 135–151 (S. 150 m. fig. 15 a).

[136] LCI 1, 1968, Sp. 538 (Ausschnitt-Abbildung).

[137] P. Brieger–M. Meiss–Chr. Singleton: Illuminated manuscripts of the Divine Comedy, Princeton 1969 (Bollingen Series, 81), II, Taf. 312–326.

[138] D. de Chapeaurouge: Wandel und Konstanz in der Bedeutung entlehnter Motive, Wiesbaden 1974, S. 80–87.

100   II. Symbole aus dem Mittelalter

teppich aus Adelhausen (im Freiburger Augustiner-Museum) [139] um 1400 drei Köpfe im Halbprofil ineinandergeschoben und von einem Nimbus umschlossen. Dies ist ebenso als Dreifaltigkeit gemeint wie die Miniatur aus Regensburg von 1406 [140], auf der einem frontal dargestellten Kopf an den Seiten zwei Nasen und Münder angefügt sind. Dagegen umgeben Donatello 1423 auf einem Relief [141] oder rund 100 Jahre später Andrea del Sarto auf einem Fresko [142] (Abb. 29) den Kopf in der Mitte mit voll ausgeführten Köpfen zur Seite. Proteste der Kirche bewirkten nicht vor der Gegenreformation das Verbot entsprechender Werke. Dabei gab Molanus [143] mit seiner Begründung, dies Bild sei ein teuflisches Machwerk, indirekt zu, daß vormals das Dreikopf-Motiv diabolisch gemeint war.

Der Dreikopf ist auch als Symbol der Klugheit [144] bekannt. Macrobius [145] hatte ein Monstrum mit Köpfen von Wolf, Löwe und Hund so gedeutet, daß es drei Zeiten (Vergangenheit, Gegenwart, Zukunft) verkörpere. Die Analogie zur Deutung des Doppelkopfs wird dabei sichtbar. Dieses Monstrum hat Tizian um 1565 [146] gemalt und darüber drei Köpfe von Männern verschiedenen Alters. Die Inschrift bezeugt, daß auch hiermit die Klugheit gemeint ist [147]: „Aus der Erfahrung der Vergangenheit heraus handelt das Gegenwärtige klug, damit es nicht künftiges Handeln beeinträchtigt." Der Dreikopf konnte somit statt teuflisch-göttlicher Dreiheit auch weltlich-moralische Weisheit verkörpern. Dabei ist noch wichtig, daß Klugheit meinende Dreikopf-Gestalten bereits seit dem 14. Jh. [148] bekannt sind, so daß auch die teuflisch wie göttlich zu deutenden Köpfe die Allwissenheit im Sinne der Zeitübersicht zum Ausdruck bringen.

[139] Ausstellungskatalog: Die Parler und der schöne Stil 1350–1400, Köln 1978, 1, S. 304.

[140] München, Bayerische Staatsbibliothek, Cod. lat. 14075 (RDK 4, 1958, Sp. 503, Abb. 2.)

[141] H. W. Janson: The sculpture of Donatello, Princeton 1979, S. 53, pl. 24 a.

[142] W. Braunfels: Die heilige Dreifaltigkeit, Düsseldorf 1954 (Lukas-Bücherei zur christlichen Ikonographie, VI), S. X, Abb. 23.

[143] De picturis et imaginibus sacris (1570), Löwen 1771, S. 37: Addo picturam hanc figmentum esse Diabolicum.

[144] Tervarent, a. a. O. (Anm. 89), II, 1959, Sp. 409–410.

[145] Saturnalia I, 20, 13 ff. Zitiert nach E. Panofsky: Tizians Allegorie der Klugheit. Ein Nachwort, in: Sinn und Deutung in der bildenden Kunst, Köln 1975, S. 172.

[146] E. Panofsky: Problems in Titian mostly iconographic, New York 1969, S. 102–108.

[147] Panofsky, a. a. O. (Anm. 145), S. 169.

[148] Tervarent, a. a. O. (Anm. 89), Sp. 409.

II. Symbole aus dem Mittelalter 101

Daumier hat 1834 auf einer Lithographie [149] die zeitübergreifende Rolle des Dreikopfs für eine verhöhnende Darstellung König Louis-Philippes genutzt. Die Zeichnung verwandelt den Kopf zunächst in die Birne, in deren Gestalt sich der Herrscher ganz lächerlich ausnimmt. Darüber hinaus sind drei Zeiten verkörpert, denn links blickt der König zufrieden, von vorn wird er bedenklich, und rechts reißt er voller Entsetzen die Augen auf. Nur noch ironisch bemerkt der Betrachter, daß hier der Dreikopf statt Klugheit die Dummheit bedeutet.

Händefalten

Zu den Symbolen, die sich auf den Körper des Menschen beziehen, gehört auch das Falten (Verschränken) der Hände [150]. Mit ineinandergelegten Fingern zu beten war keineswegs üblich bei Christen der Frühzeit. Die Geste der Orans bestimmte jahrhundertelang die Praxis der Christen, die erst im 12. Jh. sich dahin veränderte, daß man das Beten mit aneinanderliegenden Händen einführte. Dies blieb auch noch lange die übliche Geste.

Daneben erscheint seit dem 13. Jh. gelegentlich die Betform der Hände, die ganz ineinander verschränkt sind. Man wollte vermutlich mit dieser Gebärde die Inbrunst des Betens besonders betonen. Symbolisch bedeutet das Falten der Hände die Fesselung oder die Bindung, die hier der Beter sich selbst gegenüber vollzieht. Dabei ist die Herkunft auch dieser Symbolik aus heidnischer Quelle [151] besonders bedeutsam. Denn in der Antike schon hat man die Deutung gegeben [152]: „Eine Stellung, die für das vornehmste Bekenntnis der Knechtschaft galt und anzeigen sollte, daß sie (die Ausübenden) auf Freiheit gänzlich Verzicht leisteten und ihren Leib dem Gebieter hingäben, mehr bereit zu leiden als zu wirken" (Plutarch, Lucullus, 21).

Die Interpretation gilt auch für die Christen, so daß es nicht verwundert, wenn mit dieser Geste vor allem die Heiligen dargestellt werden, die mit

---

[149] A. Hyatt Mayor: Prints & People, a social history of printed pictures, Princeton 1980 (Paperback printing), Abb. 200 (Delteil 76).

[150] G. B. Ladner: The gestures of prayer in papal iconography of the 13th and early 14th centuries, in: Didascaliae. Studies in honor of Anselm M. Albareda, New York 1961, S. 245–275.

[151] D. L. Gougaud: Dévotions et pratiques ascétiques de Moyen-Age, Paris 1925 (Pax, XXI) nennt in dem Kapitel: Les gestes de la prière auf S. 25 lateinische Texte, die das Händefalten als Bindung dämonischer Kräfte verstehen (vor allem Ovid, Metamorphosen 9, 299 und 314–315).

[152] Plutarchs vergleichende Lebensbeschreibungen, deutsch von J. F. S. Kaltwasser, neu herausgegeben v. O. Güthling, 7, Leipzig (Reclam) o. J., S. 67.

102   II. Symbole aus dem Mittelalter

dem leidenden oder verstorbenen Christus direkt konfrontiert sind. Es ist
der Johannes in einem um 1275 gemalten Psalter vom Oberrhein[153]
(Abb. 30), der die Beweinung von Christus erlebt. Es ist auch Maria, die
um 1420 auf einem Gemälde aus Österreich[154] dem Schmerzensmann beigegeben ist. Auf Dürers Beweinung in München[155] steht wieder Johannes
über dem Leichnam von Christus, und auf Tiarinis Gemälde in Bologna[156]
ringt Magdalena ihre gefalteten Hände über dem Toten.

Nacktheit

So wie die Geste kann auch die Nacktheit[157] symbolisch gemeint sein.
Im Christentum ist seit dem Sündenfall Nacktheit verpönt, und das Fei-
genblatt deckt ihre Blöße. Jedoch kann der Akt auch Reinheit verkörpern,
denn es heißt von Adam und Eva, bevor sie die Sünde begingen: „Und sie
waren beide nackt, Adam und seine Frau, und schämten sich nicht"
(1. Mos. 2, 25). Die durch den Sündenfall verlorengegangene Reinheit des
Menschen, die durch die schamlos empfundene Nacktheit repräsentiert
war, wird wiedererlangt durch den Tod, der dem Gläubigen als einem
„renatus" (Wiedergeborenen: Joh. 3, 3) ein neues Leben beschert (Römer
6, 4). Solche Verheißung basiert auf der Taufe, die einen Christen zum
Wiedergeborenen macht.

Daraus erklärt sich, daß schon seit dem 9. Jh. die Seele des Menschen als
kindlich und nackt[158] dargestellt wird. In der Trierer Apokalypse (Stadtbibliothek, Ms. 31, fol. 20 v)[159] sind solche Seelen zu sehen, in Form kleiner
Menschen mit geschlechtsloser Nacktheit. Sie werden von Engeln empfangen, weil es die Seelen von Märtyrern sind (nach Off. 6, 9). Die Nacktheit
ist also Symbol für die Reinheit, die sich im Fehlen der Sünde bezeugt und
die eine Rückkehr zum paradiesischen Zustand erlaubt.

Genau so erscheint zu Anfang des 13. Jh. auf einer Miniatur (München,
Bayerische Staatsbibliothek, Cod. lat. 17401, fol. 19 v)[160] über dem ster-

---

[153] Schiller 2, Abb. 575 (Besançon, Bibliothèque municipale, Ms. 54).

[154] Schiller 2, Abb. 743 (Berlin-Dahlem).

[155] Schiller 2, Abb. 618.

[156] Schiller 2, Abb. 615.

[157] LCI 3, 1971, Sp. 308–309.

[158] D. de Chapeaurouge: Die Rettung der Seele. Genesis eines mittelalterlichen
Bildthemas, Wallraf-Richartz-Jahrbuch 35, 1973, S. 23–26.

[159] D. de Chapeaurouge, a. a. O. (Anm. 158), S. 22, Abb. 5.

[160] D. de Chapeaurouge: Die Rettung der Seele. Biblische Exempla und mittelalterliche Adaption, Vestigia Bibliae 2, 1980, S. 62–63 m. Abb. 7.

II. Symbole aus dem Mittelalter   103

benden Theophilus seine Seele in ursprünglicher Nacktheit. Die kleine Gestalt befindet sich in einer Mandorla, die Engel hinauf zu Maria im Himmel
befördern. Der Kontext erlaubt die Vermutung, daß hier die gläubige Seele
nicht nur im Aufstieg zum Himmel, sondern auch im Werden zu Christus
gemeint ist. Dagegen muß in den ›Heures de Rohan‹ (Paris, Bibliothèque
Nationale, Ms. lat. 9471, fol. 159 v; gemalt gegen 1418) [161] die ebenfalls un-
bekleidete Seele eines namenlos Sterbenden noch einen Kampf zwischen
Teufel und Engel erleben, so daß ihre Seligkeit nicht so gewiß ist. Immerhin
lassen Kleinheit und Nacktheit der Seele erkennen, daß die Verwandlung
vom sündenbeladenen irdischen Leib (der auf dem Boden liegend erscheint)
zu einem himmlischen Wesen voll Reinheit bereits sich vollzieht.

Nun wird schon durch Paulus ein Bogen von Adam zu Christus geschlagen und Christus „der neue Adam" genannt, der nicht mehr ein irdischer,
sondern ein himmlischer Mensch sei (1. Kor. 15, 45 und 47). Man darf also
sagen, daß Christus aufgrund seines Opfers am Kreuz die Reinheit des
Menschen, die vor seinem Fall auch Adam zu eigen war, wiederhergestellt
hat. Darum liegt es sehr nahe, auch Christus als Sündenlos-Reinen in völli-
ger Nacktheit zu zeigen.

Jedoch hat man dies erst im 15. Jh. gewagt, denn vorher verhüllte stets ein
Schamtuch den Leib. Brunelleschi [162] nun hat einen Kruzifix für S. Maria
Novella (Florenz) geschnitzt und bemalt, der erstmals ganz nackt ist.
Allerdings fehlt der Penis, so daß sich der Gott als geschlechtslos erweist.
Außerdem war es möglich, durch ein Stofftuch den Leib jederzeit zu ver-
hüllen. Dieses Werk aus dem zweiten Jahrzehnt des Jahrhunderts wurde
jedoch zum Vorbild für andere Christusfiguren, die Donatello [163] und
Michelangelo schufen. Michelangelo hat 1494 für S. Spirito in Florenz einen Crucifixus [164] (Abb. 31) geschnitzt, der nicht nur völlig nackt ist, sondern der auch den Penis besitzt. Und 1514 erhielt er den Auftrag, einen
nackten Christus in Marmor [165] zu schaffen, der 1521 in der römischen Kirche S. Maria sopra Minerva enthüllt wurde.

Im 15. Jh. wird auch im Norden der ganz nackte Christus gezeigt, allerdings nur als Kind. Auch hier ist das Christuskind anfangs geschlechts-

---

[161] T. S. R. Boase: Death in the Middle Ages, London 1972, S. 118–119, Abb. 102 (farbig).

[162] M. Lisner: Holzkruzifixe in Florenz und in der Toskana von der Zeit um 1300
bis zum frühen Cinquecento, München 1970, S. 56, Abb. 111–113.

[163] Janson, a. a. O. (Anm. 141), S. 147–151: bronzener Kruzifix in Padua, S. Antonio, 1444–1447.

[164] Lisner, a. a. O. (Anm. 162), S. 111–120.

[165] D. de Chapeaurouge, a. a. O. (Anm. 138), S. 17, Abb. 5. Vgl. L. Steinberg: The
Sexuality of Christ in Renaissance Art and in Modern Oblivion, London 1983, S.
18–21 und 140–141.

104 II. Symbole aus dem Mittelalter

los[166], um dann aber bald selbst mit Penis wiedergegeben zu werden. Zu Ende des 15. und zu Anfang des 16. Jh. stellen Holbein und Cranach[167] Christus als Kind dar, das aber schon von den „Werkzeugen" seiner Passion begleitet wird. Auch hier ist die Nacktheit Symbol für die Reinheit von Christus, der durch sein Wirken die Sünde besiegt hat.

Bisher war nur von der Nacktheit, die sich aus dem christlichen Erbe erklärt, die Rede. Es gibt aber auch eine heidnische Wurzel[168], aus der in der Neuzeit ein eigener Trieb sich entwickelt. Horaz hat in einem Gedicht die „nackte Wahrheit"[169] geschildert, die heute noch sprichwörtlich ist. Gelegentlich hat man im Mittelalter die Wahrheit in Form eines nackten Kindes[170] gemalt, aber erst die Entdeckung der lukianischen Geschichte von der Verleumdung des Malers Apelles führte im 15. Jh. zum Bilde der Wahrheit in Gestalt einer nackten Frau. Die älteste Darstellung mit dieser Personifikation stammt von Botticelli[171] und befindet sich in den Florentiner Uffizien (um 1495). Wie bei den christlichen Werken bezeichnet auch hier die Nacktheit das unverhüllt sichtbare Wesen und damit die Reinheit.

Im 16. Jh. übernahm man ein weiteres heidnisches Wort von der Wahrheit[172]. Aulus Gellius überliefert in seinen ›Attischen Nächten‹ (12, 11, 7) die Deutung der Wahrheit als Tochter der Zeit (veritas filia temporis). In die Kunst übersetzte man dies durch die Szene, daß Chronos als Zeitgott die Tochter (= Wahrheit) enthüllt. Berühmt ist besonders die Marmorfigur von Bernini[173] aus der Mitte des 17. Jh. (in der römischen Galleria Borghese), die ursprünglich auch Chronos darstellen sollte, die heute jedoch die Wahrheit allein zeigt. Halb sitzend, halb stehend erhebt sich die nackte Figur vom felsigen Sitz, während ein Tuch ihr als Folie dient. Lächelnd blickt sie nach oben zum Himmel, um zu bezeugen, daß ihr Schöpfer Bernini vor der Geschichte bestehen werde[174].

---

[166] Schiller 2, Abb. 676 (Holzschnitt, um 1450–1465).

[167] Schiller 2, Abb. 677 und 674 (Holbein d. Ä., Gemälde in Essen, Familie Krupp – Cranach d. Ä., Holzschnitt).

[168] Tervarent, a. a. O. (Anm. 89), I, 1958, Sp. 165–167 (Femme nue apparaissant au jour).

[169] Carmina I, 24, 7.

[170] E. Panofsky: The neoplatonic movement in Florence and North Italy, in: Studies in Iconology, New York 1962, S. 157–158, fig. 112 und 114.

[171] Panofsky, a. a. O. (Anm. 170), S. 158–159, fig. 115.

[172] Tervarent, a. a. O. (Anm. 89), I, 1958, Sp. 165–167.

[173] M. Winner: Berninis ›Verità‹, in: Munuscula discipulorum. Kunsthistorische Studien Hans Kauffmann zum 70. Geburtstag, Berlin 1968, S. 393–413.

[174] H. Kauffmann: Giovanni Lorenzo Bernini. Die figürlichen Kompositionen,

II. Symbole aus dem Mittelalter   105

Zwerg

Als letztes Symbol der vom Menschen abgeleiteten Reihe ist der Zwerg zu besprechen, der seit dem 14. Jh. das Laster verkörpert. Diese barbarische Einschätzung erklärt sich aus der Abweichung von der Norm, wobei die Norm wiederum von der Tugend bestimmt wird. Um 1375 wird deshalb die Tugend in einer französischen Handschrift (Brüssel, Bibliothèque Royale, Ms. 2902, fol. 24 r)[175] als Frau mit Krone und Zepter zwischen zwei Männern wiedergegeben, die beide als Laster gemeint sind: links ist es ein Riese und rechts ein Zwerg. Ebenso ist auf einer Buchmalerei von 1376, die sich einst im Besitz des französischen Königs Karl V. befand (jetzt in Den Haag, Rijksmuseum Meermanno-Westreenianum, Ms. 10 D 1, fol. 24 v)[176], wieder die Tugend zu sehen, die von zwei anderen Personifikationen gestützt wird und die sich zwischen dem riesigen „Exces" (Übermaß) und dem zwerghaften „Deffaute" (Fehler) befindet. Die „Vertu" vertritt also jeweils die richtige Mitte, von der sich Riese und Zwerg als Abweichler entfernen, weshalb sie als lasterhaft gelten.

Entsprechend wird deshalb auf Szenen aus Christi Passion ein Zwerg dargestellt, um die Gegner des Gottes als lasterhaft kenntlich zu machen. So sieht man neben Pilatus auf einem gegen 1420 gemalten Altar aus der Mainzer Stephanuskirche (Mainz, Mittelrheinisches Landesmuseum)[177] einen besonders herausgeputzten Zwerg, der wie zum Hohn ein riesig wirkendes Schwert auf der Schulter trägt. Auch Urs Graf benutzt einen Zwerg, um das Verhör vor Herodes als christusfeindlich erscheinen zu lassen. Der Zwerg auf dem Holzschnitt[178], der 1506 publiziert worden ist, ist ein Glatzkopf mit Bart, und bezeichnenderweise hält dieser Mann einen Affen an der Leine. Somit ist das Laster doppelt verkörpert, denn auch der Affe galt nach

---

Berlin 1970, S. 194 nennt das Werk ein „persönliches Bekenntnis", weil Bernini damals wegen des Einsturzes des Fassadenturms von St. Peter (für den er verantwortlich war) und wegen der Zurücksetzung durch Papst Innozenz X. sein Selbstvertrauen wiedergewinnen wollte. Das Aufblicken erklärt sich durch den Hinweis auf Hebräer 4, 13, wo es von Gott heißt, daß „alles nackt und offen vor seinen Augen" ist.

[175] E. Panofsky: Hercules am Scheidewege und andere antike Bildstoffe in der neueren Kunst, Leipzig–Berlin 1930 (Studien der Bibliothek Warburg, XVIII), S. 151 m. Abb. 99.

[176] Panofsky, a. a. O. (Anm. 175), S. 151.

[177] Aus Altertumsmuseum und Gemäldegalerie der Stadt Mainz, Bildband zur Wiedereröffnung, Mainz 1962, Taf. 100.

[178] W. Worringer: Urs Graf. Die Holzschnitte zur Passion, München 1923, Blatt 15.

106   II. Symbole aus dem Mittelalter

der Meinung der Zeit als mißratener Mensch und deshalb genauso als „Fehler".

Auch „das Laster" in Hertels Ripa-Bearbeitung von 1758–60[179] (Abb. 32) zeigt sich als Zwerg, der, um den Eindruck noch schlimmer zu machen, außerdem schielt. Die ›Iconologia‹ von Ripa begründet die Abweichung von der normierten Gestalt genau wie im 14. Jh. als Fehler, der deshalb als Laster zu gelten hat, weil die Norm die Tugend vertritt.

Schwarz

Negative Bedeutung hat auch das Schwarz, das für den Christen den Teufel[180] verkörpert. Die schlechte Bedeutung des Schwarz stammt aus der Antike[181], die es mit allem assoziierte, was für den Menschen gefährlich und gegnerisch sein konnte. Schon in dem 820–30 entstandenen Stuttgarter Psalter wird auf zwei Blättern (Württembergische Landesbibliothek, Bibl. fol. 23, fol. 8 r und 53 r)[182] ein schwarzer Vogel gezeigt, der in den Judas beim Selbstmord oder beim Abendmahl eindringen möchte. Die Identifizierung mit Satan ergibt sich aus der dem zweiten Bild beigegebenen Inschrift, die ein Zitat von Johannes 13, 27 darstellt („Und nach dem Bissen fuhr der Satan in ihn"). Der Vogel bedeutet das geistige Wesen, das – ob gut oder schlecht – die Erde verlassen kann, während das Schwarz den Teufel symbolisiert.

Ebenso wird auf Bildern des 14. und 15. Jh. dem Judas ein schwarzer Nimbus[183] gegeben, wodurch man im Grunde das Leuchten des Nimbus

[179] Ripa-Hertel, a. a. O. (Anm. 89), Nr. 68.

[180] F. J. Dölger: Die Sonne der Gerechtigkeit und der Schwarze, Münster i. W. 1918 (Liturgiegeschichtliche Forschungen, 2). Die sogenannten schwarzen Madonnen gehören nicht hierher. Das schwarze Gesicht basiert auf der Gleichsetzung von Maria mit der Braut (Sponsa) des Hohenliedes, die als schwarz bezeichnet wird, weil die Sonne sie verbrannt habe (Hoheslied 1, 5–6; in der Vulgata 1, 4–5). Da nun wiederum die Sonne als Verkörperung Christi galt, ist die Schwärze solcher Madonnen als Auszeichnung zu verstehen. Als Beispiel nenne ich die schwarze Muttergottes in Regensburg, Niedermünster, aus dem frühen 13. Jh.: Ausstellungskatalog: Bayerische Frömmigkeit, München 1960, Nr. 173, Taf. 28.

[181] G. Radke: Die Bedeutung der weißen und der schwarzen Farbe in Kult und Brauch der Griechen und Römer, Dissertation Berlin, Jena 1938.

[182] Der Stuttgarter Bilderpsalter. Bibl. fol. 23. Württembergische Landesbibliothek Stuttgart, II. Untersuchungen, Stuttgart 1968, S. 63–64 und 89.

[183] W. Braunfels: Nimbus und Goldgrund, Das Münster 1, 1950, S. 322: Fresko des Giusto de'Menabuoi im Dombaptisterium von Padua und Tafel aus der Schule Fra Angelicos in Florenz.

II. Symbole aus dem Mittelalter   107

zerstört. Doch gewinnt die Person des Verräters durch dieses befremdliche
Zeichen an Eindringlichkeit, weil der einstige Status des Jüngers buchstäb-
lich ausgestrichen zu sein scheint. Ebenso originell behandelt Roger van der
Weyden das Schwarz, indem er auf seinem Altar mit dem Jüngsten Gericht
(im Hospital von Beaune, 1451 vollendet) die Worte Christi für die Gerechten in Weiß, für die Verdammten aber in Schwarz [184] gemalt hat. Das teuflische Schwarz ist auch noch bei Ripa [185] in Geltung, der 1593 in dem ikonologischen Handbuch zum Gebrauch für die Maler vorschreibt, die Laster
schwarz gekleidet erscheinen zu lassen.

Quadrat

Als letztes Symbol ist in diesem Kapitel das Quadrat [186] zu behandeln.
Schon das griechische Wort tetrágonos hat nicht nur die Bedeutung: qua-
dratisch, viereckig, sondern auch: vollkommen. Das gilt ebenso für das
lateinische Wort quadratus. So zitieren Platon wie Aristoteles [187] einen Text
des Simonides, in dem ein Mann viereckig, d. h. ohne Tadel genannt wird.
Insofern ist es naheliegend, auch den quadratischen Nimbus [188], der im frühen Mittelalter zuerst aufkommt, als Zeichen der Vollkommenheit zu werten.
   Diese Deutung hatte lange auf sich warten lassen, weil Johannes Diaconus im 9. Jh. behauptet hatte, der quadratische Nimbus sei „Kennzeichen
des Lebenden" [189]. In der Tat mag oft der Stifter des Bildes bestimmt haben,
daß seine Figur den quadratischen Nimbus erhalte. Dadurch war ein Un-
terschied zwischen den Lebenden und den mit rundem Nimbus gezeigten
Heiligen sichtbar gemacht. Doch im symbolischen Sinne war schon in
frühchristlicher Zeit [190] der „quadratische" Mensch als vollkommen inter-

---

[184] E. Panofsky: Early Netherlandish Painting, its origins and character, New
York u. a. 1971, I, S. 269.

[185] E. Mandowsky: Untersuchungen zur Iconologie des Cesare Ripa, Diss.
Hamburg 1934, S. 24. Vgl. allgemein: R. Suntrup: Liturgische Farbenbedeutung
im Mittelalter und in der frühen Neuzeit, in: Symbole des Alltags, Alltag
der Symbole. Festschrift für Harry Kühnel zum 65. Geburtstag, Graz 1992,
S. 445–467.

[186] LCI 3, 1971, Sp. 485.

[187] Platon: Protagoras, p. 339 b – Aristoteles: Nikomachische Ethik, I, 11,
p. 1100 b.

[188] G. B. Ladner: The so-called square nimbus, Mediaeval Studies 3, 1941, .
S. 15–45.

[189] PL 75, 231: viventis insigne.

[190] Ladner, a. a. O. (Anm. 188), S. 31.

108   II. Symbole aus dem Mittelalter

pretiert worden, so daß der quadratische Nimbus mit Sicherheit diese Bedeutung vermittelt.

Zudem zeigt ein frühes Beispiel aus Thessaloniki[191], daß hier schon der Stifter Leontios auf dem Mosaik mit quadratischem Nimbus erscheint, obwohl er seit zweihundert Jahren tot war. Im Westen beginnt man im 8. Jh.[192], die Bilder der Päpste mit einem quadratischen Nimbus zu charakterisieren. Auf dem schon einmal (S. 35) erwähnten Mosaik aus dem Ende des 8. Jh. im Lateran[193] war Petrus mit rundem Nimbus zu sehen, der Papst Leo III. jedoch ebenso wie Karl der Große mit quadratischem Nimbus. Der Goldschmied Volvinius versieht ebenfalls den Stifter des goldenen Antependiums in S. Ambrogio (Mailand, um 840), Erzbischof Angilbert, mit einem quadratischen Nimbus[194], den heiligen Ambrosius aber mit einem runden. Alle auf diesen Werken mit quadratischem Nimbus gezeigten Personen weilten tatsächlich zur Zeit der Entstehung noch unter den Lebenden, so daß die Erklärung des Johannes Diaconus keineswegs falsch ist. Noch im 12. Jh. ließ Calixtus II. in einer Kapelle des lateranischen Palastes Fresken[195] malen, auf denen er selbst mit quadratischem Nimbus (und ohne Tiara) im Verein mit älteren Päpsten erscheint, die kreisförmigen Nimbus und auch die Tiara besitzen. Es ist durchaus möglich, daß schon die Stifter der eben erwähnten Werke die echte Symbolik des quadratischen Nimbus nicht mehr verstanden.

Dies wäre insofern erstaunlich, als gerade in karolingischer Zeit die quadratische Form als die der Vollkommenheit ausgenutzt wurde, um die von Gott geschaffene Welt als eine perfekte zu zeigen. Es war schon (S. 18) die Rede davon, daß Hieronymus die „forma quadrata mundi"[196] erwähnt hat und daß die „viereckige Welt" (mundus tetragonus)[197] als Bildtitulus für die als Rhombus geschilderte Welt in einem Codex von 870 erscheint. Auch auf anderen Bildern in Buchmalereien des 9. und 10. Jh.[198] ist wieder und

---

[191] W. F. Volbach – J. Lafontaine-Dosogne: Byzanz und der christliche Osten, Berlin 1968 (Propyläen Kunstgeschichte, 3), Farbtaf. II: Mosaik in Thessaloniki, Hagios Demetrios, ca. 629–643. Leontios hat die Kirche um 412–413 gestiftet.

[192] LCI 3, 1971, Sp. 366.

[193] Siehe Anm. 180 zu Kapitel I.

[194] J. Hubert – J. Porcher – W. F. Volbach: Die Kunst der Karolinger, München 1969, S. 244, Abb. 220: Relief von der Rückseite des Antependiums.

[195] LCI 3, 1971, Sp. 368.

[196] Siehe Anm. 59 zu Kapitel I.

[197] O. K. Werckmeister: Die Bedeutung der „Chi"-Initialseite im Book of Kells, in: Das Erste Jahrtausend, herausgegeben von V. H. Elbern, Textband II, Düsseldorf 1964, S. 693. Schiller 3, Abb. 686.

[198] In der sog. Viviansbibel, Paris, Bibliothèque Nationale, Ms. lat. 1., fol. 330 v

II. Symbole aus dem Mittelalter 109

wieder der thronende Christus inmitten der Evangelisten oder auch ihrer
Symbole zu sehen, der Himmel und Erde – verkörpert in Kreisen – beherrscht und den nach außen ein Rhombus umschließt. Der Rhombus kann
einfach gemalt sein, er kann aber auch an den Ecken in Medaillons enden.
Jedenfalls läßt der Aufwand an ikonographischem Inhalt bei diesen Maje-
stas-Bildern nicht daran zweifeln, daß jeder Rhombus das Viereck der Welt
zeigen soll. Für diese Deutung spricht nicht nur der Titel des Münchener
Codex, sondern genauso die Tradition, die sich die heilige Stadt [199] – ob als
Roma quadrata oder neues Jerusalem [200] – nur als viereckig vorstellen
konnte. Dabei ist im einzelnen sicher nicht trennbar, ob nun die Stadt oder
die irdische Welt oder die Welt aus Himmel und Erde gemeint ist. Viereckig
und rhombenförmig ist jedenfalls auch der „Mundus", den eine Handschrift um 818 [201] enthält und der sich aufgrund der Beschriftung als Bild
der irdischen Welt deuten läßt. So darf man sagen, daß der quadratische
Nimbus und die „viereckige Welt" symbolisch die Vollkommenheit wiedergeben.

Während diese Quadrate als abstrakte Formen eingebracht werden, sind
die Römer noch einen Schritt weitergegangen und haben den Menschen in
das Quadrat gesetzt. So heißt es bei Plinius [202]: „Die Größe des Menschen
von der Fußsohle bis zum Scheitel beträgt, wie man bemerkt hat, ebenso-
viel wie die Ausdehnung der ausgebreiteten Arme zwischen den Spitzen der
längsten Finger." Aus der Senkrechten der Körperlänge und der Waage-
rechten der ausgestreckten Arme ergibt sich dann „die Form des Qua-
drats" [203] (Vitruv, Architektur, III, 1, 3), weil Vertikale und Horizontale
gleich lang sind. Der „homo quadratus" (quadratische Mensch) ist deshalb
vollkommen, weil er genauso lang wie breit ist. Schon Vitruv hat sich dies
so vorgestellt, daß die Figur eines Menschen in ein Quadrat gezeichnet
wird. Dabei müssen Scheitel und Füße jeweils obere und untere Linie berühren, die Fingerspitzen der ausgebreiteten Arme aber die Seitenlinien.

(Schiller 3, Abb. 684), der Bibel von Moutier-Grandval, London, British Museum,
Add. Ms. 10 546, fol. 352 v (Schiller 3, Abb. 685) und in der Beatus-Apokalypse von
975 in Gerona, Kathedralarchiv, fol. 17, fol. 2 (Schiller 3, Abb. 688).

[199] W. Müller: Die heilige Stadt. Roma quadrata, himmlisches Jerusalem und die
Mythe vom Weltnabel, Stuttgart 1961.

[200] Nach Offenbarung 21, 16 wird das neue Jerusalem viereckig („in quadro") ge-
baut sein.

[201] LCI 4, 1972, Sp. 502, Abb. 3.

[202] C. Plinius Secundus: Naturgeschichte, deutsch v. C. F. L. Strack, herausgegeben v. M. E. D. L. Strack, Darmstadt 1968, 1, S. 308 (VII, 17).

[203] „quadrata designatio": Vitruv: Zehn Bücher über Architektur, ed. C. Fensterbusch, Darmstadt 1964, S. 138–139.

110 II. Symbole aus dem Mittelalter

Leonardo da Vinci hat diesen vollkommenen Menschen gezeichnet[204] (Abb. 33) (Venedig, Accademia, ca. 1485–90) und vom Mittelpunkt des Nabels aus den Kreis geschlagen, um so durch Quadrat wie durch Zirkel Vollkommenheit anzudeuten. Einige Jahre später ist dieser „homo quadratus" für eine Darstellung Christi am Kreuz nutzbar gemacht worden, wobei allerdings nicht bekannt ist, ob Leonardos Zeichnung als Quelle gedient hat. Michelangelos Kruzifix aus S. Spirito in Florenz[205] (Abb. 31), 1494 geschaffen, mißt in Höhe wie Breite je 1,35 m und ist damit in ein Quadrat einzufügen. Dies ist ganz selten[206], und es kann nur bedeuten, daß Christus in dieser Gestaltung Vollkommenheit zeigt, ja, daß er vollkommener Mensch ist.

[204] A. E. Popham: The drawings of Leonardo da Vinci, London 1963, Nr. 215.
[205] M. Lisner, a. a. O. (Anm. 162), S. 111–120.
[206] Lisner, a. a. O. (Anm. 162), S. 56 und 120: Brunelleschis Holzkruzifix in Florenz, S. Maria Novella, hat die Maße 1,70 : 1,70 m, bildet aber die Ausnahme.

III. SYMBOLE
AUS DEM SPÄTEN MITTELALTER
UND DER NEUZEIT

In diesem Kapitel werden diejenigen Symbole besprochen, die erst im
15. Jh. oder später auf Bildern nachweisbar sind. Keineswegs handelt es
sich dabei nur um Neuerfindungen, weil immer noch Symbole direkt aus
der Antike übernommen werden. Im Gegensatz zu den schon in frühchristlicher Zeit und im Mittelalter benutzten Symbolen gibt es nun seit dem
16. Jh. auch eine die Bilder erklärende Literatur in der Emblematik (seit
1531) und in der Ikonologie (seit 1593). Dies wirkt sich auch gelegentlich
hilfreich für die Erklärung von Symbolen aus.

Dreieck

Eine besonders merkwürdige Geschichte hat das Dreieck[1] aufzuweisen.
Vielleicht schon in der Antike[2] symbolisch genutzt, wurde es auf jeden Fall
von den Manichäern als Zeichen der Trinität eingesetzt. Deshalb verwarf
Augustin[3] es als ketzerisch, wodurch sich erklärt, daß es im Mittelalter[4]
praktisch nicht vorkommt. Erst im 15. Jh. stellte Quercia Gottvater bei der
Erschaffung von Adam und Eva[5] mit dreieckigem Nimbus dar (Bologna,
S. Petronio), um diesen Gott als dreifaltigen kenntlich zu machen. Nach
theologischer Auffassung war nämlich nicht nur Gottvater, sondern die

---

[1] RDK 4, 1958, Sp. 403–414.

[2] W. Deonna: La Niké de Paeonios de Mendé et le triangle sacré des monuments
figurés, Bruxelles 1968 (Collection Latomus, 62), S. 55 und 218.

[3] G. Stuhlfauth: Das Dreieck. Die Geschichte eines religiösen Symbols, Stuttgart
1937, S. 18 (in Evangelium Joannis CXXII, 8).

[4] V. H. Elbern: Die Dreifaltigkeitsminiatur im Book of Durrow, Wallraf-
Richartz-Jahrbuch 17, 1955, S. 7–42 will in der Darstellung des Evangeliars in
Dublin, Trinity College, Ms. 57, fol. 192 v (um 700) ein auf der Spitze stehendes
Dreieck entdeckt haben, das er trinitarisch deutet. Abgesehen von dem Verdikt des
Augustinus steht dem die methodische Bedenklichkeit entgegen, daß „vom ganzen
Blatt eigentlich nur das zentrale Quadrat ikonographisch 'gemeint'" (S. 16) sein
soll.

[5] Stuhlfauth, a. a. O. (Anm. 3), S. 22–23.

112   III. Symbole aus dem späten Mittelalter und der Neuzeit

ganze Trinität[6] an der Schöpfung beteiligt. Das Dreieck symbolisiert nun die Einheit der drei Personen und zugleich ihre Gleichrangigkeit (deshalb muß dieses Dreieck ein gleichseitiges sein). Erst im 17. Jh. gewann dieses Dreieck allgemeine Verbreitung, um den dreieinigen Gott zu verkörpern, wobei man nicht einmal die Konfessionen zu scheiden braucht. Denn das Symbol ist ebenso in protestantischen wie in katholischen Kirchen zu finden. Für die Spätzeit genügt es, zwei Werke zu nennen. 1731 hat Johann Baptist Zimmermann in der Wallfahrtskirche Steinhausen auf dem Fresko der Decke[7] gemalt, wie Maria zum Himmel und zur trinitarischen Gottheit auffährt. Die Trinität erscheint hier gestaltlos und wird nur als Dreieck in strahlendem Lichtkreis gezeigt. Inmitten des Dreiecks steht „Jahwe" als Name, hebräisch geschrieben. Etwa ein halbes Jahrhundert danach (1787) ist als Radierung ein Blatt Chodowieckis[8] (Abb. 34) erschienen, auf dem das göttliche Dreieck das göttliche Auge umschließt. Dieses Doppelsymbol war besonders beliebt, so daß es auch C. D. Friedrich entwarf für den Rahmen des Tetschener Altars[9].

In denkwürdiger Weise ist nun das Dreieck als Gottessymbol in der Französischen Revolution zu neuer Bedeutung gelangt. Man nutzte die Gleichseitigkeit der Figur, um die Gleichrangigkeit der drei Stände zu zeigen. Auf dem schon mehrfach erwähnten Gemälde Regnaults in der Hamburger Kunsthalle[10] (Abb. 4) ist es die Personifikation der französischen Republik, die dieses Dreieck mit ihrer Linken emporhebt und so dem Betrachter verdeutlicht, daß dieses alte Symbol nicht mehr die göttliche, sondern die menschliche Gleichheit verkörpert.

Kreis

Aus dem Bereich der Geometrie stammt auch der Kreis, der hier schon mehrfach genannt worden ist. Nicht nur die Schlange in Kreisform als Zeichen der Ewigkeit wurde besprochen, sondern auch schon verwiesen auf Leonardos Zeichnung[11] des vollkommenen Menschen. Die Vollkommenheit zeigt sich darin, daß dieser Mensch nicht nur dem Quadrat, sondern

---

[6] A. Heimann: Trinitas Creator Mundi, Journal of the Warburg and Courtauld Institutes 2, 1938/39, S. 42–52.

[7] H. Schnell: Die Wallfahrtskirche Steinhausen, München–Zürich ³1962 (Kunstführer, 203), Abb. S. 6.

[8] J.-H. Bauer: Daniel Nikolaus Chodowiecki. Das druckgraphische Werk, Hannover 1982, S. 189, Nr. 1314 (= Engelmann 587).

[9] Siehe Anmerkung 81 zu Kapitel II.

[10] Siehe Anmerkung 57 zu Kapitel II.

[11] Siehe Anmerkung 204 zu Kapitel II.

III. Symbole aus dem späten Mittelalter und der Neuzeit   113

auch einem Kreis eingefügt werden kann. Veranschaulicht wurde auch hier
der Text von Vitruv (III, 1, 3), der folgendermaßen die Kreisform beschreibt[12]: „Ferner ist natürlicherweise der Mittelpunkt des Körpers der
Nabel. Liegt nämlich ein Mensch mit gespreizten Armen und Beinen auf
dem Rücken, und setzt man die Zirkelspitze an der Stelle des Nabels ein
und schlägt einen Kreis, dann werden von dem Kreis die Fingerspitzen
beider Hände und die Zehenspitzen berührt."

Den Menschen dem Kreise einzubeschreiben war deshalb so wichtig,
weil auch der Kreis[13] ein Symbol der Vollkommenheit ist. Schon im Lateinischen heißt rotundus rund und vollkommen. Darüber hinaus hat Horaz[14] beschrieben, wodurch sich der Freie vom Sklaven abhebt: er ist „stark
und ruht in sich selber, ist glatt und rund" (rotundus). Diese Stelle zitiert
noch im 18. Jh. Chamfort, wenn er Weltmann und Weisen vergleicht[15]:
„Der Weltmann, der Freund des Glücks, der Liebhaber des Ruhms – sie
zeichnen sich eine gerade Linie vor, die ins Ungewisse führt. Der Weise,
der Freund seiner selbst, wählt die Kreislinie, die schließlich zu ihm zurückkehrt. Er ist der totus atque rotundus des Horaz." Und Jean Paul per-
sifliert diese Botschaft in seinem ›Siebenkäs‹[16] (1796/97): „die Nulle des
Nichts und der Kreis der Vollendung haben beide ein Zeichen."

Den Kreis als Symbol der Vollkommenheit zeichnen zu können, und
das ohne Hilfe des Zirkels, bedeutet dem Maler der Neuzeit das Höchste.
Vasari[17] berichtet von Giotto, daß dieser vor einem Legaten des Papstes
eine entsprechende Zeichnung habe fertigen können. Leider sind solche
Produkte nicht nur aus späterer Zeit, sondern auch nur von professio-
nellen Schreibmeistern[18] erhalten. Doch scheinen zwei Werke von Rem-

[12] Vitruv: Zehn Bücher über Architektur, ed. C. Fensterbusch, Darmstadt 1964,
S. 138–139.
[13] Die Arbeit von M. Lurker: Der Kreis als Symbol im Denken, Glauben und künst-
lerischen Gestalten der Menschheit, Tübingen 1981, ist wissenschaftlich unergiebig.
[14] Satiren II, 7, 86: fortis, et in se ipso totus, teres atque rotundus.
[15] Die französischen Moralisten, I. La Rochefoucauld–Vauvenargues–Montes-
qieu–Chamfort, Bremen 1962, übersetzt von F. Schalk (Sammlung Dieterich, 22),
S. 327.
[16] Jean Paul: Blumen-, Frucht- und Dornenstücke oder Ehestand, Tod und
Hochzeit des Armenadvokaten F. St. Siebenkäs im Reichsmarktflecken Kuhschnap-
pel, Werke, herausgegeben v. P. Nerrlich, 2. und 3. Teil, Berlin–Stuttgart o. J.
(Deutsche National-Litteratur, 131), S. 187 (18. Kapitel).
[17] G. Vasari: Le vite de' più eccellenti pittori, scultori ed architettori, ed. G. Mila-
nesi, I, Firenze 1878, S. 382–383. Vgl. E. Kris–O. Kurz: Die Legende vom Künstler, Wien 1934, S. 99.
[18] B. P. J. Broos: The „O" of Rembrandt, Simiolus 4, 1970, S. 150–184. Hier sind
solche Kreise von Schreibmeistern aus dem 17. Jh. auf den Abb. 8, 9 und 11 gezeigt.

114   III. Symbole aus dem späten Mittelalter und der Neuzeit

brandt[19] im Kontext zu zeigen, daß auch dieser Maler den Kreis als Symbol der Vollkommenheit kannte. Denn auf der Radierung, die Schreibmeister Coppenol darstellt, ist dieser beim Zeichnen des Kreises wiedergegeben. Ein weiterer Halbkreis ist über dem Meister zu sehen. Kurze Zeit später (um 1660) hat Rembrandt sich selber gemalt (Kenwood, The Iveagh Bequest), mit Malstock, Palette und Pinseln. Dies ist so selten bei ihm, daß ein besonderer Grund vorliegen mußte, das komplette Malerhabit vorzuführen. Die großen Kreise im Hintergrund könnten bedeuten, daß sich der Maler im Zeichnen dieser Symbole geübt hat, um als vollkommener Maler gelten zu können.

Kubus

Wie das Quadrat ist auch der Kubus[20] (oder Würfel) dank seiner Vierekkigkeit Symbol der Festigkeit und Beständigkeit. In einem Text des 1. Jh. n. Chr. mit dem fingierten Titel ›Tafel des Kebes‹[21] beschreibt der Autor ein Bild, auf dem sich Kubus und Kugel als gegensätzlich erweisen. Denn auf dem viereckigen Stein, der sicheren Halt gibt, steht die Paideia, die Bildung. Dagegen ist Tyche, die blinde und taube Fortuna, auf eine Kugel gestellt, die Unbeständigkeit anzeigt. Die Tafel des Kebes hat man in der Neuzeit recht häufig rekonstruiert. Von Holbein dem Jüngeren stammt eine Titeleinfassung von 1522[22] (als Holzschnitt), auf der entsprechend dem Text die Fortuna sich auf einer Kugel befindet, die „Bildung" jedoch auf dem zweifach gestuften Kubus. Deutlicher noch durch erklärende Texte ist in dem 1510 erschienenen Buch des Bovillus ›Vom Weisen‹ der Holzschnitt[23], der als zwei thronende Frauen Fortuna und Sapientia (die Weisheit) zeigt. Die Weisheit erscheint auf dem Kubus, der als die „Sedes virtutis quadrata" (viereckiger Sitz der Tugend) markiert ist, während Fortuna sich auf einer Kugel befindet, auf der steht: „Sedes Fortunae rotunda" (runder Sitz der Fortuna).

---

[19] Broos, a. a. O. (Anm. 18), passim. L. Münz: Rembrandt's etchings, London 1952, Nr. 80. A. Bredius: Rembrandt. Gemälde, Wien 1935, Nr. 52.

[20] G. de Tervarent: Attributs et symboles dans l'art profane 1450–1600, I, Genève 1958, Sp. 136–137 (Cube). P.-K. Schuster: Grundbegriffe der Bildersprache? Kunst um 1800 und die Folgen. Werner Hofmann zu Ehren, München 1988, S. 425–446.

[21] Tabula Cebetis, cap. 7 und 18.

[22] R. Schleier: Tabula Cebetis, Berlin 1973, S. 35, Abb. 8 (es handelt sich um die Fassung D).

[23] M. Zehnpfennig: „Traum" und „Vision" in Darstellungen des 16. und 17. Jh., Dissertation Tübingen 1979, S. 72, Abb. 77.

III. Symbole aus dem späten Mittelalter und der Neuzeit   115

Auch sonst wird der Kubus als Sockel genutzt, um Standhaftigkeit zu bezeugen. So hat schon um 1470 Mantegna[24] den heiligen Sebastian (auf dem
Gemälde in Wien) auf einen Kubus gestellt, um das Beharren im Glauben
auch trotz des Martyriums deutlich zu machen. In dem Emblembuch des
Gabriel Rollenhagen von 1613[25] ist es die Büste des Terminus, des römischen Gottes der Grenzen, die auf dem Kubus erscheint. Hier wird Gerechtigkeit sichtbar gemacht, die dank ihrer „Viereckigkeit" für jedermann
gleichmäßig da ist und die deshalb keinen bevorzugt.

Im selben Emblembuch[26] wird auch der Kubus allein dargestellt. Er
schwebt in der Luft und verkörpert das unwandelbare Wesen von Gott. Besonders bedeutsam erweist sich die Kopplung von Kugel und Würfel, wie
sie 1624 Otto van Veen in seinem Emblembuch[27] verdeutlicht. Er zeigt auf
dem Würfel die Kugel und erklärt das im Text: „Das Bewegliche wird festgestellt." (Mobile fit fixum). Die Kugel ist wieder das Unstabile, das durch
den „soliden" Würfel zur Ruhe gebracht wird. Vermutlich in Kenntnis entsprechender Bilder hat Goethe[28] im Garten von Weimar 1777 ein Denkmal
errichtet (Abb. 35), das einfach die ruhende Kugel auf einem Quaderstein
zeigt. Für ihn war dieses symbolische Werk ein Altar, den er in griechischen
Worten der „wohlwollenden Fortuna" geweiht hat. Dies kann nur heißen,
daß die bewegliche, schwankende Göttin des Glücks vom Kubus als
festem, stabilem zur Ruhe gebracht wird.

Kugel

Die Beispiele haben schon deutlich gemacht, daß die Kugel hier jeweils
das Schwankende meint, wo doch in anderem Kontext die Kugel als Globus
den Kosmos bezeichnet, der als vollkommen in dieser Gestalt sich verkörpert. Die Kugel im Negativsinne wird erst in der Neuzeit benutzt, wie etwa
die Kebestafeln bezeugen. Auch sonst steht die Kugel für „Mobilité", wie

---

[24] J. G. Caldwell: Mantegna's St. Sebastians. Stabilitas in a pagan world, Journal
of the Warburg and Courtauld Institutes 36, 1973, S. 373–377.
[25] G. Rollenhagen: Sinn-Bilder. Ein Tugendspiegel, herausgegeben v. C.-P.
Warncke, Dortmund 1983 (Die bibliophilen Taschenbücher, 378), S. 266–267
(II, 27).
[26] Rollenhagen, a. a. O. (Anm. 25), S. 352–353 (II, 70).
[27] Zehnpfennig, a. a. O. (Anm. 23), S. 41, Abb. 42.
[28] W. S. Heckscher: Goethe im Banne der Sinnbilder. Ein Beitrag zur Emblematik, Jahrbuch der Hamburger Kunstsammlungen 7, 1962, S. 35–54 (abgedruckt in:
Emblem und Emblematikrezeption, hrsg. von S. Penkert, Darmstadt 1978,
S. 355–385).

116   III. Symbole aus dem späten Mittelalter und der Neuzeit

etwa auf einem französischen Stich aus der Mitte des 16. Jh.[29]. Hier stützt sich der Tod auf die Kugel, die durch die Inschrift „Beweglichkeit" anzeigt. Die unfeste Stütze bedeutet Gefahr, denn der Tod kann beim Rollen der Kugel erwachen und sein Geschäft neu betreiben. Auch ohne Beischrift erkennt man die Kugel als Zeichen der schwankenden Haltung. So wird in der Augsburger ›Ikonologie‹ aus der Mitte des 18. Jh. Fortuna[30] gezeigt, die Glücksgüter austeilt. Zum Zeichen der Blindheit trägt sie vor den Augen die Binde, als Ausdruck des Wankelmuts setzt sie den Fuß auf die Kugel.

Eckstein

Im Gegensatz zur Kugel verkörpert der Eckstein[31] Solidität, denn biblische Texte identifizieren ihn mit Christus. In Psalm 118, 22 (nach der Vulgata 117, 22) heißt es: „Der Stein, den die Bauleute verworfen haben, ist zum Eckstein geworden." Diesen Vers zitiert Christus in bezug auf sich selber (Matth. 21, 42; Mark. 12,10; Luk. 20,17), während Petrus und Paulus den Eckstein direkt als Christus bezeichnen (Apostelgesch. 4,11; Epheser 2, 20).

Trotzdem hat es bis zum späten Mittelalter gedauert, ehe der Eckstein symbolisch als Christus von Künstlern gezeigt wird. Auf Roger van der Weydens ›Grablegung‹[32] in den Uffizien von 1450 ist dieser Stein auffällig schräg ins Bild gesetzt, um seine „Ecke" unübersehbar zu machen. Der Eckstein ist außerdem kenntlich daran, daß Christus auf ihn die Füße gesetzt hat. Noch deutlicher wird dieser Eckstein auf Caravaggios Bild[33] mit demselben Motiv, weil hier dieser Stein mit der „Ecke" in Augenhöhe des Betrachters erscheint. In etwas anderer Weise wird von Carpaccio diese Symbolik genutzt. Auf seinem seltsamen Bild in New York[34], das den

[29] H. W. Janson: Apes and Ape Lore in the Middle Ages and the Renaissance, London 1952 (Studies of the Warburg Institute, 20), S. 215, Pl. XXXIXa.

[30] C. Ripa: Baroque and Rococo pictorial imagery. The 1758–60 Hertel Edition of Ripa's 'Iconologia', New York 1971, Nr. 152.

[31] RDK 4, 1958, Sp. 708–712.

[32] E. Panofsky: Early Netherlandish Painting, its origins and character, New York 1971, S. 273–274, fig. 331. Die Symbolik des Ecksteins wurde erst erkannt von W. Friedlaender: Caravaggio Studies, Princeton 1974, S. 127–128.

[33] In der Pinacoteca Vaticana. Die Deutung von Mary Ann Graeve: The stone of unction in Caravaggio's painting for the Chiesa Nuova, Art Bulletin 40, 1958, S. 223–238, die hier den Stein der Salbung erkennen will, ist nicht zutreffend.

[34] M. Cancogni–G. Perocco: L'opera completa del Carpaccio, Milano 1967 (Classici dell'Arte, 13), Nr. 48.

III. Symbole aus dem späten Mittelalter und der Neuzeit   117

thronenden Christus als Toten zwischen Hieronymus und Hiob darstellt, fehlt der Eckstein am Quader, auf dem Hiob sitzt. Statt dessen liegt dieser Eckstein locker daneben. Er soll auf den Eckstein verweisen, den Gott im Buch Hiob (38, 6) erwähnt. Im Kontext des Bildes kann dies nur bedeuten, daß sich der Eckstein dem Quader erst einfügt, wenn Christus vom Tod wieder auferstanden ist.

Nun gibt es auch Werke, auf denen der Eckstein alleine symbolisch gemeint ist, auf denen mithin der leibliche Christus nicht wiedergegeben ist. So stellt Erhard Schön auf dem Flugblatt von 1524[35] das Lamm mit der Kreuzfahne dorthin, wo man den Eckstein erwartet. Er hat das Haus des protestantischen Mannes zu tragen, während das andere Haus, das dem katholischen Manne gehört, vom „Endchrist" (= Antichrist) gestützt wird. Auch auf dem Flugblatt des Johann Bussemacher von 1609[36] ist es der gläubige Mensch, der mit den Waffen des Geistes gerüstet erscheint und der den rechten Arm auf einen Eckstein gestützt hält. Der Stein trägt die Worte der Bibel, die wieder auf Christus verweisen. Zuletzt sei Vermeers allegorisches Bild in New York[37] angeführt, das eine Frau als verkörperten Glauben darstellt. Vor ihr auf dem Boden sieht man den Eckstein, der eine Schlange erdrückt. Dieses bedeutet den Sieg von Christus über die Sünde.

Anker

So wie der Eckstein Symbol für Christus im Sinne der sicheren Basis geworden ist, hat auch der Anker[38] Bedeutung erlangt als Zeichen des festen Haltes. Die schon antike Symbolik der Schiffahrt des Lebens verstand das Ankern im Hafen als Ende der Reise. Darüber hinaus war für Christen bedeutsam, daß im Hebräerbrief 6, 18–19 als „sicherer und fester Anker unserer Seele" Christus genannt wird. So war es natürlich, daß Clemens von Alexandria[39] den Anker auch mit den Symbolen erwähnte, die er den Christen empfahl zum Schmuck ihrer Ringe (vgl. S. 18). Trotzdem ist es kaum möglich, aus frühchristlicher Zeit Bilder von Ankern zu nennen, die wirklich symbolisch gemeint sind.

[35] Ausstellungskatalog: Die Welt des Hans Sachs. 400 Holzschnitte des 16. Jh., Nürnberg 1976, Nr. 7.

[36] Ausstellungskatalog: Illustrierte Flugblätter aus den Jahrhunderten der Reformation und der Glaubenskämpfe, Veste Coburg 1983, Nr. 25.

[37] G. Ungaretti–P. Bianconi: L'opera completa di Vermeer, Milano 1967 (Classici dell'Arte, 11), Nr. 42.

[38] RDK 1, 1937, Sp. 705–708.

[39] Siehe Anmerkung 56 zu Kapitel I.

118   III. Symbole aus dem späten Mittelalter und der Neuzeit

So kommt es, daß erst in der Neuzeit der Anker auf Werken der Kunst zu
belegen ist. In Rollenhagens Emblembuch[40] begleitet der Anker das brennende Herz, um die zur Hoffnung tendierende Liebe zu zeigen. Bei Hertel
in seiner Ripa-Version[41] ist die Hoffnung als aufblickend betende Frau zu
sehen, neben der ein Putto den Anker im Arm hält. Man muß dazu wissen,
daß wegen der Schiffahrts-Metapher das sichere Ankern im Hafen die
Hoffnung auf gutes Gelingen der Reise voraussetzt. Deshalb steht der
Anker für Hoffnung schlechthin.

Noch Caspar David Friedrich benutzt das Symbol in gewohnter Bedeutung. So malt er das Kreuz an der Ostsee um 1815 auf mehreren Bildern[42]
(Abb. 36), die jeweils den Anker zu Füßen des Kreuzes enthalten. Dies
kann nur die Hoffnung des gläubigen Menschen auf Christus am Ende des
Lebens bedeuten. Dagegen bezeugen die späteren Werke politischen Sinn,
und Friedrich benutzt nun den Anker als Zeichen der Hoffnung auf bessere
Zeiten. Entsprechend erwarten die Menschen am Meer den Aufgang des
Mondes zu seiten des Ankers (auf dem Gemälde in St. Petersburg)[43], oder
der Anker ragt mächtig empor und beherrscht die Fläche des Meers mit
dem Schiff und dem Mond (Gemälde in Obbach)[44]. Alle Symbole wie
Anker und Schiff oder Mond setzt hier in den zwanziger Jahren der Künstler so ein, wie die Tradition es gelehrt hat.

Blitz

Wie der Anker, so wird auch der Blitz[45] mehr attributiv als symbolisch
verwendet. Deshalb sind hier nur Werke genannt, auf denen der Blitz die
Herrschaft bezeichnet, die auf die Menschen als Strafe herabkommt. Bereits bei den Römern verkörpert der Blitz die Herrschaft, die vornehmlich
Jupiter ausübt. So wie nun der Gott dem Kaiser den Globus als Herr-
schaftssymbol überreicht hat (S. 60), war es auch möglich, den Blitz entsprechend dem Sterblichen anzuvertrauen. Dies wird auf einem Relief[46]
dargestellt, das sich am Triumphbogen von Benevent befindet. Zu Leb-

[40] Rollenhagen, a. a. O. (Anm. 25), S. 88–89 (I, 39).
[41] Ripa-Hertel, a. a. O. (Anm. 30), Nr. 175.
[42] Ausstellungskatalog: Caspar David Friedrich 1774–1840, Hamburg 1974,
Nrn. 115–117 (Berlin, Schloß Charlottenburg – Köln, Wallraf-Richartz-Museum –
Obbach bei Schweinfurt, Sammlung Dr. Georg Schäfer).
[43] Friedrich, a. a. O. (Anm. 42), Nr. 156.
[44] Friedrich, a. a. O. (Anm. 42), Nr. 194.
[45] A. Rieth: Der Blitz in der bildenden Kunst, München 1953.
[46] V. Poulsen: Römische Bildwerke, Königstein im Taunus 1964, S. 57.

III. Symbole aus dem späten Mittelalter und der Neuzeit 119

zeiten Trajans (114 n. Chr.) geschaffen, zeigt es den Jupiter inmitten der Götter, wie er den Blitz an Trajan überreicht.

In der Neuzeit begegnet der Blitz als Symbol sowohl in antikischem als auch in christlichem Umfeld. Das Emblembuch des Joachim Camerarius von 1596[47] stellt einen Adler mit einem Ölzweig zur Rechten und gebündelten Blitzen zur Linken als „Herrschertum" dar, wozu es im Text heißt: „Jedem das Seine. Die Linke hält den Blitz, aber die Rechte einen Ölzweig, damit ich mir in Frieden und Krieg meiner Pflicht bewußt bleibe." Der Blitz wird hier also nicht nur als Zeichen für Strafe, sondern sogar als Zeichen für Krieg eingestuft.

Der Adler als Jupiters Vogel, der selber schon Herrschaft verkörpert, erscheint auch anderswo mit den Blitzen. So kann man sich streiten, ob auf Carraccis Fresko der Galleria Farnese[48] der Adler, der mit seiner Klaue das Blitzbündel umfaßt, nur Jupiter in gleichem Maße kenntlich zu machen hat wie der Pfau die Juno. Vermutlich sind hier aber Adler und Blitz schon eher Symbole, weil sich der Gott mit der Göttin in „heiliger Hochzeit" (hieros gamos) vereinigt.

Das christliche Gegenstück gibt es bei Rubens, der für die Kirche in Neuburg 1616 das ›Große Jüngste Gericht‹ (heute in München)[49] gemalt hat. Unter dem richtenden Christus ist der Erzengel Michael zu sehen, der in der erhobenen Rechten leuchtende Blitze schwingt, um die Verdammten zu strafen.

1778 hat Fragonard eine Radierung[50] geschaffen „für das Genie von Franklin". Der Amerikaner wird hier geehrt als Erfinder des Blitzableiters und als Republikaner, denn der lateinische Text formuliert: „Er hat dem Himmel den Blitz und den Tyrannen das Zepter geraubt." Sehr sinnvoll sind damit der Blitz und die Herrschaft verkoppelt. Das Blatt zeigt den Franklin am Himmel auf Wolken, mit großer Gebärde gebietend. Doch leider ist es nicht er, der den Blitz abwehrt und die Neider bekämpft. Denn Fragonard läßt den Blitz an dem Schild der Minerva abprallen und Mars mit dem Schwert das Gesindel bekämpfen. Die Inschrift verspricht also mehr, als das Blatt wirklich darstellt. Immerhin ist der Blitz hier tatsächlich Symbol für die strafende Herrschaft.

---

[47] Emblemata, Sp. 759.

[48] Gemalt 1597–1600: P. J. Cooney – G. Malafarina: L'opera completa di Annibale Carracci, Milano 1976 (Classici dell'Arte, 87), Nr. 104 A, Taf. L.

[49] Alte Pinakothek München. Erläuterungen zu den ausgestellten Gemälden, München 1983, Nr. 890, S. 446–447.

[50] G. Wildenstein: Fragonard aquafortiste, Paris 1956, Nr. XXVII. Die Unterschriften lauten: „Au Génie de Franklin" und „Eripuit coelo fulmen sceptrumque tirannis".

120   III. Symbole aus dem späten Mittelalter und der Neuzeit

Caduceus

Das nächste Symbol ist der Merkurstab, der Caduceus[51] heißt. Schon die Römer[52] betrachteten ihn als Friedenssymbol, weil Merkur einen Stab auf zwei kämpfende Schlangen geworfen und diese dadurch zum Stillstand gebracht haben soll. Damit ist die Form dieses Stabes erklärt, der von zwei Schlangen umwickelt erscheint, die ihre Köpfe ganz oben einander zugekehrt halten. Als Friedensprogramm darf man deshalb den Merkurstab deuten, der sich auf dem Revers eines As[53] aus der Zeit des Tiberius findet (34–35 n. Chr.).

Dieses Symbol ist auf Werken der Neuzeit nur selten zu finden, weil meist die Verwendung als Attribut (bei Pax und Justitia) dominiert. In dem Emblembuch des Gabriel Rollenhagen[54] gibt es jedoch einen besonders originellen Caduceus (Abb. 37), weil hier die Entstehung dieses Gebildes zum Thema gemacht wird. Schon das Lemma beschreibt „Mit kluger Einfalt" die gegensätzlichen Teile, und auf dem Bild wird die auf dem Stab sitzende Taube gerahmt von züngelnden Schlangen. Damit entpuppt sich das Ganze als Illustration von Christi Wort in Matthäus 10, 16: „Seid klug wie die Schlangen und einfältig wie die Tauben." Dieses kontroverse Rezept bezieht sich auf die Szene im Hintergrund, wo der auferstandene Christus Magdalena erscheint. Der Christ soll daraus lernen, zwar dem Verstand zu vertrauen, im Notfall jedoch auch Wunder für möglich zu halten. Der Caduceus als Friedenssymbol soll hier zwischen Klugheit und Einfalt vermitteln.

Fasces

Das Symbol der Fasces[55] besteht wie der Merkurstab aus zwei Teilen, nämlich den mit einem Band umwundenen Stäben und einem Beil, das oben herausragt. Nur in der Neuzeit kann dieses Bündel von Stäben auch ohne das Beil vorkommen. Das Liktorenbündel war bei den Römern das Zeichen der Konsuln und der Magistrate, das ihre Rechte auf Züchtigung (Stäbe) und Hinrichtung (Beil) bezeugte. Erst in der Neuzeit versteht man das Bündel von Ruten symbolisch als Zeichen der Einheit. Diese Deutung bezeugen französische Texte des 17. Jh. So wird das

---

[51] Tervarent, a. a. O. (Anm. 20), I, 1958, Sp. 57–58: Caducée.
[52] Hyginus: Poeticon astronomicon II, 7. Aulus Gellius: Noctes atticae X, 27, 3.
[53] Münze, Abb. 162. Der Caduceus ist sogar geflügelt.
[54] Rollenhagen, a. a. O. (Anm. 25), S. 246–247 (II, 17).
[55] RDK 7, 1981, Sp. 461–496.

III. Symbole aus dem späten Mittelalter und der Neuzeit   121

„Bündel" (faisceau) im Wappen von Jules Mazarin von Félibien[56] als
„Symbol der Einheit und Eintracht" erklärt, weil „dieser große Kardinal
die Eintracht und den Frieden zwischen Frankreich und Spanien bewirkt"
habe. Aber die „Einheit" muß nicht politisch, sie kann auch persönlich gemeint sein. Denn in einem Text zur Zeichnung[57] des Maibaums vom 1. Mai
1676 werden die Fasces als „Symbol der Einheit und Eintracht" gedeutet,
das auf Begabung und Leistung des Künstlers Le Brun verweise.

In späterer Zeit verwendet man dieses Symbol vornehmlich politisch. So
trägt die „Amerika" auf Fragonards[58] schon erwähnter Radierung von 1778
(S. 119) die Fasces, die hier auf die Einheit des Landes verweisen. Vermutlich
ist dabei speziell an die Gleichberechtigung der Vereinigten Staaten gedacht. Dies jedenfalls legt die Verwendung des Fasces-Symbols innerhalb
der Französischen Revolution nahe.

So wird „dieses Bündel Symbol der Einheit und Unteilbarkeit"[59] genannt, als David 1793 den Schmuck der Medaille bestimmte, die aus Anlaß
der neuen Verfassung entstand. Ebenfalls von David wird in demselben
Jahr für ein Fest auf dem Marsfeld der Vorschlag[60] gemacht, für jedes der
83 französischen Départements einen Stab am Altar des Vaterlands dem
Präsidenten zu übergeben. Dieser habe die Stäbe sodann insgesamt mit dem
dreifarbigen (tricolore) Streifen zu umwickeln und als Bündel dem Volk
wiederzugeben, „eng verbunden", um damit zu zeigen, daß „unbesiegbar"
das Volk sei, „wenn es sich nicht teile". Diese verbundenen Stäbe, umwik-
kelt mit dreifarbigem Band, liegen zu Füßen der französischen Republik
auf dem Gemälde Regnaults[61] (Abb. 4), das nun schon mehrfach aufgrund
seiner vielen Symbole genannt worden ist. Die Fasces verkörpern die Einheit des republikanischen Frankreich.

---

[56] RDK 7, 1981, Sp. 473 474: „Le Faisceau, qui est le symbole de l'union et de la
concorde représente ce grand Cardinal établissant la concorde et la paix entre la
France et l'Espagne."

[57] RDK 7, 1981, Sp. 471 („simbole d'union et de la concorde").

[58] Siehe Anmerkung 50.

[59] RDK 7, 1981, Sp. 488: „ce faisceau, symbole de l'unité et de l'indivisibilité".

[60] RDK 7, 1981, Sp. 487: der Präsident „les rassemblera toutes ensemble avec un
ruban tricolore: puis il remettra au peuple le faisceau étroitement uni, en lui repré-
sentant qu'il sera invincible s'il ne se divise pas."

[61] Siehe Anmerkung 57 zu Kapitel II.

122   III. Symbole aus dem späten Mittelalter und der Neuzeit

Sanduhr

Die Sanduhr[62] stammt nicht, wie die eben genannten Symbole, schon aus der Antike, sie wird vielmehr erst in der Neuzeit verwendet. Der aus dem oberen Kegel rinnende Sand hat den unteren Kegel gefüllt, sobald eine Stunde vorbei ist. Dieses Ende der Zeit wird symbolisch als Sterben betrachtet, so daß sich der Tod in der Sanduhr verkörpert. Baldung Grien läßt auf seinem Wiener Gemälde gegen 1510[63] den Tod die Sanduhr über das Mädchen halten, so daß ihr Tod in blühender Jugend gewiß ist.

Poussin stellt auf seinem Gemälde in London[64], das er für den Kardinal Rospigliosi gemalt hat (Ende der 1630er Jahre), die Macht des Zeitgottes Chronos über die Menschen dar. Vier Frauen tanzen nach seiner Musik, die nicht die vier Jahreszeiten, sondern – wie sich aus einem Bericht des Bellori[65] ergibt – Armut, Arbeit, Reichtum und Überfluß sind. Sie tanzen im Kreis, um die ewige Wiederkehr anzuzeigen. Am Himmel verkörpert den Lauf der Sonne Apoll, und links steht die Herme des Zeitgottes Janus mit doppeltem Kopf. Ganz außen umrahmen zwei Putten die Szene: der linke vergnügt sich mit Seifenblasen, der rechte hält eine Sanduhr empor. So sind die Vergänglichkeit wie der Tod gegenwärtig.

Anstelle der hier gemalten heidnischen Botschaft vertritt Gabriel Rollenhagen das christliche Erbe. Auf seinem schon einmal erwähnten (S. 90) Emblem[66] wird der Tod durch Sanduhr und Totenkopf verkörpert. Aber die Ähren der Wiedergeburt stecken im Totenkopf, so daß sich das Motto ergibt: „Der Tod ist der Anfang des Lebens."

Laute

Ebenso wie die Sanduhr tritt auch die Laute erst in der Neuzeit als Symbol in der Kunst auf. Als Musikinstrument und vor allem dank ihrer Saiten als Ganzes, das stets gleich gestimmt sein muß, verkörpert die Laute die Harmonie. Schon im Emblembuch Alciatos[67] wird eine Laute gezeigt und

[62] Tervarent, a. a. O. (Anm. 20), II, 1959, Sp. 329–332: Sablier.

[63] G. von der Osten: Hans Baldung Grien. Gemälde und Dokumente, Berlin 1983, Kat. Nr. 10.

[64] J. Thuillier: L'opera completa di Poussin, Milano 1974, Nr. 123 (Wallace Collection).

[65] J. Michałkowa: Nicolas Poussin, Leipzig 1980, S. 34 gibt eine dt. Übersetzung.

[66] Rollenhagen, a. a. O. (Anm. 25), S. 52–53 (I, 21).

[67] Emblemata, Sp. 1297–1298 (es handelt sich um die deutsche Übersetzung von Julius Held, Frankfurt a. M. 1567).

III. Symbole aus dem späten Mittelalter und der Neuzeit   123

darauf verwiesen, wie schwierig es sei, die Saiten zu stimmen. Doch wenn
es gelinge, „die süß Melodey" zu erzeugen, dann sei das Ergebnis „Ver-
bündtnuß". Diese Symbolik bestimmt schon Holbeins Gemälde von
1533[68], das die Gesandten von Frankreich in London porträtiert. Es sind
Jean de Dinteville und George de Selve, von denen der zweite das Luther-
tum schätzte. Deshalb erscheint zwischen den beiden ein deutsches Ge-
sangbuch und vor allem die Laute mit einer gesprungenen Saite. Im Sinne
Alciatos kann hier nur die Zwietracht gemeint sein, die sich aus der Spal-
tung im Glauben ergibt. Nicht ganz auszuschließen ist aber die Deutung,
die sich auf die Scheidung des Königs bezieht. Denn gerade 1533 hatte sich
Heinrich VIII. von seiner Gemahlin getrennt, um Anna Boleyn zur Frau zu
nehmen.

Die mögliche Deutung auf Scheidung der Ehe verweist schon darauf, daß
die Laute politische, aber auch Privat-Harmonie zu verkörpern vermag
(und dementsprechend auch Disharmonie bei gesprungener Saite). Deshalb
sieht man im ›Proteus‹, einem Emblembuch von Cats aus dem Jahr 1627[69],
zwei Lauten, von denen die eine ein Mann stimmt. Im Text wird dies damit
erklärt: „Gleichgestimmte Saiten / Gleichen Klang andeuten." Daraus kann
man lernen, daß auch auf dem Bild von Terborch[70] in Toledo/Ohio (um
1675) die Lauten symbolisch gemeint sind. Der Mann ist dabei, auf der
Laute den Ton anzustimmen, den dann auch die Frau zu treffen vermag.
Die Frau jedoch zeigt auf die Noten und ist noch nicht schlüssig, ob sie ihre
Laute einstimmen läßt. In Wahrheit versucht hier der Mann, die Frau für
sich zu gewinnen, um damit „harmonisch" für Gleichklang zu sorgen.

Maske

Im Gegensatz zur positiv gestimmten Laute ist die Maske[71] ein Negativ-
symbol. Das Requisit des antiken Theaters empfanden die Christen als eine
Fiktion und daher als schädlich. So wird denn die Maske bei Künstlern der
Neuzeit Symbol für die Falschheit. Filippino Lippi läßt daher die Muse
Erato, die sich über die Falschheit der Bühne erhebt, den Fuß setzen auf

[68] P. Ganz: Hans Holbein. Die Gemälde, Köln 1949, Kat. Nr. 74. Die Farbtafel
XII zeigt den Ausschnitt mit der Laute. Vgl. K. Hoffmann: Hans Holbein d. J. Die
Gesandten, Festschrift für Georg Scheja zum 70. Geburtstag, Sigmaringen 1975,
S. 133–150.
[69] Emblemata, Sp. 1300.
[70] Ausstellungskatalog: Gerard Ter Borch, Münster 1974, Nr. 61.
[71] Tervarent, a. a. O. (Anm. 20), II, 1959, Sp. 261–264: Masque.

124   III. Symbole aus dem späten Mittelalter und der Neuzeit

eine Maske, während daneben Melpomene sorglos die Maske in ihrer Hand
hält, um sich damit als Muse der tragischen Bühne kenntlich zu machen
(Florenz, S. Maria Novella, Strozzikapelle, Ende des 15. Jh.)[72]. Das eine
Mal ist so die Maske symbolisch, das andre Mal attributiv zu verstehen.
Auf einer Zeichnung der dreißiger Jahre des 16. Jh. hat Michelangelo den
Traum eines Jünglings[73] wiedergegeben (London, Count Seilern). Dabei
bemüht sich ein Genius, den Träumenden aus der Befangenheit irdischer
Laster zu lösen. Der Jüngling lehnt sich an eine Kugel, die sowohl die irdi-
sche Welt wie den Wankelmut symbolisiert. Jüngling und Kugel befinden
sich auf einem Kasten, der als Gehäuse mehrere Masken enthält. Im Kontext des Blattes ist damit auf irdische Falschheit verwiesen, von der sich der
Träumer zu lösen beginnt.

Fast gleichzeitig (1539) werden die Masken auch von der Emblematik genutzt. So heißt es in einem französischen Buch über sie[74]: „Heute trägt sie
ein jeder; jeder will sich verstellen und seine List verbergen. Verrat steckt
hinter schönen und süßen Worten. Es ist kein Wunder, wenn jeder betrügt,
denn jeder strebt danach, sein Gesicht zu verstellen." Relativ harmlos ist
dieses Emblem 1613 bei Rollenhagen[75] ausgefallen, denn gezeigt wird die
traurige Hekuba, die sich die Maske der Helena vorhält. Die Falschheit
besteht in der Vorspiegelung von Jugend und Schönheit.

Im 18. Jh. gibt es auch wieder Bilder, auf denen – wie bei Lippi – die
Maske am Boden zertreten wird. So ist es bei Stammel[76] die Wahrheit, die
durch den Tritt auf die Maske die Falschheit bekämpft (1746). In einem
Buch von 1793[77] entschleiert ein Philosoph die Gestalt der Natura, wobei
er die Masken zertritt. Die Illustration gibt die Szene so wieder, daß sie bei
Aufgang der Sonne erfolgt. Diese „Erleuchtung" war damals, wie eine
Radierung von Chodowiecki[78] beweist, Symbol für „Aufklärung".

Die Reihe von Masken in ihrer Symbolik läßt nun auch besser verstehen,
daß Goya auf seinem Capricho[79] (Abb. 38) die Falschheit der Braut nicht
besser als durch eine Maske zum Ausdruck zu bringen vermochte. Daß

[72] Tervarent, a. a. O. (Anm. 20), II, 1959, Sp. 262, fig. 33.

[73] Zehnpfennig, a. a. O. (Anm. 23), S. 42–47, Abb. 31.

[74] Guillaume de La Perrière: Le Theatre des bons engins, Paris 1539: Emblemata,
Sp. 1318.

[75] Rollenhagen, a. a. O. (Anm. 25), S. 354–355 (II, 71).

[76] RDK 6, 1973, Sp. 1399: Holzplastik in Admont, Rotunde der Bibliothek.

[77] W. Kemp: Natura. Ikonographische Studien zur Geschichte und Verbreitung
einer Allegorie, Dissertation Tübingen 1973, S. 167: Frontispiz von Charles Monnet
für Francois Peyrards ›De la nature et de ses lois‹.

[78] Bauer, a. a. O. (Anm. 8), S. 221, Nr. 1522 (= Engelmann 661, Nr. 2).

[79] Siehe Anmerkung 64 zu Kapitel II.

III. Symbole aus dem späten Mittelalter und der Neuzeit   125

ausgerechnet die Maske des Hundes erscheint, des Treue-Symbols, verstärkt noch die Bosheit der Frau (vgl. S. 87).

Krug

Die Doppelsymbolik der Laute mit aufgezogenen Saiten und mit gesprungener Saite wiederholt sich beim Krug[80]. So wie die Laute für Harmonie oder Disharmonie zu stehen vermag, verkörpert der Krug im intakten Zustand den weiblichen Schoß, im zerbrochenen Zustand verlorene Unschuld. Die Deutung in diesem erotischen Sinne basiert auf dem biblischen Text[81], der im Hohenlied 7, 2 von der Braut sagt: „Dein Schoß ist wie ein runder Krug (crater), dem niemals Getränk fehlt."
Die Gleichsetzung von Krug und weiblichem Schoß ist allerdings nicht älter als das 17. Jh. Zuvor verglich man den Krug[82] mit dem Menschen schlechthin, weil man sich den göttlichen Schöpfer als Töpfer vorstellte. Entsprechend war dann der zerbrochene Krug ein Sinnbild des Toten. So zeigt ein Holzschnitt von 1499 in der ›Hypnerotomachia Poliphili‹ des Francesco Colonna[83] den zerbrochenen Krug mit der griechischen Inschrift: „Nichts ist sicherer als der Tod."
Im 17. Jh. setzt gerade in Holland auf dem Gebiet der Symbole eine Neudeutung ein, die vor allem erotische Dinge bevorzugt. Dies gilt für den Vogel, den Fisch und den Krug. So ist unverkennbar auf Dous Gemälde in London[84], daß sich das putzende Mädchen zur Liebe bereit hält, indem es den Krug zum Trocknen aufs Fensterbrett legt. Vermutlich ist auch das Putzen des Kessels in diesem Sinne zu deuten, zumal auch das leere Vogelbauer auf den Verlust des Geliebten verweist (vgl. S. 68). Dieses Bild ist 1757 von Wille im Stich[85] (Abb. 39) reproduziert worden, doch kann man nicht sagen, ob damals die Ursprungsbedeutung bekannt war.
Jedenfalls deuten Bilder Chardins, die sich heute in Glasgow befinden

---

[80] G. Zick: Der zerbrochene Krug als Bildmotiv des 18. Jh., Wallraf-Richartz-Jahrbuch 31, 1969, S. 149–204.

[81] Merkwürdigerweise hat man diesen Zusammenhang bisher übersehen.

[82] Tervarent, a. a. O. (Anm. 20), II, 1959, Sp. 315–316: Pot cassé. Hier ist Psalm 31, 13: „Ich bin geworden wie ein zerbrochenes Gefäß" ausschlaggebend gewesen („vas perditum").

[83] Tervarent, a. a. O. (Anm. 20), II, 1959, Sp. 316.

[84] W. Martin: Gerard Dou, Stuttgart–Berlin 1913 (Klassiker der Kunst, 24), S. 118 (im Besitz des englischen Königshauses).

[85] Ausstellungskatalog: Reproduktionsgraphik des 16. bis 19. Jh. aus dem Besitz des Kunsthistorischen Instituts der Universität Tübingen, Tübingen 1976, Nr. 13.

126   III. Symbole aus dem späten Mittelalter und der Neuzeit

und die als Pendants 1738[86] gemalt sind, darauf hin, daß man auch noch im
18. Jh. im Genre den doppelten Boden erkannte. Auf dem linken Gemälde
säubert ein Schankknecht den Krug mit einer Bürste an langem Stiel. Neben
ihm steht ein weiterer Krug, und vorn steckt ein Trichter in einer Flasche.
Daß hier erotisch Gemeintes – wie Stiel und Trichter als Penis – als Hausrat
verkleidet erscheint, ist offenkundig. Denn dieser Schankknecht blickt auf
das Mädchen, das auf dem Gegenstück dargestellt ist und das seinerseits
wieder den Blick zurückwirft. Das Mädchen säubert mit Stroh eine Pfanne,
und vorne liegt auf dem Boden ein Kessel, der umgestürzt ist. Da in der Bibel die Rundung des Kruges besonders betont wird, ist man berechtigt, die
Rundform der auf den Bildern gezeigten Gefäße symbolisch zu nehmen
und jeweils den Schoß der Frau darin zu erkennen. Die großen Bottiche, an
denen die beiden die Arbeit verrichten, bestätigen diese Vermutung und
sprechen dafür, daß sich die Szene im Weinkeller abspielt. Das wäre gemäß
dem Hohenlied 2, 4, wo es heißt: „Er führt mich in den Weinkeller." Der
Schlüssel, der an der Schürze des Jünglings hängt, müßte bedeuten, daß die
„Gewalt" vom Manne ausgeht. Das Paar ist deutlich zur Liebe bereit.

Während die Gleichsetzung des weiblichen Schoßes mit einem Krug im
17. Jh. beginnt, läßt sich die neue Symbolik des zerbrochenen Kruges mit
ihrem Anfang aufs Jahr genau datieren. Denn 1632 ist erstmals ein Mädchen
am Brunnen gezeigt worden, das den zerbrochenen Krug trägt. Es handelt
sich um eine Illustration aus der Sprichwörtersammlung des Jacob Cats[87],
und dem Stich liegt das Sprichwort zugrunde: „Der Krug geht so lange zu
Wasser, bis er bricht." In der Erläuterung heißt es, daß „ein ungeschliffner
Junge" den Krug in Scherben geschlagen habe, worauf das Mädchen von
aller Welt verspottet werde. Mit diesem Bild wird der zerbrochene Krug
zum Sinnbild verlorener Unschuld.

Besonders berühmt ist das Gemälde von Greuze (im Louvre) aus dem
Jahr 1777[88], das im Oval die Hauptfigur vor einem Brunnen mit wasser-
speiendem Löwen zeigt. Das Mädchen erscheint frontal, blickt auf den Betrachter und sucht mit den Händen den Schoß zu verbergen, wobei der
zerbrochene Krug ihm am Arm hängt. Das Thema war so leicht verständlich geworden, daß kein Kommentar mehr notwendig schien.

[86] P. Rosenberg: L'opera completa di Chardin, Milano 1983 (Classici dell'Arte,
109), Nrn. 113 und 114.
[87] Zick, a. a. O. (Anm. 80), S. 153–154 mit Abb. 104.
[88] Zick, a. a. O. (Anm. 80), S. 159–160 mit Abb. 109.

III. Symbole aus dem späten Mittelalter und der Neuzeit   127

Flöte

Sinnvollerweise wird hier nun die Flöte[89] behandelt, die als Symbol der
Erotik den Penis verkörpert. In der Antike galt als Erfinderin des Instruments Athena (Minerva), die es jedoch verärgert wegwarf, als sie bemerkte,
daß ihre Backen beim Spielen unschön sich blähten. Marsyas nahm sich die
Flöte und spielte im Wettbewerb gegen Apoll, der ihn mit seiner Lyra besiegte. Dies wurde im 3. Jh. n. Chr. von Aristides Quintilianus[90] so gedeutet, daß die Lyra die Seele in den Himmel versetze, die Flöte jedoch unreine
Gefühle erwecke.

Erst in der Neuzeit aber wurde die Flöte zum Zeichen des Penis, weil sie
zwar ähnlich genug war, um auch verstanden zu werden, und andererseits
doch nicht den Anstand verletzte. Vermutlich sind schon im 16. Jh.[91] ver-
schiedentlich Flöten auf Bildern symbolisch gemeint, doch erst im 17. Jh.
gibt es entsprechende Texte, die das Gezeigte erklären. Wieder macht Holland den Anfang, und Abraham Bloemarts Gemälde[92] von 1627 (in Hannover) mit einem Hirtenpaar läßt keinen Zweifel daran, wie es gemeint ist.
Der Hirt schiebt die Flöte dem neben ihm sitzenden Mädchen unter die
Schürze, wozu man den Text eines Liederbuchs von 1640[93] heranziehen
kann: „Willst du deine Flöte spielen, spiel' wie es sich gehört, es wird mich
nicht langweilen." Auch Rembrandts Radierung mit dem Flötenspieler von
1642[94] ist in diesem Sinne zu verstehen. Der auf dem Bauch liegende Hirt
hält noch die Flöte in Händen, bläst aber nicht, weil er der neben ihm sitzenden Hirtin unter den Rock blickt. Noch drastischer zeigt die Beziehung
von Hirtin und Hirt Lambert Doomer auf seinem Gemälde[95] in Oldenburg
(etwa 1665–70). Das Paar sitzt im Wald auf dem Boden, begleitet von Ziege
und Schaf, und der Mann spielt die Flöte, die sich im Munde der Frau
befindet. Die Frau schlägt den Takt mit der Rechten und zeigt durch die
vornehme Kleidung, daß sie die Hirtin nur spielt, um sich verbotene Liebe
erlauben zu dürfen.

[89] A. P. de Mirimonde: La musique dans les allégories de l'amour, Gazette des
Beaux Arts 1967, 1, S. 327–328 über Flöte und Penis.

[90] De musica II, 19. Zitiert nach F. Cumont: Recherches sur le symbolisme funé-
raire des Romains, Paris 1942, S. 18.

[91] E. Winternitz: Musical instruments and their symbolism in Western Art, London 1967, S. 48–54.

[92] Ausstellungskatalog: Die Sprache der Bilder. Realität und Bedeutung in der
niederländischen Malerei des 17. Jh., Braunschweig 1978, Nr. 3.

[93] Sprache der Bilder, a. a. O. (Anm. 92), S. 49.

[94] Sprache der Bilder, S. 49–50 (Bartsch 188).

[95] Sprache der Bilder, a. a. O. (Anm. 92), Nr. 8

128   III. Symbole aus dem späten Mittelalter und der Neuzeit

Gerade das letzte Beispiel verrät, wie leicht sich das Frankreich des 18. Jh. an solche Gemälde anlehnen konnte. Man sah in den Hirten sich selbst oder kleidete sich auch arkadisch, um Freiheiten zu gewinnen, die sonst für Leute von Stand nicht zulässig waren. So hat Boucher 1748[96] genau wie Doomer das Flötenspiel eines Hirtenpaars gemalt, wobei auch das Mädchen die Flöte im Mund hat und der Mann sie spielt. Dieses Bild muß so publikumswirksam gewesen sein, daß es schon 1752 in einer Gruppe von Sèvres-Porzellan[97] wiederholt wurde. Das beweist, wie sehr man erotische Bilder geschätzt hat, solange sie nicht das „Decorum"[98] verletzten. Entsprechendes gilt für die Bilder Chardins, deren Sinn erst die heutige Forschung entschlüsselt.

Kerze

Neben der Flöte soll auch die Kerze als Phallossymbol[99] genutzt worden sein. Dies ist bisher nicht belegbar. Vielmehr gilt die Kerze nicht dank ihrer Form, sondern aufgrund ihres Wirkens als ein Symbol der Vergänglichkeit und Selbstzerstörung. Der Akt des Verbrennens ist für die Symbolik entscheidend. Dies zeigt sich bereits auf Mantegnas Gemälde des heiligen Sebastian[100] in der Ca d'Oro, Venedig (um 1490). Zu Füßen des Märtyrers brennt eine Kerze, um deren Schaft ein Spruchband gewickelt ist mit der lateinischen Aufschrift: „Außer dem Göttlichen ist nichts standhaft, das übrige ist Rauch." Hier ist die Kerze Symbol für Vergänglichkeit, doch schon im 16. Jh. konkretisiert sich ihre Bedeutung.

In dem Emblembuch von Gilles Corrozet[101] wird dies 1543 zum Ausdruck gebracht. Die brennende Kerze spricht selbst: „Indem ich arme Kerze anderen diene, wie es meine Bestimmung ist, verzehre und zerstöre ich mich." Die Selbstzerstörung, das Opfer für andere Menschen wird fortan die Kerzensymbolik bestimmen. Das Motto „Aliis inserviendo me consumo" (Anderen dienend verzehr' ich mich) kehrt immer wieder. Auf

[96] A. Ananoff–D. Wildenstein: L'opera completa di Boucher. Milano 1980, Nr. 322: verschollenes Gemälde in ovalem Format.

[97] Ananoff–Wildenstein, a. a. O. (Anm. 96), Abb. S. 85.

[98] A. Röver: Bienséance. Zur ästhetischen Situation im Ancien Régime, dargestellt an Beispielen der Pariser Privatarchitektur, Hildesheim–New York 1977 (Studien zur Kunstgeschichte, 9), S. 4–10.

[99] Dies behauptet z. B. E. de Jongh: Erotica in vogelperspectief, Simiolus 3, 1968–69, S. 45–47.

[100] Caldwell, a. a. O. (Anm. 24), S. 373–377. Die Inschrift lautet: Nihil nisi divinum stabile est. Cetera fumus.

[101] Emblemata, Sp. 1363.

III. Symbole aus dem späten Mittelalter und der Neuzeit   129

einem Holzschnitt von 1569[102] ist es der Herzog Julius von Braun-
schweig-Lüneburg, dem eine Kerze mit diesem Spruch beigefügt wird, und
in Rollenhagens Emblembuch[103] ist es der Fürst allgemein, mit dem das
Symbol sich verbindet.

1634 ist es der Arzt Dr. Nicolaes Tulp, der seine Opferbereitschaft bekundet, indem er auf dem Gemälde von Pickenoy[104] auf eine Kerze zeigt,
unter der sich ein ähnlicher Spruch befindet. Schließlich ist in der Ikonologie von Ripa-Hertel (1758–60) ein Diener[105] zu sehen mit brennender Kerze. Deshalb steht unten in einer Kartusche der eben zitierte lateinische
Spruch.

Seifenblase

Ähnlich der Kerze bedeutet auch die Seifenblase[106] Vergänglichkeit,
allerdings ohne den Opfercharakter. Das Sprichwort „Homo bulla" (der
Mensch ist eine Wasser- oder Seifenblase) stammt von den Römern und
wurde durch Erasmus von Rotterdam wieder zitiert. Die Seifenblase dient
in der Kunst als Symbol der Vergeblichkeit menschlichen Schaffens. Das
erste Mal ist sie zu sehen auf dem Gemälde von Bartholomäus Bruyn in
Kapstadt[107] (ca. 1525–30), auf dem ein Knabe in der erhobenen Linken das
Stäbchen zum Blasen bereithält. Die Nähe zum Tode, die schon für ein
Kind im Bereich des Möglichen liegt, wird von Goltzius auf einem Stich
1594[108] wiedergegeben. Der Putto sitzt nackt auf dem Boden und lehnt seinen Arm auf den Kopf eines Toten. Zugleich schaut das Kind auf die Seifenblasen, die es mit seiner Röhre erzeugt hat. Der Text zu dem Blatt setzt das
Welken der Blumen dem Verrinnen des menschlichen Lebens „schon in neu-
geborenem Zustand" und schließlich dem Vergehen der Seifenblase gleich.

In dem Emblembuch des Heinsius von 1615[109] ist es ein Amor, der Seifenblasen aufsteigen läßt, und im begleitenden Text wird die Liebe als

---

[102] F. Thöne: Wolfenbüttel. Geist und Glanz einer alten Residenz, München
1963, Abbildung auf S. 46.

[103] Rollenhagen, a. a. O. (Anm. 25), S. 274–275 (II, 31).

[104] W. S. Heckscher: Rembrandt's Anatomy of Dr. Nicolaas Tulp, New York
1958, S. 120, Pl. XLIV, 53: Gemälde in Amsterdam, Sammlung Six.

[105] Ripa-Hertel, a. a. O. (Anm. 30), Nr. 88.

[106] Tervarent, a. a. O. (Anm. 20), I, 1958, Sp. 56: Bulle.

[107] H.-J. Tümmers: Die Altarbilder des älteren Bartholomaus Bruyn, Köln 1964,
Nr. A 55.

[108] Ausstellungskatalog: Der Kupferstecher Hendrick Goltzius 1558–1617,
Kleve 1982, S. 45, Abb. 14 (hier auch die Übersetzung des lateinischen Textes).

[109] Emblemata, Sp. 1316–1317.

130   III. Symbole aus dem späten Mittelalter und der Neuzeit

ebenso schwankend gedeutet. Deshalb liegt es nahe, die Bilder Chardins aus den 1730er Jahren[110] (Abb. 40), auf denen ein Knabe mit Seifenblasen gezeigt wird, entsprechend zu interpretieren. So wäre nicht schlechthin Vergänglichkeit Thema der Bilder, sondern Vergänglichkeit der Liebe. Demgegenüber verspottet den menschlichen Ehrgeiz Hertel in seiner Ikonologie[111]. Neben dem Tod als regierendem König ist es der seifenblasende Chronos (der Zeitgott), der als vergänglich Tiara und Krone, Hut des Gelehrten und Orden des Kriegers entlarvt.

Glas

Die Durchsichtigkeit hat das Glas[112] mit der Seifenblase gemeinsam, doch die Symbolik ist eine ganz andere. Denn das Glas wird erst dann zum Symbol, wenn es mit Licht kombiniert wird. Die Tatsache, daß eine Scheibe aus Glas, ohne Schaden zu leiden, von Sonnenstrahlen durchquert wird, hat man im Spätmittelalter genutzt, um zu zeigen, daß auch Maria noch Jungfrau geblieben ist trotz der Geburt ihres Sohnes.

Aus zeitgenössischen Texten ergibt sich, daß Jan van Eyck auf den Bildern in Melbourne und Frankfurt[113] Maria neben von Licht durchschienenen Glaskaraffen gemalt hat, um zu bezeugen, daß die Madonna noch ebenso „makellos" (sine macula) ist wie das von den Strahlen der Sonne getroffene Glas. Im Portinari-Altar greift van der Goes[114] rund 50 Jahre später diese Symbolik noch einmal auf und malt auf der ›Anbetung Christi‹ ein venezianisches Rippenglas, das vom Licht getroffen erscheint. Diese Symbolik wird auch im Emblembuch von Mannich 1624[115] tradiert, indem hier die Sonne ein Fenster durchbrechend gezeigt wird. Im Text setzt der Autor – im Einklang mit alter Gewohnheit – nicht nur das Fenster gleich mit Maria, sondern darüber hinaus auch die Sonne mit Christus (als „Sonne der Gerechtigkeit")[116].

[110] Chardin, a. a. O. (Anm. 86), Kat. Nrn. 59 und 61 (Gemälde in Washington und New York).

[111] Ripa-Hertel, a. a. O. (Anm. 30), Nr. 161.

[112] Die Symbolik von Glas im Sinne der Zerbrechlichkeit (= Hinfälligkeit der Welt) kann hier nicht behandelt werden. Vgl. Tervarent, a. a. O. (Anm. 20), II, 1959, Sp. 362–363: Sphère transparente.

[113] Panofsky, a. a. O. (Anm. 32), S. 144 mit fig. 243 und 252.

[114] K. Arndt: Hugo van der Goes. Der Portinari-Altar, Stuttgart 1965 (Werkmonographien, 105), S. 9–10, Abb. 15.

[115] Emblemata, Sp. 30.

[116] Der „Sol justitiae" aus Maleachi 4, 2 wird seit frühchristlicher Zeit auf Chri-

III. Symbole aus dem späten Mittelalter und der Neuzeit   131

Obelisk

Schon im ersten Kapitel war vom Obelisken[117] die Rede, der als heidnisches Zeichen vom christlichen Kreuz überragt, und das heißt: besiegt werden mußte (S. 21). Der Obelisk kann jedoch als Zeichen der Sonne in guter Bedeutung erscheinen. Im alten Ägypten als „Sinnbild des Sonnengottes"[118] verstanden, behielt er dieselbe Bedeutung auch bei den Römern. Augustus ließ zwei Obelisken nach Rom überführen[119] und hier dem Sonnengott weihen. Dies war auch im 16. Jh. bekannt, denn auf einem Stich des Nicolas Beatrizet mit dem Circus Flaminius von 1552[120] wird durch eine Inschrift bezeugt, daß „Obeliscus Soli sacer", der Obelisk der Sonne geweiht ist. Dabei ist auch wichtig, daß schon für die Römer die Form dieses Steines direkt auf die Sonne Bezug nahm. Ammianus Marcellinus, ein Autor des 4. Jh. n. Chr., ist nämlich der Meinung, das Aussehen des Obelisken erkläre sich daraus, daß „er einen Sonnenstrahl vorstellen soll"[121].

Daß auch in der Neuzeit die Sonne einmal mit dem Obelisken gemeint sein kann, bezeugt das Denkmal[122], das 1667 in Rom auf der Piazza della Minerva für Papst Alexander VII. aufgestellt worden ist. Bernini hatte den aus Granit gefertigten Obelisken auf einen Elefanten aus Marmor zu setzen. Dabei wird das Tier in den Inschriften weise und stark genannt, der Obelisk selber „Symbol der Strahlen des Sol"[123] (in einer Lobrede, die Athanasius Kircher 1666 veröffentlicht hat). In kühner Symbolik behauptet

---

stus bezogen: F. J. Dölger: Die Sonne der Gerechtigkeit und der Schwarze, Münster 1918 (Liturgiegeschichtliche Forschungen, 2), S. 108.

[117] LCI 3, 1971, Sp. 337.

[118] J. H. Breasted: Geschichte Ägyptens, deutsch v. H. Ranke, Gütersloh o. J. (ca. 1955), S. 90.

[119] Ammianus Marcellinus: Rerum gestarum libri qui supersunt, XVII, 4, 12.

[120] D. de Chapeaurouge: Eine Circus-Rekonstruktion des Pirro Ligorio, Antike und Abendland 18, 1973, S. 90.

[121] Ammianus Marcellinus, a. a. O. (Anm. 119), XVII, 4, 7: utque radium imitetur.

[122] W. S. Heckscher: Bernini's Elephant and Obelisk, Art Bulletin 29, 1947, S. 155–182.

[123] Heckscher, a. a. O. (Anm. 122), S. 181 gibt die Lobrede aus Athanasius Kircher's ›interpretatio hieroglyphica‹ wieder: Quae Solis referunt radios, Aegyptia saxa / Septimo ALEXANDRO munera fert elephas. / Bellua quam sapiens? Mundo SAPIENTIA solem / Septime TE dedit, hinc munera Solis habes. Weil Heckscher „solem" so übersetzt, als ob dort „solum" stände, gelangt er (S. 155) zu der Identifizierung des Elefanten mit Alexander VII., wenn dies auch nur hypothetisch vorgetragen wird.

132   III. Symbole aus dem späten Mittelalter und der Neuzeit

die Lobrede dann, die (göttliche) „Weisheit hat dich, Alexander VII., der
Welt als Sonne gegeben, wodurch du die Gaben der Sonne hast". Damit ist
bewiesen, daß der Obelisk nicht nur die Sonne, sondern sogar noch den
Papst Alexander VII. verkörpert. Gerade im Hinblick auf Ludwigs XIV.
zur selben Zeit einsetzende Bilder, welche den König als Sonnengott[124]
zeigen, ist dies von großer Bedeutung.

Regenbogen

Unter den aus der Natur geschöpften Symbolen soll hier als erstes der
Regenbogen[125] genannt sein. Er verkörpert den Bund zwischen Gott und
den Menschen, weil nach der Sintflut, die als ein Strafgericht Gottes die
Erde verheerte, Gott einen Regenbogen als „Zeichen des Bundes" (1. Mos.
9, 12) und damit als Zeichen des Friedens zwischen ihm und den Menschen
am Himmel einsetzte. Die Bilder, auf denen die Sintflut gezeigt wird, brauchen hier nicht behandelt zu werden, weil sie den Regenbogen nur illustrativ wiedergeben.

Symbolisch jedoch erscheint ein Regenbogen in der Hand der Königin
Elisabeth von England auf einem Porträt (Abb. 41) aus dem Ende des
16. Jh.[126]. Die Herrscherin ist zwar in großer Robe zu sehen, läßt aber
sonst nicht erkennen, daß sie als überirdisches Wesen gemeint ist. Nur
durch die Inschrift „Nicht ohne Sonne gibt es den Regenbogen" (NON
SINE SOLE IRIS) muß man vermuten, daß hier die Königin selber die
Sonne verkörpert und deshalb auch den von ihr ins Leben gerufenen
Regenbogen vorzeigen kann. Den Herrscher als „Sonne auf Erden" zu
apostrophieren, war ja im 16. Jh. geläufig, wie die Inschrift auf Dürers
Triumphwagen von Maximilian beweist (vgl. S. 80). Die Königin mit einem
männlichen Wesen (Sol ist masculinum) zu identifizieren, bereitete auch
keine Schwierigkeit, weil schon Ewoutsz 1569 Elisabeth als den Paris beim
Urteil über die Göttinnen wiedergegeben hatte (vgl. S. 97). So muß man die
Königin auf dem genannten Porträt als „Sonne auf Erden" bezeichnen, die
auch die Macht hat, Frieden zu stiften.

Wesentlich später, erst 1805, hat Joseph Anton Koch in Rom eine Land-

---

[124] D. de Chapeaurouge: Theomorphe Porträts der Neuzeit, Deutsche Viertel-
jahrsschrift für Literaturwissenschaft und Geistesgeschichte 42, 1968, S. 270–273.

[125] Ausstellungskatalog: Regenbögen für eine bessere Welt, Stuttgart 1977.

[126] In Hatfield House, Marquess of Salisbury. Vgl. R. Graziani: The "Rainbow
Portrait" of Queen Elizabeth I and its religious symbolism, Journal of the Warburg
and Courtauld Institutes 35, 1972, S. 247–259 (mit unhaltbarer Deutung).

III. Symbole aus dem späten Mittelalter und der Neuzeit 133

schaft mit Regenbogen [127] (Karlsruhe, Staatliche Kunsthalle) gemalt, die
auch symbolisch gemeint ist. Koch selbst hat 1791 den Rheinfall bei
Schaffhausen beschrieben [128] und dabei den „Bogen des Friedens" erwähnt,
der „schwebte . . . über den stäubenden Wellen". So darf man auch auf dem
Bild im Regenbogen den Frieden verkörpert sehen, der sich den Hirten im
Vordergrund und auch der „griechischen" Stadt weiter hinten mitteilt. Man
darf das Gemälde ein Sehnsuchtsbild nennen, das in der Zeit von Napo-
leons Kriegen die Wirklichkeit zu überspielen versucht.

Pferd

Im folgenden sind nun die Tiere zu nennen, soweit sie symbolisch be-
merkenswert sind. Das Pferd ist Symbol der Begierde, die zügellos waltet
und die auch erotisch gemeint sein kann. Die Einstufung stammt aus der
Bibel, und zwar aus Psalm 32 (Vulgata: 31), 9: „Seid nicht wie Rosse und
Maultiere, die nicht verständig sind (quibus non est intellectus), welchen
man Zaum und Gebiß muß ins Maul legen, wenn sie nicht zu dir wollen."
Der Text nennt zwar nicht die Begierde, doch deutet das unkontrollierte
Verhalten auf Herrschaft der Sinne. Entsprechend wird in einem emblematischen Werk von 1555 [129] gezeigt, wie der Reiter vom Pferd geworfen
wird. Der Text erläutert dies so: „Der Trieb (appetitus) sei der Vernunft
(rationi) unterworfen, wie das Pferd dem Reiter."
Eine ganze Reihe von Stichen hat Coornheert [130] dem Thema gewidmet,
wobei er auf Zeichnungen Heemskercks zurückgriff (1550). Man sieht hier
ein Pferd, das auf seinem Rücken die Weltkugel trägt und das demgemäß
den Weltlauf verkörpert. Umsonst versuchen Gerechtigkeit, Wissenschaft
und Nächstenliebe, das störrische Pferd zu beherrschen. Es stürzt in den
Abgrund und reißt auch die Frauen mit fort. Der Weltlauf entspricht so
dem Rasen des Pferdes, und die Begierde ist nicht von Vernunft zu beherrschen. Dies gilt nicht nur für die Welt, sondern auch für den einzelnen
Menschen. Denn auf dem Bild ›Der Nachtmahr‹ [131] von Füßli (Abb. 42)
(1790/91, in Frankfurt) sieht man nicht nur einen Alp als dämonisches

---

[127] Katalog: Deutsche Meister 1800–1850 aus der Staatlichen Kunsthalle Karlsruhe, Karlsruhe 1964, Nr. 3.
[128] H. Beenken: Das neunzehnte Jahrhundert in der deutschen Kunst, München
1944, S. 160.
[129] Emblemata, Sp. 1071 (Petrus Costalius: Pegma, Lyon 1555).
[130] Schleier, a. a. O. (Anm. 22), S. 115–116 mit Abb. 87–90.
[131] S. Michaelis: Freies Deutsches Hochstift. Frankfurter Goethe-Museum.
Katalog der Gemälde, Tübingen 1982, Nr. 31, Farbtaf. II.

134   III. Symbole aus dem späten Mittelalter und der Neuzeit

Wesen das schlafende Mädchen bedrücken, sondern auch den Kopf eines Pferdes, der sich mit schrecklicher Wildheit durch einen Vorhang hindurchzwängt. Hier ist das Pferd das Symbol der Begierde, die sich im Traum des Mädchens bemächtigt.

Esel

Der Esel[132] gilt seit der Antike als dumm und faul, ohne daß dies nachgeprüft worden wäre. Speziell für das Spätmittelalter ist wichtig, daß beim Propheten Jesaja (1, 3) Esel und Ochse erwähnt sind: „Ein Ochse kennt seinen Herrn und ein Esel die Krippe seines Herrn." Daraus erklärt sich, daß auf den Bildern von Christi Geburt überhaupt diese Tiere erscheinen und daß sie im 15. Jh. symbolische Deutung[133] erfahren. Man stufte nun nämlich den Ochsen deswegen hoch ein, weil er seinen Herrn zu erkennen vermochte. Aber der Esel galt gar nichts, weil ihn das Futter allein interessierte. Deshalb verstand man den Ochsen symbolisch als Christen, den Esel als Juden, wobei man den „Herrn" des prophetischen Textes als Christus identifiziert.

Diese Symbolik ist deutlich auf Werken des Roger van der Weyden, denn sowohl auf dem Bladelin- wie auf dem Columba-Altar (in Berlin[134] und München[135]) sieht man den Eselskopf über der Krippe, den Ochsen jedoch, den Kopf ganz erhoben, direkt bei Maria. Den Ochsenkopf hoch aufgerichtet, den Eselskopf eng an die Krippe gedrückt, unterscheidet auch van der Goes auf dem Portinari-Altar[136] die beiden Tiere. Und Schongauer läßt auf dem Stich mit Christi Geburt[137] den Esel im Stehen verharren, den Ochsen jedoch in kniender Haltung unmittelbar neben Christus erscheinen. Symbolisch verkörpert der Ochse den Christen, der Esel den Juden.

Im Mittelalter ließ man den Esel als „dumm und faul" bestimmte Personen charakterisieren (z. B. im ›Hortus deliciarum‹[138] die auf ihm reitende Synagoge), doch blieb es bei solch attributiver Verwendung. Erst in der Neuzeit zeigt man den Esel allein, wie etwa Holbein der Jüngere 1532–33

[132] RDK 5, 1967, Sp. 1484–1528.

[133] Panofsky, a. a. O. (Anm. 32), S. 277–278 und 470.

[134] Gemäldegalerie Staatliche Museen Preußischer Kulturbesitz Berlin. Katalog der ausgestellten Gemälde des 13.–18. Jh., Berlin-Dahlem 1975, S. 472–473.

[135] Katalog München, a. a. O. (Anm. 49), Nr. WAF 1189, S. 567–568.

[136] Arndt, a. a. O. (Anm. 114), S. 4, Abb. 8.

[137] J. Baum: Martin Schongauer, Wien 1948, Taf. 5 (Bartsch 4).

[138] Ehemals in Straßburg, 1870 verbrannt. Entstanden ca. 1175–85: RDK 4, 1958, Abb. Sp. 1195–1196 (Nachzeichnung). Beigeschrieben ist: „stultus et laxus".

III. Symbole aus dem späten Mittelalter und der Neuzeit   135

auf seinem ›Triumph der Armut und des Reichtums‹ [139], wobei den Wagen der Armut zwei Esel bewegen, die durch die Beischrift als „Trägheit" und „Dummheit" gekennzeichnet sind. Auch in der Emblematik wird nun der Esel Symbol für die Dummheit, wie etwa bei Bocchius 1555 [140]. Hier sieht man den Esel als Richter in einem Gesangswettstreit zwischen Kuckuck und Nachtigall, wobei sich der Esel zugunsten des Kuckucks entscheidet, weil Harmonien der Nachtigall für ihn zu hoch sind. Auf die unzähligen Bilder des Midas und anderer Richter mit Ohren des Esels braucht hier nicht näher eingegangen zu werden, weil es sich dabei nicht um Symbole, sondern um Attribute handelt.

Eule

In symbolischer Hinsicht verkörpert die Eule [141] genau wie der Löwe Konträres. Denn so wie der Löwe die Herrschaft bezeichnet (und deshalb den Teufel, aber auch Christus darstellen kann), ist auch die Eule als Vogel der Nacht zunächst mit dem Dunklen verbunden. Schon seit dem Mittelalter verstand man die Eule als Sinnbild der Juden, weil diese in Blindheit verharrten und nicht den Messias als Bringer des Heils zu erkennen vermochten. Die Scheu vor dem Licht, als das man Christus empfand, ließ die Eule zum Sinnbild des Schlechten geeignet erscheinen. So malt Antonello da Messina auf seiner Kreuzigung in Antwerpen 1475 [142] ganz vorn eine Eule, die zum Betrachter hin sieht und deshalb nicht Christus erkennt, der hinter ihr als der Erlöser am Kreuz hängt. Die Eule bezeichnet dabei das jüdische Volk, das im Dunkel verharrt und in „Blindheit", weil es das Licht in Gestalt des Messias nicht anblicken kann. Auch Dürer benutzt eine Eule, um auf seinem Holzschnitt mit der Verlobung Marias [143] den jüdischen Tempel kenntlich zu machen. Die Eule im Scheitel des Bogens ist aber nicht bloß Attribut, sie ist ein Symbol für das Dunkle und so für „das Volk, das im Finsteren wandelt" (Jes. 9,1).

Gerade das nächtliche Wesen der Eule verhilft ihr nun aber in anderer Deutung dazu, ein Sinnbild der Klugheit zu werden und damit das heidnische Erbe lebendig zu machen, das in der Eule den Vogel der Pallas Athena

---

[139] RDK 5, 1967, Sp. 1512. Die Beischriften lauten: „Ignavia" und „Stupiditas".

[140] Emblemata, Sp. 519–520: Achilles Bocchius: Symbolicarum Quaestionum ... libri quinque, Bologna 1555.

[141] RDK 6, 1973, Sp. 267–322. P. Vandenbroeck: Bubo significans. Die Eule als Sinnbild von Schlechtigkeit und Torheit, Jaarboek van het Koninklijk Museum voor Schone Kunsten Antwerpen 1985, S. 19–135.

[142] J. Lauts: Antonello da Messina, Wien ³1940, Taf. 39 und 42.

[143] E. Panofsky, a. a. O. (Anm. 188), S. 138 Abb. 143.

136   III. Symbole aus dem späten Mittelalter und der Neuzeit

verehrte. Die Klugheit, so heißt es, beweist die Eule dank ihrer Gabe, auch noch im Dunkeln sehen zu können. In diesem Sinne läßt Rollenhagen in seinem Emblembuch[144] die Eule den wahren Gelehrten verkörpern (Abb. 43), indem auf dem Bild ein großes, geöffnetes Buch von der stehenden Eule beherrscht wird.

Fisch

Eindeutiger nimmt sich der Fisch[145] aus, wenn er symbolisch gemeint ist. Dies allerdings ist zuweilen schwer zu bestimmen. Die frühen Christen haben das griechische Wort ICHTHYS, das „Fisch" bedeutet und das im Griechischen nur aus fünf Buchstaben besteht, gedeutet als „Jesus Christus, Gottes Sohn, Erlöser". Entsprechend dem „großen Fisch" Christus sind dann die Gläubigen als „pisciculi" (Fischlein) eingestuft worden. In Texten ist diese Symbolik weithin zu verfolgen, auf Bildern[146] jedoch nur mühsam erkennbar. Vor allem bleibt schwierig, bei Szenen mit mehreren Fischen zu sagen, ob hier wirklich Christus und Christen gemeint sind. Deshalb ist es sinnvoll, auf diesen Bereich vorerst zu verzichten.

So tritt der symbolische Fisch auf Bildern nicht vor dem 17. Jh.[147] in Erscheinung. Mit Flöte, Krug und Vogel gehört auch er zu den Erotica, die sich in Holland verbreiten. Auf einem Gemälde Jan Steens in Philadelphia[148] ist der Besuch eines Arztes bei einer Frau dargestellt. Der Arzt fühlt den Puls, doch hinter der Frau zeigt ein lachender Mann einen Fisch vor. Aus anderen Bildern mit Ärzten bei Kranken ist zu erschließen, daß hier in Holland fast stets die Kranke aus Liebe gemeint ist. Jan Steen macht nun deutlich, daß dieser Frau nur ein Fisch fehlt, nämlich der Penis. Noch drastischer zeigt er auf einem Gemälde in Brüssel[149] (Abb. 44), wie ein ins Zimmer springender Mann zwei lachenden Frauen den Fisch präsentiert, indem er ihn nur mit zwei Fingern gefaßt hält. Der Mann nutzt den Fisch als Penissymbol, das auch von den Frauen deutlich erkannt wird.

Genau wie beim Flötenspiel ist auch beim Fischen zu sehen, daß sich das

[144] Rollenhagen, a. a. O. (Anm. 25), S. 144–145 (I, 67).

[145] LCI 2, 1970, Sp. 35–39.

[146] Die Arbeit von L. Wehrhahn-Stauch: Christliche Fischsymbolik von den Anfängen bis zum hohen Mittelalter, Zeitschrift für Kunstgeschichte 35, 1972, S. 1–68 muß als verfehlt betrachtet werden.

[147] De Jongh, a. a. O. (Anm. 99), S. 32.

[148] John G. Johnson Collection: Catalogue of Flemish and Dutch Paintings, Philadelphia 1972, S. 81, Nr. 510, Farbtafel nach S. 284.

[149] F. Roh: Holländische Malerei, Jena 1921, Abb. 195. Die Rettiche, die der Mann in der anderen Hand hält, verkörpern die Hoden.

III. Symb

Treiben des Bürger:
dehnt. Boucher ist
beweist, wie gern si
den der einfachen
spielt hier Angler u
Denn während der
chen nur mit ihrem
den Blick auf den F
angeln, sind bezeic
Zweifel bestehen, d

So wie bei vielen
Ursprung markiert,
der sich auf Bilder
handlung ›Wie die A
nicht, daß der Schmetterling das Bild der Seele, und besonders der vom
Leibe geschiedenen Seele vorstellet?" Hierzu braucht man den Hinweis,
daß „psyché" im Griechischen nicht nur die Seele, sondern auch noch den
Schmetterling meint. Der Vorschlag von Lessing stieß zwar auf Kritik von
seiten Moses Mendelssohns, der dieses Symbol „zu den Spitzfindigkei-
ten"[154] rechnete, „durch welche man die Schönheiten eines Stückes ver-
dunkelt, indem man den Witz vergnügt, anstatt daß man die Sinne hätte
entzücken sollen". Der Vorwurf, hier handle es sich nicht um ein echtes
Symbol, ist sicher nicht richtig, und auch die Verwendung des neuen
Symbols durch bildende Künstler spricht gegen diese Meinung.

[150] Ananoff–Wildenstein, a. a. O. (Anm. 96), Nr. 530.

[151] A. Hentzen, der die Neuerwerbung für die Hamburger Kunsthalle im Jahrbuch der Hamburger Kunstsammlungen 11, 1966, S. 157–167 (mit Farbtafel auf
S. 159) vorgestellt hat, macht darauf aufmerksam, daß Angler und Anglerin „aus der
vornehmen Pariser Gesellschaft" stammen und auch so gekleidet sind.

[152] LCI 4, 1972, Sp. 96. D. Kupper: Überlegungen zum Schmetterling in Anselm
Feuerbachs Stuttgarter „Iphigenie", Jahrbuch der Staatlichen Kunstsammlungen in
Baden-Württemberg 26, 1989, S. 147–179.

[153] G. E. Lessing: Sämtliche Schriften, hrsg. v. K. Lachmann, XI, Stuttgart 1895, S. 12.

[154] Moses Mendelssohn: Über die Hauptgrundsätze der Schönen Künste und
Wissenschaften, in: Philosophische Schriften, 1780, II, S. 132–133. Zitiert nach
B. A. Sørensen: Symbol und Symbolismus in den ästhetischen Theorien des 18. Jh.
und der deutschen Romantik, Kopenhagen 1963, S. 36.

138   III. Symbole aus dem späten Mittelalter und der Neuzeit

Auf einem Relief aus den neunziger Jahren stellt Landolin Ohmacht [155] die griechisch gewandete Mutter dar, die mit ihren Kindern dem Schmetterling nachblickt (Abb. 45). Und Caspar David Friedrich [156] ist soweit gegangen, um 1803/04 sein eignes Begräbnis wiederzugeben, wobei man verschiedene Schmetterlinge emporfliegen sah. Die Sepia ist nicht erhalten, doch weiß man, daß mit diesen Schmetterlingen die Seelen des Künstlers und seiner verstorbenen Familienmitglieder gemeint waren.

Ölzweig

Im Gegensatz zum Schmetterling hat der Ölzweig [157] eine wesentlich längere Spur in der Kunst hinterlassen, wobei allerdings die attributive Verwendung vorherrscht. Der Ölzweig galt schon der Antike als Zeichen des Friedens, doch war für die Christen entscheidend, daß Noah das Ende der Sintflut erfuhr, weil ihm eine Taube den Ölzweig als Zeichen des Friedens zurück in die Arche trug (1. Mos. 8, 11).

Es war schon die Rede von Donatellos David [158], der um den Hut den Kranz aus Ölzweigen trägt, um sich als Stifter des Friedens kenntlich zu machen (S. 56). Auch das Emblembuch des Camerarius von 1596 [159] fand schon Erwähnung, weil hier einem Adler ein Ölzweig als Zeichen des Friedens zugeteilt ist (S. 119).

In dem von Rubens gemalten Zyklus der Medici-Bilder (heute im Louvre) ist die Versöhnung [160] zwischen Königinwitwe Maria und ihrem Sohn, dem regierenden König Ludwig XIII., so dargestellt, daß Merkur im Beisein von zwei Kardinälen Maria den Ölzweig reicht. Dadurch wird der Eindruck erweckt, als sei es der König, der durch seinen „Vertreter" Merkur das Friedenssymbol überreiche, und als sei es Maria, die dank ihrer Klugheit (die als Prudentia neben ihr steht) das Angebot gnädig zu prüfen bereit sei.

[155] Es handelt sich um die Darstellung der verstorbenen Frau Engelbach im Museum für Kunst und Gewerbe, Hamburg. Vgl. P. A. Memmesheimer: Das klassizistische Grabmal. Eine Typologie, Dissertation Bonn 1969, S. 111, Abb. 19.

[156] H. Börsch-Supan und K. W. Jähnig: Caspar David Friedrich, München 1973, S. 112.

[157] Tervarent, a. a. O. (Anm. 20), II, 1959, Sp. 290–291: Olivier (Rameau d').

[158] Siehe Anmerkung 323 zu Kapitel I.

[159] Siehe Anmerkung 47.

[160] R. Oldenbourg: P. P. Rubens. Des Meisters Gemälde, Stuttgart–Berlin o. J. (Klassiker der Kunst, 5), S. 260.

III. Symbole aus dem späten Mittelalter und der Neuzeit 139

In Hertels Ikonologie[161] schließlich ist es die personifizierte Gnade (Gratia), die in ihrer Linken den Ölzweig trägt, um jenen Frieden deutlich zu machen, der auch dem Sünder durch Gnade zukommt. Im Text wird ausdrücklich die Sintflut genannt, und es heißt: „Gott zeigt Noae durch ein Zeichen / daß sein Bund nicht solle weichen."

Palme

Palme und Palmzweig[162] verdanken dem stetigen Grün ihrer Blätter symbolischen Rang, der das Ewige meint. In der Antike verkörpert die Palme deswegen den Sieg, während die Christen das Ewige mehr auf das Jenseits bezogen gemäß dem Wort des Psalmisten (Ps. 92 – nach der Vulgata: 91, 13): „Der Gerechte wird blühen wie eine Palme." So wird in der christlichen Kunst der Märtyrer (nach Off. 7, 9) und der des ewigen Lebens Teilhaftige durch einen Palmzweig geehrt. Über die attributive Verwendung hinaus erscheint die Palme jedoch auch symbolisch.

In dem Emblembuch von Gilles Corrozet[163] (1543) wird gezeigt, daß Krone und Zepter weniger wiegen als eine Palme, womit gesagt ist, daß die Insignien irdischer Herrschaft gegen das ewige Leben nichts gelten. Auch die Gestalt, die auf einem Flugblatt von 1615[164] die Niederlande verkörpert, trägt in der Linken den Palmzweig, der nicht das Martyrium meint, sondern das „ewige Blühen" des Landes. Der Psalmvers, der den „Gerechten" behandelt, wird hier in politischem Sinn auf Holland gemünzt.

Auch im sakralen Bereich erscheinen die Palmen deutlich als Hinweis auf „ewiges Blühen", ohne doch attributiv einem Menschen beigegeben zu sein. So malt 1491 Carpaccio die Glorie der heiligen Ursula[165] so, daß die von Gläubigen betend verehrte Gestalt auf einem Palmbaum steht (Venedig, Accademia). Und auch die Glasmalereien von Hemmel im Chor der Tübinger Stiftskirche[166] (Abb. 46) von 1478/79, die Herzog Eberhard von Württemberg kniend vor Palmbäumen zeigen, sind sicher kein Hinweis auf „eine halbjährige Wallfahrt ins Heilige Land"[167]. Vielmehr sollen auch sie

---

[161] Ripa-Hertel, a. a. O. (Anm. 30), Nr. 100.

[162] Tervarent, a. a. O. (Anm. 20), II, 1959, Sp. 293–297.

[163] Emblemata, Sp. 196 (Hecatongraphie, Paris 1543).

[164] Flugblätter, a. a. O. (Anm. 36), Nr. 71.

[165] M. Cancogni–G. Perocco: L'opera completa del Carpaccio, Milano 1967 (Classici dell'Arte, 13), Nr. 13 I, Taf. XXIV.

[166] H. Wentzel: Peter von Andlau. Glasmalereien in der Stiftskirche zu Tübingen, Berlin o. J. (Der Kunstbrief, 19), Abb. 1 und 6.

[167] Wentzel, a. a. O. (Anm. 166), S. 6. Vgl. R. Becksmann: Die mittelalterlichen Glasmalereien in Schwaben 1350–1530, Berlin 1986 (Corpus Vitrearum Medii Aevi: Deutschland I, 2), S. 288, Abb. 377.

140   III. Symbole aus dem späten Mittelalter und der Neuzeit

den Eindruck vermitteln, daß dieser Herzog „blühen wird wie ein Gerech-
ter", und das heißt, daß er ewige Seligkeit anstrebt.

Efeu

Sehr ähnlich der Palme bestimmt sich der Efeu[168] in seiner Symbolik,
weil er ebenfalls das Welken nicht kennt. Deshalb verkörpert der Efeu, wie
Leonardo da Vinci[169] bezeugt, ein langes Leben. Dabei ist bedeutsam, daß
auf den Bildern der Efeu jeweils eine fremde Materie umschlingt. Diese Berührung kann freundlich, kann aber auch feindlich gemeint sein, worüber
der Kontext entscheidet.

In seinen zuerst 1556 gedruckten ›Hieroglyphica‹[170] versichert Pierio
Valeriano, der Efeu sei Ausdruck von gegenseitiger Freundschaft. Dies
wird bestätigt durch ein Emblem von Rollenhagen[171], auf dem man einen
Obelisken sieht, der von Efeu umschlungen wird. Wie schon erörtert
(S. 131), ist im Obelisken die Sonne verkörpert. Da nun der Text die Hilfe
von beiden Seiten betont, ist dem Bild zu entnehmen, daß der Efeu nur
blüht, solange die Sonne ihm scheint. Umgekehrt bleibt der Stein nur so
lange intakt, wie der Efeu sein Brechen verhindert.

Ebenfalls freundlich umzieht der Efeu das Relief mit der Darstellung der
Iphigenien-Geschichte auf dem Gemälde von Tischbein[172], das den Iphi-
genie-Dichter Goethe in der Campagna wiedergibt (1787, Frankfurt a. M.,
Städel). So wie der Dichter den griechischen Stoff wiederbelebt, so hält der
Efeu den griechischen Stein am Leben.

Umgekehrt kann nun der Efeu in seiner Umschlingung auch feindlich
gemeint sein. Dafür gibt Guillaume de La Perrière[173] schon 1539 ein Beispiel, indem er den Efeu so zeigt, daß er den Baum zwar umrankt, aber dabei erdrückt. Der Text erläutert dies so: „Der Baum schützt den jungen
Efeu, ernährt und stützt ihn ständig. Der groß gewordene Efeu aber er-

---

[168] RDK 5, 1967, Sp. 857–869 (nur bedingt brauchbar).

[169] J. P. Richter: The literary works of Leonardo da Vinci, London 1939, I,
S. 388, Nr. 683.

[170] Pierio Valeriano: Hieroglyphicorum Collectanea . . ., Lyon 1626, S. 24.
Zitiert nach E. de Jongh–P. J. Vinken: Frans Hals als Voortzetter van een emblema-
tisch traditie, Oud Holland 76, 1961, S. 128.

[171] Rollenhagen, a. a. O. (Anm. 25), S. 348–349 (II, 68).

[172] H. von Einem: Der „Wanderer auf dem Obelisk". Zu Wilhelm Tischbeins
›Goethe in der Campagna‹, in: Kunst als Bedeutungsträger, Gedenkschrift für
Günter Bandmann, Berlin 1978, S. 306.

[173] Emblemata, Sp. 276 (Le Theatre des bons Engins, Paris 1539).

III. Symbole aus dem späten Mittelalter und der Neuzeit   141

drückt den Baum und umschlingt ihn so fest, daß er nach kurzer Zeit dürr
und tot ist. So handelt auch immer der undankbare Mensch an demjenigen,
der ihm Gutes tat." Gut zweihundert Jahre später stellt Hertel[174] dasselbe
(den „Undanck") so dar, daß sich der Efeu an einer Säule emporrankt, die
von der Umschlingung zerstört wird. Etwas anders gemeint ist auf dem
Gemälde de Heems (in Brüssel)[175] der Efeu, der sich um einen Totenkopf
rankt. Denn hier bezeichnet der Efeu das Leben, genauer gesagt: das ewige
Leben, das siegreich den Tod überwindet.

Sonnenblume

Die Sonnenblume[176] gewinnt symbolischen Rang nur durch die Beziehung zur Sonne. Die Blume wirkt wie ein Abbild der Sonne und dreht sich
im Laufe des Tages ihr zu. Durch diese Verbindung verkörpert die Blume
die Freundschaft, jedoch auch die Abhängigkeit des Volkes vom Fürsten.
Dies meint Rollenhagen mit seinem Emblem[177], das sich „auf den Wink des
Königs" bezieht. Man sieht von der Sonne beschienen die Blume und hinter
ihr einen Palast, aus dem auf Geheiß des Fürsten der Hofstaat heraus-
kommt.

So wie hier der Herrscher als Sonne gedacht ist, vermag auch der Künstler als Sonne zu gelten. Michelangelo[178] und Tizian[179], Dürer[180] und Sandrart[181] werden im 16. und 17. Jh. als Sonne bezeichnet, von der alles Licht
sich verbreitet. Houbraken schreibt in seiner ›Groote Schouburgh‹ (1718)
über van Dyck[182], daß Rubens ihn deshalb nach Italien geschickt habe,

---

[174] Ripa-Hertel, a. a. O. (Anm. 30), Nr. 128.

[175] RDK 5, 1967, Sp. 865 (Vanitas-Stilleben).

[176] K. Hoffmann: Zu van Goghs Sonnenblumenbildern, Zeitschrift für Kunstgeschichte 31, 1968, S. 27–58.

[177] Rollenhagen, a. a. O. (Anm. 25), S. 262–263 (II, 25).

[178] L. Dolce: L'Aretino ovvero Dialogo della Pittura, ed. Carlo Teoli, Milano
1863, S. 3.

[179] G. P. Lomazzo: Idea del Tempio della Pittura, Milano ²1590, S. 44.

[180] H. Lüdecke – S. Heiland: Dürer und die Nachwelt, Berlin 1955, S. 108–109.

[181] A. R. Peltzer: Joachim von Sandrarts Academie der Bau-, Bild- und Mahle-
rey-Künste von 1675, München 1925, S. 20 und 37. Auf S. 51 wird van Eyck ebenfalls „diese helleuchtende Mahlersonne" genannt.

[182] Arnold Houbraken's Grosse Schouburgh der niederländischen Maler und
Malerinnen, übersetzt v. A. v. Wurzbach, I, Übersetzung des Textes, Wien ²1888
(Quellenschriften für Kunstgeschichte und Kunsttechnik des Mittelalters und der
Renaissance, XIV), S. 82.

142   III. Symbole aus dem späten Mittelalter und der Neuzeit

„damit die Strahlen seiner aufgehenden Sonne sein eigenes Licht nicht ver-
dunkeln möchten". Van Dyck hat sich selber als Partner der Sonnenblume
gemalt[183] (Abb. 47), auf die er noch zusätzlich weist (Gemälde im Besitz
des Herzogs von Westminster, um 1635–36). Hier wird nicht der Künstler
als Sonne verstanden, die vielmehr von außen die Szene beleuchtet. Es ist die
fürstliche Sonne, von der das Gesicht des Malers getroffen wird und der sich
die Sonnenblume zukehrt. Van Dyck zeigt nicht nur auf diese; er zieht auch
die goldene Kette nach vorn, mit der ein Fürst ihn beehrt hat.

Figur auf der Blume

Als letztes Symbol der Natur ist hier die Figur auf der Blume[184] zu nennen, womit die Wiedergeburt gemeint ist. Die Gestalt eines Menschen kann
auf dieser Blume stehend erscheinen, sie kann aber auch vom Kelch der
Blume zur Hälfte verdeckt sein. Die alten Ägypter[185] sind es gewesen, die
diese Symbolik speziell für den Lotos erfunden und auch schon auf Bildern
dargestellt haben. Der Lotos – so hieß es – taucht nachts unters Wasser und
kommt erst am Morgen bei Aufgang der Sonne wieder zum Vorschein. Der
Sonnengott ruht auf dem Lotos und wird demzufolge täglich aufs neue
geboren. Tritt nun ein Mensch an die Stelle des Sonnengotts, wird seine
Wiedergeburt im Lotos verkörpert. Die Römer sind dieser Symbolik ge-
folgt und haben das „Bildnis im Blätterkelch"[186] insofern als Zeichen der
Wiedergeburt gedeutet, als es den Menschen zum Heros erhebt und damit
die Apotheose anschaulich macht.

Im späten Mittelalter wird dieses Motiv mit der alten Bedeutung erneut
dargestellt. Der Meister E. S. hat auf einem Stich, der als Glückwunsch zum
neuen Jahr 1467[187] (Abb. 48) gedacht war, das Christkind auf einer Art
Tulpe stehend gezeichnet und in den vier Ecken vier gleichgroße Engel, die
sich aus Blütenkelchen erheben. Christus steht unter dem Kreuz, und die

---

[183] E. Larsen: L'opera completa di Van Dyck 1626–1641, Milano 1980 (Classici
dell'Arte, 103), Nr. 835.

[184] B. Krause, geb. Becker: Der Gott auf der Blume. Die Geschichte eines antiken
Bildmotivs in der abendländischen Kunst, Dissertation Leipzig 1955 (Maschinenschrift).

[185] S. Morenz – J. Schubert: Der Gott auf der Blume, Ascona 1954.

[186] H. Jucker: Das Bildnis im Blätterkelch, Olten – Lausanne – Fribourg
1961.

[187] Schiller 2, S. 208, Abb. 675.

III. Symbole aus dem späten Mittelalter und der Neuzeit   143

Engel tragen die „Arma Christi", um die Passion des Herrn ins Gedächtnis zu rufen. Ein riesiges Herz umschließt den kindlichen Christus, wozu ein Schriftband den Text gibt: „Wer Jesum in sinem herczen treckt (trägt) dem ist alle zit de ewig froed beraeit." Das Ganze soll also bedeuten, daß sich der gläubige Christ an dem zum neuen Jahr neugeborenen Christus erbauen und der Erlösung durch seine Passion vertrauen darf, wenn er den Christus im Herzen bewahrt. Das neugeborene Jahr wird durch den auf der Blume stehenden Christus und durch die in gleicher Weise gezeigten Engel besonders betont.

Ebenso gibt Dürer den heiligen Maximilian [188] so wieder, daß er wie eine Plastik sich auf der zum Sockel gemachten Blume erhebt (im Gebetbuch Kaiser Maximilians in München, Bayerische Staatsbibliothek, 2° L. impr. membr. 64, fol. 25 v). Der Namensheilige des auftraggebenden Kaisers wird durch dieses Stehen auf einer Blume zum Wiedergeborenen, und das heißt im Christlichen zum „Genossen der Heiligen, Mitbürger der Himmlischen". Genau diese Titel (consors sanctorum, concivis celestium) stehen im Text des Gebetbuchs, das Dürer zur Illustration vorlag.

Im Freiberger Dom steht die Tulpenkanzel [189], die ungefähr 1508–10 Hans Witten geschaffen hat. Hier sind es die Kirchenväter, die sich am Korb der Kanzel aus Blüten erheben, während am Schalldeckel Maria im Strahlenkranz den Kelch der Tulpe verläßt. Vor allem ist es der Prediger selbst, der als neugeborener Christ aus dem Korb der Kanzel herausragt und damit den antiken „Gott auf der Blume" verkörpert.

Zuletzt hat noch Runge im Zyklus der ›Zeiten‹ [190], der seit 1803 sein Schaffen bestimmt hat, die Engel und Genien auf Blumen gezeigt. Die Wiedergeburt, die damit zum Ausdruck gebracht wird, verkörpert den ewigen Kreislauf von Wachsen und Sterben, in dem sich die Welt dieser „Zeiten" bewegt.

[188] E. Panofsky, Das Leben und die Kunst Albrecht Dürers, München 1977, S. 251, Abb. 234.
[189] Deutsche Kunstdenkmäler. Ein Bildhandbuch, herausgegeben v. R. Hootz: Sachsen, erläutert v. A. Dohmann, Darmstadt 1970, Abb. 87.
[190] Ausstellungskatalog: Runge in seiner Zeit, Hamburg 1977, Nrn. 169 und 170 (Zeichnungen des ›Morgen‹ und des ›Abend‹) und 189 und 200 (Gemälde des ›Kleinen Morgen‹ und des ›Großen Morgen‹).

144   III. Symbole aus dem späten Mittelalter und der Neuzeit

(Freiheits-)Hut

Als letzte Symbole in diesem Kapitel sind zwei zu behandeln, die sich auf
den Menschen beziehen: der Hut und das Auge. Der Hut[191] ist Symbol für
den menschlichen Kopf als wichtigsten Teil des Körpers. Dies erklärt sich
daraus, daß viele Sprachen für Hut und Kopf das gleiche oder ein ähnliches
Wort[192] benutzen (im Deutschen Haube und Haupt, im Englischen hat
und head, im Italienischen capello und capo, im Französischen chapeau für
Hut und Mann). Darüber hinaus ist der Hut ein Zeichen für Herrschaft, so
daß ihn zunächst nur Könige, Priester und Adlige tragen. Den Hut auf dem
Kopf zu behalten ist Vorrecht des Freien, den Hut aber lüften zu müssen ist
Zwang für den Niedriggestellten.

Die phrygische Mütze besteht aus dem Hauptteil in Form einer Kappe,
auf die sich als Abschluß ein Zipfel in Form eines Rohrs oder auch einer
Kugel gelegt hat. Im einzelnen kann diese Mütze jedoch sehr weit von der
Norm entfernt erscheinen. Die Griechen haben die phrygische Mütze[193]
im 6. Jh. v. Chr. zuerst auf Vasengemälden gezeigt, um Barbaren kenntlich
zu machen. So wurden die Perser und auch die Trojaner auf mythischen
Bildern entsprechend charakterisiert. Auch Priamus trägt die phrygische
Mütze, wenn er auf dem silbernen Kessel von Lolland[194] (Anfang des 1. Jh.
n. Chr., Kopenhagen, Nationalmuseum), Achill um die Leiche von Hektor zu bitten, erscheint. Noch in der christlichen Kunst sieht man die
Magier phrygische Mützen tragen, um ihre östliche Herkunft kenntlich zu
machen (z. B. auf dem Mosaik[195] im Langhaus von S. Apollinare Nuovo in
Ravenna, um 568).

Natürlich ist diese Verwendung nur attributiv. Symbolischen Rang gewinnt die phrygische Mütze erst dadurch, daß sie bei den Römern zum
Freiheitshut (pileus libertatis) wird. Der freigelassene Sklave erhält diesen
Hut, sobald er zum römischen Bürger ernannt ist. Damit verkörpert die
phrygische Mütze die Freiheit und wird auch fortan in diesem Sinne benutzt. So ist auf der Rückseite eines Denars[196] von Brutus der Pileus zwischen zwei Dolchen zu sehen, um damit den Mord an Cäsar als Mord am

---

[191] L. Röhrich: Lexikon der sprichwörtlichen Redensarten, Freiburg u. a. ²1973,
S. 457–461.

[192] R. Hadwich: Die rechtssymbolische Bedeutung von Hut und Krone, Dissertation Mainz 1952 (Maschinenschrift), Blatt 24.

[193] H. Schoppa: Die Darstellung der Perser in der griechischen Kunst bis zum
Beginn des Hellenismus, Heidelberger Dissertation, Coburg 1933.

[194] Poulsen, a. a. O. (Anm. 46), Abb. S. 11.

[195] Volbach, Taf. 153.

[196] Münze, Abb. 99.

III. Symbole aus dem späten Mittelalter und der Neuzeit   145

Tyrannen und damit als Anfang der Freiheit zu glorifizieren. Fast 1500 Jahre später ist dieser Denar auf einer Medaille [197] mit gleichem Motiv als Vorbild genutzt und auf die Ermordung des Herzogs Alessandro de'Medici (1537) gemünzt worden. Der Mörder Lorenzo de'Medici wollte mit dieser Emission das republikanische Erbe betonen und sich als neuen Brutus erweisen.

Besonders in Holland, das seine Freiheit von Spanien erkämpfte, wurde die phrygische Mütze zum Freiheitssymbol. Attributiv trägt den Hut der Löwe von Holland auf einer Münze [198] von 1574, und auf einem Flugblatt von 1615 [199] ragt vor dem Löwen auf einer Stange der Hut auf, durch die Bezeichnung „Libertas" deutlich erkennbar. Auch auf dem Grabmal Wilhelms des Schweigers [200] von Henrik de Keyser in der Nieuwe Kerk von Delft (1614–22) trägt der Befreier des Landes die phrygische Mütze.

In der Französischen Revolution wird das Symbol der phrygischen Mütze häufig verwendet. Zahlreiche Stiche geben [201] es wieder, wobei es auch kritisch und antifranzösisch gebraucht wird. Regnault zeigt die französische Republik auf seinem Gemälde [202] von 1794 (Abb. 4), die triumphierend die rote Mütze der Sklaven emporhebt, um zu bekunden, daß nun die einst Unterdrückten zur Herrschaft gelangt sind.

Auge

Das einzelne Auge [203] begegnet auf christlichen Bildern nicht vor dem 17. Jh. und soll den alles sehenden Gott oder Gott schlechthin verkörpern. Erstaunlich daran ist – außer dem Zeitpunkt – das Faktum, daß in der Bibel die Augen Gottes meistens im Plural genannt sind (z. B. 1. Mos. 18, 3; Hiob 34, 21; Psalm 139, 16; 1. Petr. 3, 12). Das einzelne Auge [204] als Zei-

[197] F. P. Weber: Des Todes Bild, bearbeitet von E. Holländer, Berlin 1923, S. 217, Fig. 65. Vgl. D. Metzler: Die Freiheitsmütze vor der Revolution und in der Antike, Kunstchronik 50, 1997, S. 159 (Resümee).
[198] H. Peter-Raupp: Die Ikonographie des Oranjezaal, Hildesheim–New York 1980 (Studien zur Kunstgeschichte, 11), S. 86.
[199] Flugblätter, a. a. O. (Anm. 36), Nr. 71.
[200] Tervarent, a. a. O. (Anm. 20), II, 1959, Sp. 417 (Chapeau). E. Panofsky: Grabplastik, Köln 1964, Abb. 415. Im Text (S. 89) wird der Freiheitshut witzig, aber falsch als „Nachtmütze" bezeichnet.
[201] Ausstellungskatalog: Goya. Das Zeitalter der Revolution 1789–1830, Hamburg 1980–1981, Nrn. 318, 320, 321, 323–325.
[202] Siehe Anmerkung 57 zu Kapitel II.
[203] RDK 1, 1937, Sp. 1243–1248.
[204] Tervarent, a. a. O. (Anm. 20), II, 1959, Sp. 286–288 (Oeil, Oeil ailé, Oeil

146   III. Symbole aus dem späten Mittelalter und der Neuzeit

chen für Gott ist also nicht christlichen Ursprungs. Es stammt aus Ägypten und war schon antiken Autoren bekannt. Nach Diodor[205] bezeichnet das Auge den „Wächter der Gerechtigkeit", nach Plutarch[206] Osiris. In humanistischen Texten wird seit dem 15. Jh. dieses Symbol als Relikt hieroglyphischer Weisheit behandelt. Bisher ist nicht klar, warum es im christlichen Sinne so spät erst erscheint.

Im 17. Jh. wird nun das Auge als Gottessymbol adaptiert und meist inmitten des Dreiecks wiedergegeben. Der alles sehende Gott ist damit als trinitarisch bezeichnet. Die Konfessionen bedienen sich dieses Symbols in gleicher Weise. Ein emblematisches Bild von 1683 an der Empore der protestantischen Stadtkirche Blaubeuren[207] gibt das Auge im Blick auf die Weltkugel wieder und erklärt dies im Text: „Gott das allsehend aug erstreckt sich aller orten / durch inn- und aeussre welt, nichts sich verhelen kann, / drum schau dich eben vor, damit du mögst antworten / und geben rechenschafft, was heimlich wird gethan!" Im 18. Jh. ist das Symbol besonders in Kirchen verbreitet, wo es an Altären und auf Kanzeln gemalt und skulpiert wird. Chodowieckis Radierung von 1787[208] (Abb. 34), die schon erwähnt wurde, stellt dieses Auge im Dreieck als Zentrum von Strahlen so dar, daß es von schauenden Cherubim ringsum gerahmt wird.

Diese sakrale Verwendung diente den Revolutionären in Frankreich als Muster, das sie dem republikanischen Staate nutzbar zu machen verstanden. Jacques-Louis David entwarf für das Fest vom 10. August 1793 ein Banner[209], auf dem das Auge der Überwachung gemalt werden sollte, das eine dicke Wolke durchdringt. Demgegenüber bedeutet das Flugblatt von 1794[210], das Rousseau und Voltaire als Verehrer des Être suprême (höchsten Wesens) wiedergibt, einen Rückschritt in das Sakrale, weil hier das Auge der Vorsehung oben gezeigt wird.

---

surmontant un sceptre). Gerade im Hinblick auf die Hand, die ja in der Bibel im Singular als Hand Gottes genannt und die demzufolge auch in der Kunst entsprechend dargestellt wird, ist dies besonders bemerkenswert.

[205] Diodorus Siculus: Bibliotheke historike, III, 4.

[206] Plutarch: De Iside et Osiride, p. 354–355.

[207] R. Lieske: Protestantische Frömmigkeit im Spiegel der kirchlichen Kunst des Herzogtums Württemberg, München 1973 (Forschungen und Berichte der Bau- und Kunstdenkmalpflege in Baden-Württemberg, 2), S. 153.

[208] Siehe Anmerkung 8.

[209] G. Mourcey: Le livre des fêtes françaises, Paris 1930, S. 306 („l'oeil de la surveillance pénétrant un épais nuage").

[210] R. L. Herbert: David, Voltaire, Brutus and the French Revolution: an essay in art and politics, London 1972, S. 112, Abb. 58.

ZUSAMMENFASSUNG

Die hier besprochenen Symbole verdanken sehr verschiedenen Gegebenheiten den Aufstieg in den Kanon der vertrauten Bilder. So ist es nützlich, die Symbole aufzuteilen nach den Kriterien, die im folgenden genannt sind. Die erste Gruppe bilden die Symbole, die wegen einer als charakteristisch eingestuften Eigenschaft Verbindlichkeit erlangten.

Dazu gehören folgende: Löwe und Adler (stark und mächtig), Esel (dumm und faul), Pferd (triebhaft), Hund (treu), Bock (geil), Schlange (klug und böse), Eule (blind und klug), Ölzweig (nahrhaft, friedlich), Palme (immer grünend), Lorbeerkranz (immer grünend), Regenbogen (Sonne und Regen vereinigend, daher: friedlich), Fels (fest), Eckstein (fest), Nacktheit (rein), Auge (alles sehend), Nimbus (leuchtend). Zur zweiten Gruppe zählen die Symbole, die etwas tun oder bewirken. Dies sind: Lamm (wird geopfert), Hirsch (sehnt sich nach Wasser), Kranich (hält Stein), Drache (bedroht), Vogel (fliegt zum Himmel oder treibt Geschlechtsverkehr), Ähre (stirbt und blüht), Weintraube (verliert Saft), Blitz (zerstört), Mond (nimmt zu und ab), Seifenblase (platzt), Sanduhr (Sand verrinnt), Anker (wird geworfen), Laute (ist gleichmäßig gespannt), Schlüssel (schließt und öffnet), Schwert (kann töten), Stab (kann schlagen), Kerze (verbrennt), Maske (bewirkt Verstellung), Mantel (schützt), Schiff (fährt sicher auf dem Meer), Händefalten (bewirkt Ruhe).

Besonders interessant sind die Symbole, die durch die Form oder ihr Aussehen ein bildliches Pendant zu dem Symbolisierten bilden. Dazu gehören: Affe und Zwerg (mißratener Mensch), Orans (Gekreuzigter), Doppelkopf (Sichtfeld nach hinten und vorn), Dreikopf (Sichtfeld nach hinten, vorn und gegenüber), Schlange (Kreisform), Fisch (Penis), Schmetterling (flatternde Seele), Obelisk (Sonnenstrahl), Kreis (Vollkommenheit durch gleiche Entfernung jedes Punktes auf der Linie vom Mittelpunkt), Quadrat (gleiche Länge aller vier Seiten), Kubus (gleich große Fläche aller sechs Seiten), Kugel als Globus (stereometrische Entsprechung zum Kreis), Dreieck (gleichschenkliges: gleiche Länge aller Seiten), Kreuz (Längs- und Querachse der Welt), Schwarz (Nichtfarbe), Hut (Kopf), Krug (weiblicher Schoß), Flöte (Penis). In dieser Gruppe wird aufgrund der Ähnlichkeit von dem Symbol mit dem Symbolisierten die Möglichkeit geboten, die Interpretation des Bildes allein vom Augenschein her zu vollziehen.

Die nächste Gruppe besteht insofern aus Fragmenten, als hier der Teil fürs Ganze genommen wird. Es sind zu nennen: Hand (für den Menschen bzw. für Gott), Handschlag (wenn nur in Gestalt der Hände dargestellt: Vereinigung zweier Menschen), Handschuh (reicher Mann im Sinne des Grundbesitzers und Lehnsherrn), Schuh (Besitz des Menschen), Kreuz (für die Kreuzigung).

Die letzten beiden Gruppen sind dadurch abgehoben, daß hier jeweils zwei Teile zum Symbol gehören. Die erste Untergruppe macht auch beide Teile sichtbar. Zu ihr gehören: Rechts und Links, Sitzen und Stehen, Proskynesis (Herr und Diener), Fußtritt (Sieger und Besiegter), Griff ans Handgelenk (Mächtiger und Ergriffener), Figur auf der Blume, Erdboden (mit dem Menschen darauf), Kugel als Sockel (mit dem Menschen darauf), Efeu (und umschlungene Materie), Sonnenblume (und Sonne; es kommen auch Bilder ohne Sonne vor), Caduceus (Stab und Schlangen), Fasces (Fasces und Band).

Die zweite Untergruppe bildet das Symbol genauso aus zwei Teilen, verzichtet aber auf die Wiedergabe eines Teils. Entsprechende Symbole sind das Glas (das durch das Licht „durchbrochen" wird), die Zahl Acht (zu der die sieben Tage zu ergänzen sind), der Blick zum Himmel (dem das Gegenüber in menschlicher Gestalt fehlt) und die Barfüßigkeit (zu der das Schuhwerk zu ergänzen ist).

Für den Historiker bedarf der Weg, auf dem Symbole zum Erscheinungsbild gelangt sind, nicht der Kritik, da es ja billig wäre, hier an der einen oder andern Stelle Befremden anzumelden. Zunächst ist wichtig, sich überhaupt die ursprüngliche Bedeutung klarzumachen.

REGISTER DER ORTS- UND PERSONENNAMEN

Aachen 31. 77. 78
Aaron 57. 93
Abel 17. 29. 30. 36
Abraham 23. 29
Achilles 44. 144
Adam 27. 29. 34. 47. 50. 60. 102. 103.
 111
Adelhausen 100
Aischylos 65
Aix-en-Provence 24. 77
Alciato 26. 72. 87. 98. 122. 123
Alessandro de'Medici 145
Alexander d. Gr. 80
Alexander VII. 131. 132
Amalarius 16
Ambrosius 31. 108
Amira 57. 58
Ammianus Marc. 131
Amorbach 70
Amsterdam 62. 94
Ancona 45
Andlau 39
Andreas 52
Andromeda 21
Angilbert 108
Anno 40
Antonello 135
Antonius 35
Antwerpen 48. 49. 66. 135
Apelles 104
Apoll 22. 50. 122. 127
Apollinaris 16
Ararat 62
Arezzo 89
Aristides Quint. 127
Aristogeiton 81
Aristophanes 1. 22
Aristoteles 107

Assisi 96
Athen 38
Athena s. Minerva
Augsburg 35. 70. 98. 116
Augustinus 1. 25. 76. 77. 111
Augustus 51. 55. 78. 80. 131
Auhausen 70
Averroës 42
Avignon 64

Balbinus 25
Baldung 52. 122
Bamberg 40. 43. 60. 84
Barbarossa 43. 76
Baronio 17
Baruch 57
Basel 43. 45. 51
Basilius d. Gr. 18. 19
Bassus, Jun. 39
Bathseba 33
Bayeux 92
Beatrizet 131
Beaune 107
Bellini 50
Bellori 122
Benedikt 51. 66
Benediktbeuern 66
Benevent 27. 118
Berger 43
Berlin 16. 22. 29. 63. 70. 80. 91. 134
Bernhard 42
Bernini 104. 131
Beroaldo 2. 3
Derry 53
Bertram 16. 17. 27
Beza 66
Biel 49
Birgitta 48

Blake 36
Blaubeuren 146
Bloemaert 127
Bocchius 87. 135
Boleyn 123
Bologna 102. 111
Bordesholm 86
Bosse 35
Boston 89
Botticelli 89. 105
Boucher 68. 128. 137
Boullée 59. 61
Bovillus 114
Brandenburg, Anna v. 86
Braunschweig 81. 93
Breda 93
Brenner 26
Brescia 15. 26. 29. 45
Brindisi 41
Brüssel 61. 74. 105. 136. 141
Brunelleschi 103
Brutus 58. 144. 145
Bruyn 129
Bugenhagen 92
Bussemacher 117

Cäsar 60. 144
Caesar Gallus 39
Calixtus II. 108
Camerarius 119. 138
Campin 24
Caravaggio 17. 85. 116
Carpaccio 116. 139
Carracci 119
Carus 63
Casca 58
Cassius Dio 55. 60
Castor 65
Cats 123. 126
Chaironeia 82
Chamfort 113
Chardin 125. 128. 130
Chartress 98
Cheirisophos 44
Chodowiecki 112. 124. 146

Christus 2. 8–10. 14–17. 19–27.
    30–35. 37–46. 48–54. 56. 57. 60. 61.
    63–72. 74. 76. 77. 80–82. 84–86.
    88–94. 97. 102–105. 107. 109. 110.
    116. 117. 120. 130. 134–136. 142. 143
Chronos 10
Civilis, J. 94
Claudius 25. 59
Clemens v. Alexandria 18. 62. 117
Colonna 125
Conan 93
Coornheert 133
Coppenol 114
Correggio 75. 87
Corrozet 128. 139
Cranach 40. 92. 104
Creuzer 4. 5

Daniel 15. 16
Dante 98
Darius 15
Daumier 101
David 10. 36. 43. 56. 138
David,. J.-L. 54. 55. 94. 121. 146
Delft 145
Demeter 90
Dinan 93
Dinteville 123
Diodor 146
Dölger 6
Domitian 38. 47
Donatello 43. 56. 100. 103. 138
Donner, G.-R. 86
Doomer 127. 128
Dou 125
Doura-Europos 28
Dresden 63. 90. 94
Dürer 36. 37. 38. 49. 54. 61. 70. 73. 80.
    84. 102. 132. 135. 141. 143
Dyck 141. 142

Eberhard 139
Eckhart 48
Einhard 20
Eleusis 90

Register der Orts- und Personennamen

Elias 29
Elisabeth 45
Elisabeth v. England 97. 132
Emmeram 93
Ennius 83
Erasmus 129
Erato 123
E.S. (Meister) 142
Essen 60
Esther 57
Euripides 1
Eusebius 19. 20. 28. 53. 74
Eva 34. 47. 60. 84. 102. 111
Ewoutsz 97. 132
Eyck 24. 58. 77. 83. 130
Ezechiel 10. 29

Falconet 73
Fausta 22
Federigo II. Gonzaga 75
Félibien 121
Felix V. 64
Ferdinand I. 26
Florenz 35. 43. 52. 53. 56. 89. 92. 97.
    103. 104. 110. 116. 124
Fontana 21
Fragonard 97. 119. 121
Frankfurt 56. 130. 133. 140
Franklin 119
Franz I. 64
Franziskus 96
Freiberg 143
Freiburg 52. 100
Freising 51
Friedrich I. 39
Friedrich II. 55. 79
Friedrich III. 56
Friedrich, C. D. 62. 63. 90. 91. 112.
    118. 138
Füßli 133
Fulda 39

Gaia 50
Ganymed 87
Geertgen 69

Gellius 104
Genf 27. 64
Gent 77
Georg 40
Ghirlandaio 45
Giotto 23. 24. 64. 96. 98. 113
Glasgow 125
Goes 35. 89. 97. 130. 134
Goethe 4. 5. 115. 140
Goliath 43. 56
Goltzius 129
Goya 17. 87. 124
Grabow 16. 83
Graf 105
Gregor v. Nyssa 76
Greuze 40. 126
Grimm 57
Grissian 36
Grünewald 53
Günther, Ignaz 61. 91
Günther, Matth. 70

Haag 105
Hadrian 13. 60
Hamburg 16. 17. 37. 40. 68. 83. 112.
    137
Hamptoncourt 97
Hanna 17
Hannover 127
Harmodios 81
Heem 141
Heemskerck 133
Hegel 4. 5
Heidelberg 95
Heinrich II. 40. 45. 51. 60. 92. 93
Heinrich III. 40
Heinrich VIII. 123
Heinrich d. Löwe 81. 93
Heinsius 129
Hektor 144
Hekuba 124
Helena 22. 124
Hemessen 67
Hemmel 139
Hera s. Juno

Heraclius 53
Herder 3. 5
Herodes 105
Herrad v. Landsberg 52
Hertel 106. 118. 129. 130. 139. 141
Herzner 56
Hieronymus 14. 18. 19. 108. 117
Hildesheim 29. 74
Hiob 117
Hobbes 36
Hogarth 37
Holbein d. Ä. 35. 104
Holbein d. J. 114. 123. 134
Honorius August. 16. 82
Horapollon 73. 85
Horaz 73. 104. 113
Houbraken 141
Hur 93

Ingres 58
Innozenz II. 34
Innozenz III. 31
Io 75
Iphigenie 140
Istanbul 44. 74. 80

Jairus 26
Jakobus 71
Janus 98. 122
Jason 1. 97
Jean Paul 113
Jerusalem 47. 53. 77. 109
Jesaias 68. 134
Johanna v. Evreux 86
Johannes 30. 33. 34. 44. 48. 49. 54. 68.
   69. 70. 71. 74. 84. 89. 102. 106
Johannes Chrysostomus 76
Johannes Diaconus 107. 108
Johannes VIII. Palaiologos 21
Johannes Scotus 19
Johannes d. Täufer 34. 67
Jolkos 97
Jonas 15. 72
Joseph 57. 97
Josephus (Flavius) 78

Josua 50
Judas 106
Julian 81
Julius 129
Juno 38. 97. 119
Jupiter 1. 20. 38. 58. 60. 61. 75. 78. 96.
   118. 119. 142
Justinian 22

Kain 17. 36
Kalkar, J. J. von 77
Kapstadt 129
Karl d. Gr. 35. 55. 95. 108
Karl d. Kahle 45. 47
Karl V. (Kaiser) 26
Karl V. v. Frankreich 58. 105
Karl VI. 86
Karl VIII. 46
Karlsruhe 21. 40. 54. 67. 133
Katharina 53
Kaysersberg 49
Kebes 114
Kenwood 114
Keyser 145
Kircher 131
Klauser 6
Kleopatra 54
Klosterneuburg 29. 40
Knoller 66
Koch 132. 133
Köln 27. 40. 50
Konstantin 7. 20. 28. 29. 51. 52. 53. 74
Konstantin II. 22
Konstantinopel s. Istanbul
Konstantius II. 39
Kopenhagen 44. 144
Kopernikus 59
Kunigunde 40. 45

Langer 6
Laokoon 13
La Perrière 140
Laurentius 23
Lazarus 23
Leaina 81

Register der Orts- und Personennamen

Le Brun 121
Leningrad 73
Leo III. 35. 108
Leo X. 64. 92
Leonardo 64. 67. 79. 110. 112. 140
Leonidas 81
Leontios 108
Lessing 6. 137
Lippi, Filippino 42. 123. 124
Lippi, Fra Filippo 24
Liudger 16
Lochner 44
London 17. 24. 29. 47. 53. 60. 67. 89.
  98. 122–125
L'Orange 52
Lorenzo de'Medici 145
Louis-Philippe 101
Lucius Verus 96
Lüttich 30
Ludwig XIII. 65. 138
Ludwig XIV. 132
Lukas 49
Lukrezia 54
Luther 11. 64. 70. 84. 92

Macrobius 100
Madrid 17. 22
Magdalena 17. 35. 102. 120
Magnus Maximus 60
Mailand 31. 43. 45. 47. 108
Mainz 34. 42. 105
Mallersdorf 91
Mannich 130
Manuel, Nikl. 87
Mantegna 53. 115. 128
Mantua 75. 87
Marc Aurel 96
Margareta 35
Maria 10. 16. 24. 30. 33–35. 45. 48–52.
  57. 58. 60. 61. 66. 70. 72. 77. 81.
  83–85. 89. 91. 96. 97. 102. 103. 112.
  130. 135. 143
Maria Kleophas 48
Maria de'Medici 65. 138
Mariette 36

Markus 38. 49
Mars 119
Marsyas 127
Martini 48
Masaccio 53. 89
Matthäus 49. 120
Maximian 51
Maximilian 143
Maximilian I. 46. 61. 73. 80. 132. 143
Mazarin 121
Medea 1
Megenberg 79
Meister d. hl. Veronika 50
Melbourne 130
Melchisedek 29
Melpomene 123
Mendelssohn 137
Menzel 5. 6
Merkur 40. 50. 138
Michael 119
Michal 36
Michelangelo 47. 67. 72. 103. 110. 124.
  141
Midas 135
Mieris 68
Minerva 38. 43. 119. 127. 135
Minucius Felix 14
Möhler 5
Molanus 46. 100
Monreale 31
Monza 44
Moses 23. 29. 50. 71. 72. 93
München 16. 22. 27. 39. 45. 54. 58. 92.
  93. 102. 109. 119. 134. 143

Napoleon 55. 58. 133
Nebukadnezar 15
Neptun 25. 50
Nero 54. 58
Neuburg 119
Newton 37. 61
New York 32. 45. 83. 116. 117
Ninive 29
Noah 62. 63. 76. 138. 139
Nürnberg 24

Obbach 118
Ohmacht 138
Oldenburg 127
Orcagna 35. 92
Orvieto 96
Osiris 146
Otto III. 31. 39. 58. 78
Otto v. Wittelsbach 82
Overbeck 37
Ovid 50. 75

Padua 23. 98
Paris (Stadt) 45. 47. 53. 65. 69. 75. 84.
    86. 94. 103. 126. 138
Paris (Trojaner) 40. 97. 132
Paulus 14. 17. 18. 19. 22. 25. 39. 44. 68.
    71. 90. 97. 103. 116
Pavia 53
Pelias 97
Pelops 25
Peter d. Gr. 73
Petrarca-Meister 47
Petrus 22. 27. 30. 35. 39. 40. 53. 64. 65.
    71. 72. 91. 92. 108. 109. 116
Philadelphia 136
Philipp v. Makedonien 82
Philostrat 25
Piccolomini 56
Pickenoy 129
Pilatus 58. 105
Pinturicchio 56
Piper 5
Piranesi 36
Pirckheimer 73
Pisanello 21
Pius II. 80
Platon 1. 6. 59. 62. 65. 75. 107
Plinius d. Ä. 86. 109
Plinius d. J. 59
Plutarch 81. 101. 146
Pollux 66
Polykrates 18
Pompeji 22
Pompejus 58
Portinari 35. 89. 97. 130. 134

Poseidon s. Neptun
Poussin 122
Prag 23
Priamus 44. 144
Priapus 50
Primaporta 51
Priuli 94
Pupienus 25

Quercia 111

Rabanus Maurus 38. 40
Raffael 37. 52. 53. 92. 94
Rainer von Huy 30
Raspe 42
Ravenna 16. 20. 22. 23. 29. 30. 39. 51.
    60. 71. 75. 144
Regensburg 93. 100
Regnault 37. 86. 112. 121. 145
Reichenau 27
Rembrandt 17. 24. 85. 94. 97. 114. 127
Reni 54
Reusner 88
Richard v. St. Viktor 2
Richter, L. 63
Rijn, H. van 49
Ripa 35. 98. 106. 107. 118. 129
Roger van der Weyden 33. 80. 107.
    116. 134
Roland 95
Rollenhagen 65. 85. 115. 118. 120. 122.
    124. 129. 136. 140. 141
Rom 16. 20. 22. 23. 31. 32. 34. 42. 47.
    58. 63. 64. 69. 72. 85. 103. 104. 108.
    119. 131. 132
Rospigliosi 122
Rossano 49
Rousseau 146
Rubens 26. 54. 65. 119. 138. 141
Rufinus, Tyrannius 1
Runge 98. 143

St. Bertin 72
St. Denis 46
St. Materne 67

Register der Orts- und Personennamen

St. Médard 75
St. Omer 72
St. Petersburg 40. 62. 118
Salomo 8. 33. 40
Sandrart 141
Sarto 100
Saul 36
Schäufelein 70
Schaffhausen 133
Scharnhorst 82
Schlesinger 6
Schön, E. 117
Scholastika 66
Schongauer 134
Schwarz 35
Schweitzer 52
Sebastian 53. 115
Seleukos 18
Selinunt 38
Selve 123
Seneca 54
Shakespeare 36
Sichar 71
Siegfried III. v. Eppstein 42
Siena 56
Sigismund 79
Silvester I. 68
Simonides 107
Soissons 69
Solger 4. 5
Spinola 93
Spranger 43
Springinklee 46. 61
Stammel 124
Steen 136
Steinhausen 112
Stephanus 38
Stockholm 94
Strigel 24
Stuttgart 83. 97. 106
Susanna 15. 16

Taddei 67
Tarent 21
Terborch 123
Tertullian 14. 25. 63

Tetschen 90. 112
Theodora 22
Theodosius I. 22. 60
Theodosius II. 21. 60
Theophilus 103
Thermopylen 81
Thessaloniki 108
Thomas 35
Thomas v. Aquin 35. 42.
    92
Tiarini 102
Tiberius 120
Tiglatpileser I. 29
Tintoretto 94
Tischbein 140
Titus 47
Tizian 50. 100. 141
Toledo/Ohio 123
Trajan 60. 119
Traunkirchen 65
Trient 2. 49
Trier 22. 76. 102
Tübingen 139
Tulp 129
Tuscania 98

Udo v. Hildesheim 30
Ulrich 93
Ursula 139
Utrecht 33. 42. 49. 67

Valens 41
Valentinian 22
Valeriano 140
Vasari 113
Vatikan 17. 33. 53. 94
Veen 115
Velazquez 93
Venedig 34. 42. 93. 110. 128.
    139
Venus 22
Verbruggen 61
Vergil 13
Vermeer 117
Vespasian 38. 47
Vesta 50

Vitellius 25
Vitruv 109. 113
Voltaire 146
Volvinius 108

Wächter, E. 63
Washington 50
Weimar 115
Westminster 142
Weyarn 61
Wien 28. 29. 43. 53. 75. 115
Wies 86
Wilhelm II. 31

Wilhelm v. Holland 42
Wilhelm v. d. Normandie 93
Wilhelm d. Schweiger 145
Wille 125
Windelband 6
Windsor 64
Witten 143
Witz, K. 27. 64
Wolgemut 24
Wratislaw 23

Zeus s. Jupiter
Zimmermann, J. B. 86. 112

ABBILDUNGSNACHWEIS

Alinari, Florenz: 1, 5, 26, 27.
Bayerisches Nationalmuseum, München: 2.
Bayerische Staatsbibliothek, München: 24.
Bildarchiv Foto Marburg: 3, 7, 11.
Braunfels, Die heilige Dreifaltigkeit, Düsseldorf 1954: 29.
Freies Deutsches Hochstift, Frankfurt a. M.: 42.
Hallmann, Leningrad, Leipzig 1975: 15.
Dr. H. Hell, Reutlingen: 46.
Hermann Hessler, Frankfurt a. M.: 18.
Institut Royal du Patrimoine Artistique, Brüssel: 6, 44.
Kunsthalle, Hamburg: 4.
Kupferstichkabinett, Staatliche Museen Preußischer Kulturbesitz, Berlin: 48.
Landesbildstelle Rheinland, Koblenz: 17.
Museum für Kunst und Gewerbe, Hamburg: 45.
National Gallery of Art, Washington: 40.
Penkert, Emblem und Emblematikrezeption, Darmstadt 1978: 35.
Popham, The drawings of Leonardo da Vinci, London 1963: 13, 33.
Regenbögen für eine bessere Welt, Stuttgart 1977: 41.
Rheinisches Bildarchiv, Köln: 36.
Runge und seine Zeit, Hamburg 1977/78: 28.
Staatsbibliothek Stiftung Preußischer Kulturbesitz, Berlin: 25.
Städtische Kunstsammlungen, Augsburg: 14.
Tietze, Meisterwerke europäischer Malerei in Amerika, Wien 1935: 22.
Die Zeit der Staufer, Stuttgart 1977: 10.
Zeitschrift für Kunstgeschichte 31, 1968: 47.

ABBILDUNGEN

Abb. 1 Apsismosaik: Apollinaris als Orans. Ravenna, S. Apollinare in Classe

Abb. 2 Elfenbein: Himmelfahrt Christi. München, Bayerisches Nationalmuseum

Abb. 3   Bronzetür: Hand Gottes. Hildesheim, Dom

Abb. 4   Regnault: Genius Frankreichs zwischen Freiheit und Tod. Hamburg, Kunsthalle

Abb. 5   Sarkophag des Junius Bassus: Christus zwischen Petrus und Paulus. Rom, Vatikan

Abb. 6   Elfenbein: Christus auf vier Tieren. Brüssel, Musées Royaux

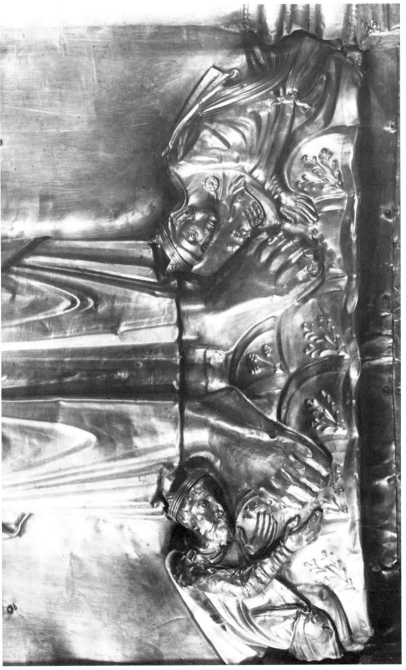

Abb. 7 Basler Antependium: Heinrich und Kunigunde zu Füßen von Christus. Paris, Musée Cluny

Abb. 8   Heures de Rohan: Beweinung Christi. Paris, Bibliothèque Nationale

Abb. 9 Goldmedaillon: Konstantin beim Blick zum Himmel

Abb. 10 Augustalis: Friedrich II. mit Lorbeerkranz

Abb. 11   Evangeliar Ottos III.: Thronender Kaiser. München, Bayerische Staatsbibliothek

Abb. 12 Springinklee: Maximilian vor Christus, Holzschnitt

Abb. 13 Leonardo: Allegorie auf Papst und Kaiser. Windsor

Abb. 14　Günther: Lamm Gottes. Augsburg, Städtische Kunstsammlungen

Abb. 15 Falconet: Peter der Große. Leningrad

Abb. 16   Steen nach Correggio: Jupiter und Io, Kupferstich

Abb. 17   Joest von Kalkar: Christus am Brunnen. Kalkar, St. Nikolaus

Abb. 18 Heinrich der Löwe, Braunschweig

Abb. 19 Dürer: Madonna mit der Meerkatze, Kupferstich

Abb. 20 Donner: Apotheose Karls VI. Wien, Österreichisches Barockmuseum

:œ puella uiro que dextra iungitur, ecœ
　Vt sedet, ut catulus lusitat ante pedes?
Iæc fidei est species, Veneris quam si educat ard
　Malorum in læua non malè ramus erit:
'oma etenim Veneris sunt, sic Schenëida uidt

Abb. 21　Alciato: Emblem der Treue

Abb. 22 Botticelli: Madonna mit Traube und Ähren.
Boston, Isabella Stewart Gardner Museum

Abb. 23   Dorigny nach Raffael: Schlüsselübergabe an Petrus, Kupferstich

Abb. 24   Cod. lat. 4456: Krönung Heinrichs II. München, Bayerische Staatsbibliothek

Abb. 25 Ms. germ. fol. 623: Rolands Tod. Berlin, Staatsbibliothek. Stiftung Preuß. Kulturbesitz

Abb. 26 Giotto: Franziskus' Lossage vom Vater. Assisi, S. Francesco

Abb. 27 van der Goes: Portinarialtar, Mittelbild. Florenz, Uffizien

Abb. 28   Runge: Fall des Vaterlandes. Hamburg, Kunsthalle

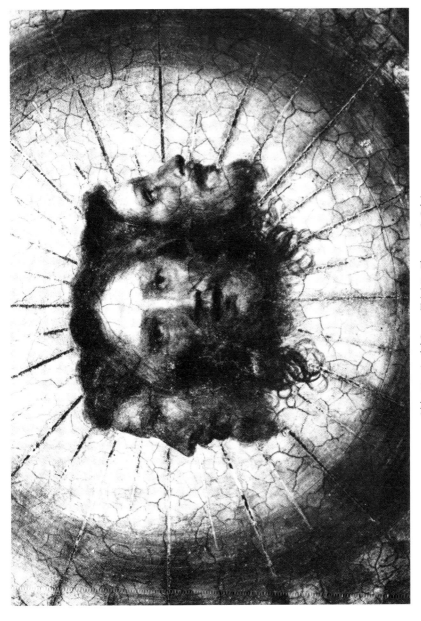

Abb. 29 A. del Sarto: Trinität. Florenz, S. Salvi

Abb. 30 Beweinung Christi. Besançon, Bibliothéque Municipale

Abb. 31   Michelangelo: Christus am Kreuz. Florenz, Casa Buonarroti

Abb. 32   Hertel: Emblem des Lasters

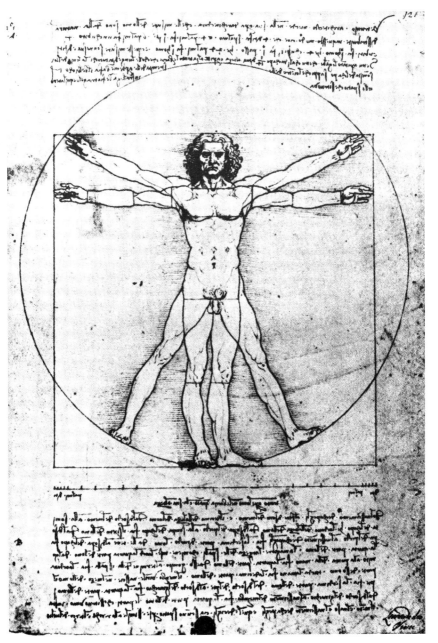

Abb. 33   Leonardo: Mensch in Kreis und Quadrat. Venedig, Accademia

Abb. 34　Chodowiecki: Auge Gottes, Radierung

Abb. 35   Goethe: Altar der Agathé Tyché. Weimar

Abb. 36 Friedrich: Kreuz an der Ostsee. Köln, Wallraf-Richartz-Museum

Abb. 37 Rollenhagen: Emblem der klugen Einfalt

Abb. 38   Goya: Capricho Nr. 57, Aquatinta

Abb. 39　Wille nach Dou: Holländische Hausfrau, Kupferstich

Abb. 40 Chardin: Seifenbläser. Washington, National Gallery

Abb. 41   Anonym: Elisabeth I. mit Regenbogen. Hatfield House

Abb. 42　Füßli: Nachtmahr. Frankfurt a. M., Freies Deutsches Hochstift

Abb. 43   Rollenhagen: Emblem der Wachsamkeit

Abb. 44   Steen: Fröhliche Gesellschaft. Brüssel, Musées Royaux

Abb. 45 Ohmacht: Grabrelief Frau Engelbach. Hamburg, Museum für Kunst und Gewerbe

Abb. 46   Hemmel: Eberhard im Barte. Tübingen, Stiftskirche

Abb. 47 van Dyck: Selbstbildnis mit Sonnenblume. Herzog von Westminster

Abb. 48   Meister E. S.: Neujahrsglückwunsch, Kupferstich
I